TRADE

CONFLICT

…ONS,

…OBILITY

国际经济学…书目

《战略性贸易政策与新国际经济学》 保罗·克…

《汇率…不稳…性》 保罗·克鲁格曼/…

《…国际…义》 保罗·克鲁格曼/…

《地理和贸易》 保罗·克鲁格曼/著

《抉择》 罗…·罗伯茨/…

《国际贸易与政治冲突》 迈克尔·希…斯/…

INT…

AND P…

COM…

梁晶工作室
LIANGJING PUBLISHING STUDIO

国际经济学译丛

国际贸易与政治冲突

International Trade and Political Conflict

——贸易、联盟与要素流动程度

Commerce, Coalitions, and Mobility

〔美〕迈克尔·J·希斯考克斯／著
Michael J. Hiscox
海　闻／校
于扬杰／译

中国人民大学出版社

《国际经济学译丛》

献给

约翰·希斯考克斯(John Hiscox)

和佩格·希斯考克斯(Peg Hiscox)

《国际经济学译丛》总序

20世纪90年代以来，人类历史上的一个重要发展是经济的全球化。经济增长、冷战结束以及信息技术革命使得各国经济更加相互依赖、相互影响并日益融为一体。与之相适应，研究各国经济之间相互关系的国际经济学亦变得越来越重要。

作为经济科学的一个分支，国际经济学主要研究开放条件下的各类经济行为和经济状况。它不仅研究开放经济中的商品生产、消费、市场价格决定和生产要素流动等微观行为，也研究汇率、国际收支、价格稳定和经济增长等宏观问题。对于绝大多数开放的经济来说，国际经济学是一门更加现实、更加重要的经济学科。

鉴于具体研究对象的不同，国际经济学又分为国际贸易与国际金融两个部分。近十几年来，由于世界经济的不断发展，新现象、新问题不断涌现，也推动了这两个领域中研究的迅速发展。

在国际贸易领域，产业内贸易和发达国家之间贸

易的发展，极大地改变了人们对国际贸易的传统认识。引入不完全竞争、规模经济等的“新贸易理论”应运而生。不断出现的贸易新格局促使人们进一步去研究决定贸易基础的技术、地理、历史等因素。在政策方面，则相应地出现了“战略性贸易政策”和研究利益集团收入分配的“政治经济学”。此外，对跨国公司和地区经济一体化的研究也逐渐成为一个重要的理论组成部分。

在国际金融领域，国际资本市场的一体化、欧洲货币体系的建立、发展中国家的开放以及原计划经济的转轨，一方面加速了全球经济的一体化，另一方面也引发了一系列的金融危机。如何在开放中防范金融风险，减少外部冲击，保持宏观经济稳定，成为各国政府制定政策和国际金融研究中的重要课题。

经过20多年的改革开放，中国已成为世界经济不可分割的重要组成部分，加入世贸组织，标志着中国经济对世界的全面开放。无论从微观还是宏观上说，我们都不能不把国际经济的影响作为决策中必须考虑的因素。国际经济学已成为我们研究问题、制定政策的理论基础。

为了更好地了解国际经济学的理论及其应用，我们编辑了这套“国际经济学译丛”。与国际经济学教科书不同，这套译丛选择的著作主要侧重于国际经济学的发展前沿、对现实问题的分析，以及国际经济关系中的实证研究。对于从事理论工作的人来说，这套译丛将有助于更清楚地了解国际经济学基本原理的应用。对于参与实际工作的人来说，这套译丛将通过较为通俗的语言和具体的分析，有助于他们掌握国际经济学的理论。在人类进入 21 世纪之初，在中国即将加入世贸组织之际，我们将这套丛书献给正在准备迎接国际经济挑战的中国经济工作者们。

海　闻

2000 年 4 月

作者简介

迈克尔·J·希斯考克斯为哈佛大学约翰·L·洛布（John L. Loeb）社会科学副教授。他在哈佛大学的学位论文1997年被美国政治科学协会授予海伦·德怀特·里德（Helen Dwight Reid）最佳国际关系论文奖。本书正是以他的学位论文为基础撰写而成的。

前言与致谢

本书研究的是由国际贸易引发的政治冲突。我出生在澳大利亚农村一个生产小麦和羊毛的地区，在那里人们的收入是随世界市场农产品价格的波动以及国内外贸易政策的变化而变化的，因此这一话题在很长时间以来都格外吸引我。在历史上，贸易一直引领着政治冲突。19 世纪，贸易问题在许多地方通常都是最核心的政治问题，会使各个政党在竞选活动和立法论战中蓄势待发，引致抗议者们竞相上街游行。事实上，19 世纪 80—90 年代在前澳大利亚各殖民地出现的第一个有组织的政党就是自由贸易党和保护主义党。在我们现在生活的这个年代里，全球化问题引发的政治冲突不断——西雅图、达沃斯、墨尔本和蒙特利尔都不断有游行示威活动，经济发达国家的政府也在对关于是否应该继续进行以及如何进行贸易谈判展开辩论。这样看来现在研究贸易问题所引发的社会分裂比在历史任何时候都要重要。

在本书中，我试图全面地研究国际贸易所引发的政治分化和冲突的类型。由贸易问题引发的政治斗争在不同历史背景下有着迥然不同的特点。特别是由贸易政策冲突所引发的阶级联盟之间的冲突，这些冲突在不同的历史时期和不同的国家都有很大的差异。我认为有很大一部分差异可以由生产要素在经济体中不同行业或在不同生产活动间流动的程度来解释。考虑到国际贸易对收入的影响——较高的流动程度容易使得经济参与者的阶级分化更加突出，同时使得经济参与者和特定行业的联系没有那么紧密。所以要素流动程度的高低对由贸易问题引发的政治冲突有巨大的影响力量——不仅仅包括贸易政策本身的演化，还包括收入分配、经济增长率以及政党和其他组织的发展。

在研究过程中，我获得了来自多方的经济支持。澳大利亚的罗伯特·G·孟席斯基金（Robert G. Menzies Fund）给我提供了慷慨的经济援助，该基金从 1990 年开始授予我奖学金使得我能够放弃在悉尼的一份待遇优厚的工作而来到美国继续深造。哈佛大学谢尔登基金（Harvard Sheldon Fund）在 1990—1991 学年和 1991—1992 学年给我提供了经济援助；梅隆基金（Mellon Foundation）在 1993—1994 学年和 1994—1995 学年给我提供了慷慨的援助。此外，1996 年是我在哈佛学习的最后一个学期，此间我得到了哈佛大学和麻省理工学院实证政治经济学研究培

训小组的资助。

有许多朋友在我进行研究的过程中给予了我无私的帮助，我对他们深表感谢。首先就是 Jim Alt，在这几年当中他一直支持我，给了我许多令我受益匪浅的建议。能够成为他的学生我感到无比的幸运。我在哈佛研究这一课题的过程中，Lawrence Broz，Jeff Frieden，以及 Alberto Alesina 也都给我提出了很多有价值的建议。我特别感谢 Bob Keohane，在我进行早期研究工作时，他给予了我很多鼓励和可靠的指导。在哈佛，我还受益于其他很多学者给我提出的有益建议和意见，包括 Charles Boix，Brian Burgoon，Marc Busch，Jon Crystal，Gary King，Henry Laurence，Lisa Martin，Andrew Moravcsik，Ken Shepsle，以及 Kip Wennerlund。

在加州大学圣迭戈分校，我非常庆幸能够有如此出色的同事。特别是 Neal Beck，Ellen Comisso，Gary Cox，Liz Gerber，Peter Gourevitch，Steph Haggard，Harry Hirsch，Gary Jacobsen，Miles Kahler，Sam Kernell，David Lake，Skip Lupia，Mat McCubbins，Andrew MacIntyre，Sam Popkin，Phil Roeder，Kaare Strom，以及 Tracy Strong。在我进行研究的过程当中，他们给予了我无比慷慨的帮助、建议和意见。特别是 Peter 和 David，他们的研究工作不断给予我启发。我特别感谢普林斯顿大学出版社

Chuck Myers 给我的鼓励。我还要感谢很多学者在我研究的后期阶段给我提出的有益建议，包括 Mike Gilligan，Peter Katzenstein，Helen Milner，Eric Reinhardt，Cheryl Schonhardt-Bailey，以及 Daniel Verdier。我特别感谢 Mike 和 Daniel，因为在研究英、美、法的贸易政治史以及考察贸易议案立法投票的时候，我大量借鉴了他们关于贸易政治学的优秀著作——《授权出口商》（*Empowering Exporters*）以及《民主与国际贸易》（*Democracy and International Trade*）。

我还要特别感谢 Ron Rogowski。1995—1996 年间他一直在哈佛大学，他的到来对于正在艰难地进行早期研究工作的我来说无疑是及时雨。他出色的著作《贸易与联盟》（*Commerce and Coalitions*）正是我这一研究的主要灵感来源，我一直深深地感谢他的慷慨与友情，因为除了允许我把他作为我书中的假想对手以外，他还教会了我滑雪，这两样都让我获益良多。

我最要感谢的是我的继父 John Hiscox、我的母亲 Peg，以及我的妹妹 Anna，感谢他们给予我的所有支持和鼓励。最后，最由衷地感谢 Verity 和 Molly。

迈克尔·J·希斯考克斯

于加利福尼亚州拉霍亚（La Jolla）

名家强力推荐

“有些学者仅仅推测了要素流动程度影响贸易冲突和贸易政策的程度和效果，或者是仅仅进行了局部的研究，而迈克尔·希斯考克斯则几乎对这一领域进行了全面的研究。他先是发表了一系列有开创性见解的论文，现在终于收集成册。在本书中，他首先概括性地介绍了六个西方国家要素流动程度和贸易政策冲突的历史变迁，随后对这六个国家分别进行了细致入微、鞭辟入里的个案分析。最后，希斯考克斯对美国1824年至今的情况进行了权威性的考察——包括美国要素流动程度、贸易政策联盟和国会投票情况的变化——超过了所有研究美国问题的学者在这方面的现有研究成果。研究结果不仅检验了基本的斯托尔珀-萨缪尔森理论（即仅当要素能够在国内进行自由流动的时候，贸易才会造成不同阶级之间的分化），同时也给我们研究原本神秘而晦涩的国内政治冲突带来了深刻的启迪。”

——罗纳德·罗戈夫斯基（Ronald Rogowski），洛杉矶加州大学，《贸易与联盟：贸易如何影响国内政治联盟》（*Commerce and Coalitions*：*How Trade Affects Domestic Political Alignments*）一书作者

"迈克尔·希斯考克斯的这本书对什么是国际贸易政治冲突的推动力量这一辩论提出了一个非常直观而强有力的回答——到底是阶级分化还是行业分化会在贸易政治冲突中起支配作用取决于跨行业转移生产要素的成本。我坚信他的这一观点很快就会成为对这一问题的经典解释。然而该书的贡献还远不止于此。希斯考克斯还以多种方法对理论进行了很有价值的实证检验，涉及范围相当广泛。他检验了多个国家在多个时期的情况，远远超越了所有这一领域先前的经验性研究工作。"

——埃里克·莱因哈特（Eric Reinhardt），
埃默里大学（Emory University）

内容简介

在政治经济学领域中——关于政治冲突中到底是阶级冲突，还是行业集团竞争起主导作用的辩论由来已久。对此，本书提出了一个令人信服的新观点。本书概括了在何种情况下，哪种政治冲突会比另一种政治冲突更有可能出现——这比目前为止这一领域的所有研究都要更加深入和进步。迈克尔·希斯考克斯关注到了一个影响到人们对自由贸易态度的关键性因素——要素流动程度，或者说生产要素（土地、劳动或资本）的所有者在行业间转移要素的能力。他指出，在贸易冲突中到底会形成什么形式的政治联盟，很大程度上取决于要素在行业间流动的程度。希斯考克斯证明了——当要素流动程度高的时候，阶级联盟更容易出现；而当要素流动程度低的时候，狭隘的以行业为基础的联盟则会成为主流。

本书还以近两个世纪以来六个西方国家贸易政治历史的系统性证据作为理论的支持，并将案例研究和定量分析相结合，开辟了研究的新天地。本书针对贸易政策的影响力量得出了全新的结论——这些结论对我们研究全球贸易体系——特别是美国贸易政策的可能演化方向提供了深刻的启示。《国际贸易与政治冲突》一书是对学术界的一个巨大贡献，所有有兴趣了解和预测贸易政策发展方向的人们都应该读一读。

目　录

图表目录

表

图

INTERNATIONAL

INTERNATIONAL TRADE & POLITICAL CONFLICT

INTERNATIONAL TRADE & POLITICAL CONFLICT

第1部分
贸易理论、要素流动与政治冲突

INTERNATIONAL TRADE & POLITICAL CONFLICT

INTERNATIONAL

第1章　贸易、分配与要素流动

在过去的两个世纪中，国际贸易的发展一直是西 3
方国家经济增长的重要推动力。同时，由于贸易对同一经济体中处于不同部门的个人的影响迥异，它也引发了大量的国际政治冲突。虽然贸易的获益者和受损者之间的政治冲突一直存在，但是主导这些冲突的政治联盟的特点（或者说是由贸易问题所引发的社会分化的性质）却在不同的时间和地点迥然不同。最重要的是，贸易政策分歧到底会在何种程度上引发阶级冲突，则随着历史背景的不同而有所不同。

正因如此，关于贸易的政治经济学研究也发展为不同的分支。许多学者遵循 E.E. 沙特施奈德（E.E. Schattschneider，1935）的观点，主要关注行业集团或者说“特殊利益”在政策制定过程中的作用以及作为贸易冲突双方的商业和劳工组织联盟之间的竞争，其主要继承者有彼得·古雷维奇（Peter Gourevitch，1986）和杰弗里·弗里登（Jeffry Frieden，

1991）。受研究内生性政策的经济学文献的启发，还有许多依照这种观点对贸易壁垒进行的定量研究。[1]与此相反，罗纳德·罗戈夫斯基（Ronald Rogowski，1989）则研究了在一系列历史背景下广泛的要素或阶级联盟，主要关注土地、劳动和资本的所有者在贸易政策上的政治冲突。其他一些分析家中，有人把跨国资本和其他类型资本的所有者加以区分；有人把熟练和非熟练劳动力加以区分。在进行这些区分之前，他们都做出了类似的假设，即阶级分化在贸易政治中处于核心地位（Helleiner，1977；Midford，1993）。

这两类观点都不乏能够支持它们的经验性证据。行业集团进行的游说促使美国于 1930 年通过了《斯穆特-霍利关税法案》（Smoot-Hawley Tariff Act），这些游说至今声名狼藉。当今美国贸易政治领域的大部分事件也显示出这些特殊利益集团在关于北美自由贸易协定（NAFTA）和关贸总协定（GATT）进行的辩论中起到了重大作用。许多国家的贸易政治史（特别是 19 世纪的法国）显示出这种基于行业的社会
4 分化历史悠久，影响广泛。[2]但是，至于范围相对广泛的阶级分化，支持性例子也屡见不鲜。其中最著名的可能就是 19 世纪英国工人联合资本家一起同执政的保守党（Tory Party）以及土地所有者们进行斗争，以支持更加自由的贸易以及反谷物法案联盟

(Anti-Corn Law League)。美国在南北战争后也发展了类似的斗争——发生在支持贸易的农民和奉行保护主义的城市阶级之间。这场斗争后来导致了 1890 年的共和党关税，该关税被民主党人谴责为“阶级立法的极端暴行”。[3]

这两种观点都能够为自己找到在各种不同背景下的经验性证据，这就意味着需要在它们二者之间建立起沟通的桥梁，以确定在各种具体情况下哪种解释方法更加合适。这不论在理论还是在实际层面上都相当重要。各种不同的联盟显示出了社会中的个体在政策方向上的利益冲突。正因如此，各种联盟处于政治的核心位置。但是在过去，研究贸易和其他形式经济政策之政治缘起的学者们却大部分都满足于对这些利益冲突的本质做出彼此矛盾的基本假设——有的假设在针对贸易或者其他政策的争论中，人们的立场不同是由他们的经济阶级所决定的，而有的则假设这是由他们所处的行业或部门所决定的。

这些假设是实证性政治经济学研究的基石，人们很少直接讨论这些假设的相对正确性，但是它们却是所有试图解释和预测经济政策变迁的人们所关心的核心问题。通过更好地解释由贸易及其他经济政策所引发的联盟的不同类型，分析家们能够更好地评估这些同一政治体系中不同政治集团分化的程度，因此也就能够更好地评估它们之间是否有混合及交融。比如

19 世纪的英国，在贸易问题上的阶级分化似乎就加剧了城乡两派在选举改革上的冲突。19 世纪 80—90 年代在美国发生的关于再次使用银来铸币的争论也是如此。但是，那些由贸易问题所引发的基于行业的社会分化则倾向于在其他政策问题上超越彼此的界限，缓解阶级冲突。

在本书中，我将运用标准的贸易理论来提出一个解决方法，主要关注行业间的要素流动程度——也就是生产要素（土地、劳动和资本）的所有者在国内不同行业之间自由流动的难易程度。如果要素能够在不同行业之间自由流动，那么贸易则会对不同要素所有阶级的收入有不同的影响，使得不同生产要素（比如劳动力和资本）的所有者的立场不同，而不论他们是处在哪个行业。如果要素在不同行业之间不能够自由流动，那么贸易则会对不同行业的收入有不同的影响，使得不同行业中同一要素（比如钢铁和飞机行业
5 中的劳动力）的所有者在政策方向上立场不同。

本书首次给出了行业间要素流动程度的系统性资料，研究了 19 和 20 世纪期间西方六个国家的情况（美国、英国、法国、瑞典、加拿大和澳大利亚）。[4] 数据显示，在这些经济体中要素流动程度的差异是和不同的工业发展阶段以及国内管制情况相符合的。而流动程度差异的形式和预测的影响则基本上是和这些国家不同历史时期的贸易政策相一致的。我研究了这

些国家自19世纪20年代以来由贸易问题所引发的社会分化，重点讨论了这些分化对政党和社会组织行为的影响，以及主要行业集团进行游说的效果。同时，我还研究了1824—1994年间美国国会针对贸易相关法规进行的投票表决，并对此间不断变化的社会分化所造成的影响进行了详尽的统计分析。统计结果显示，当要素流动程度相对较高的时候，广泛的以阶级为基础的冲突就更可能出现；而当要素流动程度相对较低的时候，范围相对狭隘的以行业为基础的冲突则更可能出现。

这一发现对于贸易政策分析乃至更加广泛意义上的经济政策分析，都具有重要意义。该发现揭示了社会中形成的以影响政策制定为目标的不同政治联盟的形式主要是由经济环境的一个基本特点——该经济体中生产要素在行业间自由流动的程度——所决定的。这一基本特点因时间和国别的不同而有所不同。简单地说就是——当政策制定影响到个体所处的行业时，该个体最终会采取哪种立场，取决于他们把自己的财产转移到其他行业的容易程度。因此，在研究那些会影响不同行业相对财富数量的贸易、货币和产业政策以及调整性法规时，考察行业间要素流动程度对于理解它们的政治经济缘起就具有关键性意义。这些政策最终引发的是以阶级为基础的冲突，还是以行业为基础的寻租行为，主要取决于该经济体中要素流动的程度。

虽然阶级冲突显然可能会给政治的稳定带来破坏性的负面因素——当一个阶级下台另一个阶级掌权的时候，经济政策往往会发生巨大的变化。但是，就像奥尔森（Olson，1982）提出的著名论断所说的那样，广泛意义上的阶级联盟更倾向于把社会视为一个整体，因此它们相对于较狭隘的行业集团来说则更有可能关注于扩大整个经济体，而不是仅仅专注于抢夺现有经济体中尽可能多的资源。如果政治斗争变成以行业为基础的游说集团之间的混战，那么该经济体中的
6 很大一部分资源将被浪费在对现有利益的瓜分上，而不是利用在创造性的经济活动上（Bhagwati，1982）。[5]如果能够通过提供效率加强型的经济政策和补偿方法来在广泛的阶级联盟之间建立起一种稳定的调解模式，那么阶级分化将更加吸引人（基于对效率的考虑，而不考虑公平因素）。瑞典的经济学家们所设计的经济模式其本质即在于此，社会民主党 20 世纪 50—60 年代的政策就是他们制定的。这些经济学家意识到，如果要维持这种广泛的阶级联盟之间的协调，就需要制定相关政策来维持和促进要素所有者的行业间的流动程度，从而抑制以行业为基础的寻租行为。瑞典的经济学家们最终为其国内的工人和企业建成了强大而广泛的调整辅助系统（包括培训补助、搬迁补助和资本重置补助），使得他们能够以更加有效的非政治方式应对国际经济环境的变动。这些政策同

时还缓解了外部冲击对某一特定集团的利益所造成的影响。

1.1 现有文献

贸易政策引发了种种不同的社会分化，因此要求我们对这些不同分化类型之间的差异进行分析解释。然而，学界过去对贸易进行的政治经济学研究一直对这一工作置之不理。主流的处理方法是，假设存在某种特定类型的联盟，以解释特定政策的出台，从而整个忽略掉确定联盟类型这一问题。比如罗戈夫斯基（Rogowski，1989）就明确地假定存在以阶级为基础的联盟，而古雷维奇（Gourevitch，1986）则关注以行业为基础的联盟。弗里登（Frieden，1991）在概述其理论的时候假定存在以部门或者以行业为基础的联盟，但是他承认在他考察的许多经济体中，阶级联盟事实上是更加重要的政治实体。

更加宽泛的政治学文献对联盟的讨论则主要集中在选举和政策制定制度的影响上。选举权越普及，就越有可能形成一些政治组织来代表那些范围广泛的联盟（参见 Duverger，1954；LaPalombara and Weiner，1966；Cox，1987）。有些选举体系鼓励党内竞争和个人意志的发展，相对于其他体系来说，它们就可能对“寻租”集团的形成有更大的促进作用。[6] 在这

方面，罗戈夫斯基（Rogowski，1998）认为，比例代表制到底是促使政治家迎合广泛的利益，还是迎合特定利益，实际上取决于选举人的党派忠诚度（也就是“收买”他们的难易程度）。

至于政策制定制度，因为它们更容易受到影响和
7 控制，因此确定它们到底在什么程度上外生于联盟就是一个更加难缠的问题。但是政策制定制度也可能会对联盟产生重大影响。詹姆斯·阿尔特和迈克尔·吉利根（James Alt and Michael Gilligan，1994）提出，在某些法规下政策是由少数人组成的立法团体制定的，并且更容易受到游说集团的影响（比如通过立法委员会听证会），那么相对于那些更加重视大多数人意见的政策制定制度来说，这些制度就比较不利于促成广泛的阶级联盟。丹尼尔·维迪尔（Daniel Verdier，1994）提出了相似的观点，但是他还试图通过讨论选举人在贸易问题上是否存在分歧，以及分歧是否会使得政策制定制度内生化。[7]虽然这一观点很有煽动性，但是维迪尔并没有尝试对他的论断进行实证性检验，并且遇到了一些现实问题。比如，他在文章中把选举人在贸易政策上的偏好作为外生因素处理，忽略了它们的缘起并把它们视作独立于企业和劳工组织的偏好。[8]

这些关于选举和政策制定制度的种种论断为进行更多的贸易政治方面的实证性研究提供了基础。但

是，它们却不太可能解释我们所看到的由贸易政策引发的所有不同类型的分化。比如，美国在 19 世纪 80—90 年代发生了广泛的城乡冲突（在第 4 章中有详细的讨论），其对美国当时的贸易政策来说具有决定性意义，而 20 世纪 20 年代猛烈的集团游说则直接导致了臭名昭著的《斯穆特-霍利关税法案》，这两种不同的联盟形式恰恰是在同样的制度环境中发展出来的。类似地，英国 20 世纪 20 年代在贸易问题上的极端党派性在 60 年代转化为了党派内部团体和派别之间的争吵，而在此期间制度环境并没有发生明显变化（参见第 5 章）。[9]

选举和政策制定制度无疑对贸易政策有重大影响。但是，本书提供的证据显示——强有力的影响社会分化的是经济力量。那么下一步应该是分析社会分化和制度是如何互相作用来形成贸易政治模式的。不过这是另一本书要讨论的问题了。

1.2 贸易理论、联盟与要素流动

根据斯托尔珀-萨缪尔森定理（Stolper-Samuelson theorem，1941），贸易会使得本国充裕生产要素的所有者的实际报酬提高，而稀缺生产要素的所有者实际报酬降低。这一结论的关键性前提假设是：生产要素虽然在国际上不能自由流动，但是在国内却是可 8

以自由流动的。[10]逻辑非常简单、直接：贸易会使得进口产品价格下降，造成国内进口竞争行业生产缩减，从而使得在现有价格下从进口竞争行业中释放出来的进口行业密集使用的要素（稀缺要素）要多于经济中其他部门的需要。当要素价格进行相应调整之后，稀缺要素收益降低的程度将超过进口产品价格下降的程度。同时，充裕要素收益上升的程度将超过出口产品价格上升的程度。在该模型中，要素的充分流动性确保了贸易对每种要素的全部所有者有相同的影响，而不论这些所有者是在哪个部门。这也就意味着，在贸易政策方面同一要素的所有者有相同的偏好。正是这一观点促使罗戈夫斯基（Rogowski，1989）提出政治联盟是以要素所有为基础的，并预测在贸易政治领域会出现土地、劳动力和资本所有者之间的阶级冲突。[11]

还有其他一些研究贸易对收入影响的模型（通常指李嘉图-维纳模型（Ricardo-Viner model）），是把一种或者多种生产要素视为“特定”要素或者说是无法在不同行业间流动的要素，从而得出了非常不同的结论（参见 Jones，1971；Mussa，1974，1982）。[12]在这些模型中，要素收益和它们所处的行业紧密相关。贸易会使得出口行业的特定要素的真实收益上升，进口竞争行业的特定要素的真实收益下降。[13]在这种情况下，贸易会对同一要素在不同行业的所有者有迥然不同的影响，因此同一要素的所有者会根据其所处行业的不同而持不同的政策偏好。这也就意味着政治联盟是根据行业来划分阵营的。关于这一观点的主要著作有弗里登（Frieden，1991）的论文，还有大量内生性贸易政策文献中进行的经验性分析，这些文献把不同行业进口壁垒的差异同行业集团组织游说的动力和能力联系到了一起。[14]

1.3 观点和证据

不论是斯托尔珀-萨缪尔森模型还是李嘉图-维纳模型，讨论的都是极端情况——生产要素要么完全流动，要么完全不可流动。[15]这当然是为了模型的简化。而更合理的方法则是把要素流动程度视为受到一系列经济、技术和政治变量影响的连续变量。考虑到要素可以有不同程度的流动性，我们可以简单地推测出——在要素流动程度高的环境中更易于形成广泛的以阶级为基础的政治联盟，而在要素流动程度低的环境中相对狭隘的以行业为基础的联盟则更容易形成。当要素整体流动程度存在明显差异的时候，由贸易问题所引发的社会分化就会出现迥然不同的类型。[16]（附录 A 用数学方法推导了这一观点。）

至今为止，还没有任何研究尝试测量在一段时期内或不同国家行业间要素流动的整体程度。我收集了

六个经济体在 19 世纪和 20 世纪期间制造业工资和利润行业间差异的数据（详见第 2 章）。这些数据连同其他一些能够显示行业间要素流动程度的指标一起勾画出了一幅令人信服的图景。行业间要素流动程度看来和工业化程度紧密相关。工业化发展的初级阶段通
10 常会使行业间要素流动程度显著提高，这是因为交通的便利降低了要素流动的成本；生产变革带来了工厂体系，并增加了对非熟练劳动力和简单实物资本的需求。然而随后的发展阶段则通常伴随着行业间要素流动程度的下降，因为新的变革创造了更加个性化的人力资本和实物资本形式，显著增强了技术和劳动技能之间的互补性。

本书对这六个国家从 19 世纪早期开始由贸易政策所引发的社会分化进行了广泛的研究，并把这些研究同对要素流动程度的分析结合在了一起。至今为止，对由贸易政策所引发的联盟和分化的讨论一直倾向于在经验分析层面上忽略对联盟形式的区分。我通过探索不同形式的联盟对政党、活跃社会组织和行业集团行为造成的不同影响来讨论这一问题。具体地说，我推断当阶级联盟比较强大的时候，以阶级为基础的政党和活跃社会组织在贸易问题上内部将更加团结；而当以行业为基础的联盟相对强大的时候，游说集团在政策制定中的角色将更加活跃、更有竞争力。我在第 3 章中详细阐述了这些关系。

本书的第 2 部分调查分析了这六个国家各自的贸易政治，揭示了行业间要素流动的整体程度同联盟的形成之间存在着紧密的联系。分析的基础是：关于政党、活跃社会组织和行业集团行为的定性证据；对贸易议案立法投票过程中政党团结程度的定量测量；对行业集团对贸易政策制定委员会进行的游说活动的测量。这些证据揭示了由贸易问题所引发的社会分化在不同时期和不同国家的显著差异。而这些差异与行业间要素流动程度差异之间的关系和我所预料的相一致。比如在美国和英国，由贸易问题所引发的阶级冲突在 19 世纪后期达到高潮，那时候主要政党和活跃社会组织在贸易问题上内部意见相当统一，使得分歧主要存在于城市和农村联盟之间。在那之后，以行业为基础的分化越来越重要，同时行业集团所进行的游说活动也显著上升。相比之下，在法国和加拿大，这种变化则没有那么明显。对于这两个国家来说，在上两个世纪的大部分时候，集团游说在贸易政策制定过程中都更具影响力，而贸易问题很少成为阶级冲突的焦点。在瑞典和澳大利亚，20 世纪早期尖锐的阶级分化快速地变革着贸易政治，且这些阶级联盟持续时间很长，使得政党和社会组织在贸易问题上一直坚持一贯的立场（至少在 20 世纪 80 年代之前是这样的）。在瑞典，支持贸易自由化的城市阶级在 20 世纪 30 年代之后支配了瑞典政坛，并制定了瑞典的贸易政策；

而在澳大利亚，支持保护主义的城市阶级牢固地控制了澳大利亚自1919年之后的贸易政策方向。

作为另一个验证这一论点的方法，本书的第3部
11 分关注的是自19世纪20年代以来美国国会的贸易政策制定情况。我分析了在1824—1994年间国会对30项主要贸易法规进行的投票。我采用能够显示不同要素所有阶级和不同行业集团在不同选区重要程度的数据，对联盟形式（以及阶级模型和行业模型的相对正确性）的跨时期变化进行了统计检验。结果显示，当要素流动程度相对高的时候，国会成员的投票更明显地体现了以阶级为基础的分化；而当要素流动程度相对低的时候，国会成员的投票则与行业模型更为一致。

1.4 本书结构

第2章讨论了按照不同方法对行业间要素流动程度的测量，提供了详细的资料来证明所选的六个国家在上两个世纪期间工资和利润的行业间差异。第3章讨论了测量由贸易问题所引发的社会分化的不同方法，并关注于政治联盟运作的主要组织渠道：政党、活跃社会组织和行业集团。

第2部分提供了本书的核心历史资料。其中第4～9章研究了各个国家在不同历史时期由贸易问题所

引发的分化和联盟。我按时间顺序分析了各个国家，而不是分别讨论各个历史时期。与其他分别讨论各个历史时期的研究不同[17]，本书的目的并不是评价不同国家对历史上相同的经济冲击所做出的不同反应。资料显示，在各个历史时期要素流动程度都存在明显的国别差异。虽然伴随着工业化进程这些国家有一些共同的趋势，但是转变发生的时间在各个国家却是不同的。对各个国家分别加以讨论也可以不割断历史发展的脉络。第 10 章总结了个案分析的结果，把注意力从各个国家的历史变迁转移到跨国比较分析上来。

本书第 3 部分主要讨论了美国国会中关于分化和联盟形式的定量资料。第 11 章描述了国会对贸易议案进行投票表决时，党派忠诚度在不同时期的变化趋势，并且研究了行业集团在国会听证会进行游说活动的趋势。第 12 章对国会对主要贸易法规进行的投票进行了统计分析。第 13 章讨论了这些发现对贸易政治研究、贸易政策分析、以至更广泛意义上的政治经济学研究的启示，是对本书的总结。另外，我还讨论了一些局限和一些不同的猜想。最后，我给今后的研究提出了一些建议。

[注释]

[1] 比如 Anderson (1980)，Lavergne (1983)，以及 Baldwin (1985)。

[2] 关于法国的例子请参见 Smith (1980).

[3] 参见 *Congressional Record*，September 15，1949，12902。

[4] 这些国家特别值得仔细研究，因为他们的民主政体历史悠久，并且详尽地记载了在贸易问题上的政治争论。

[5] 这通常是指法国在中世纪后期的政治情况（North and Thomas，1973）。

[6] 在多成员地区和单一不可转让投票体系下这种情况最容易发生。参见 Carey and Shugart (1992) 和 Katz (1986)。

[7] 维迪尔声称，如果选举人在贸易问题上有突出的意见分歧，那么相应地，政客们就会为了获得广泛的阶级联盟的支持而选择那些有利于建立党派忠诚的法规；如果分歧不是那么突出，那么政客们就会倾向于创造鼓励集团游说的政策制定过程；如果贸易问题很突出但是分歧不是很大，那么他预测政策制定权力会被直接授予行政机构，不会再有各种联盟参与政治。

[8] 在希斯考克斯（Hiscox，1999）的文章中，有一个关于联盟如何能影响政策制定制度的不同论断，主要讨论了美国 1934 年互惠贸易协定法案（U. S. Reciprocal Trade Agreements Act of 1934）的形成。

[9] 在第 10～11 章中，我详细地讨论了几个关于制度的论断是如何解释这西方六国特别是美国的情况的。

[10] 在这里，要素被定义为广泛的生产投入，至少包括劳动力和资本。赫克歇尔-俄林的研究（Heckscher-Ohlin studies）主要关注土地、劳动力和资本，在以下章节中我主要以这一基本框架为依据。与此不同的是，利默（Leamer，

1984）定义了 11 种不同的要素：资本、三种劳动力（专业、半熟练、非熟练）、四种土地（热带、温带、干旱和森林）、煤、矿物和石油。但是，相对复杂的要素分类容易混乱对流动要素和特定要素的区分，而这一区分对本书中的理论相当重要，因此我基本上采用了相对简单的传统定义。

[11] 在这里，阶级就是简单的根据要素所有来定义的。每个阶级是由相对于整个经济体来说充分拥有某种生产要素的个体所组成的，因此对该特定要素的拥有是他们最主要的收入来源。该定义考虑到了个人通常拥有多种要素。参见 Mayer（1984）。

[12] 最初的模型是由琼斯（Jones，1971）和萨缪尔森（Samuelson，1971）分别提出的，琼斯把它命名为“特定要素”模型，而萨缪尔森把它命名为“李嘉图-维纳”模型。

[13] 逻辑还是相当简单直接：进口竞争行业生产缩减，释放出所有流动要素，致使进口竞争行业特定要素的生产率下降，实际收益降低。流动要素的收益相对于进口产品的价格有所上升，但是相对于出口产品的价格有所下降，所以流动要素所有者的收入变化取决于消费模式。

[14] 比如 Anderson（1980）和 Lavergne（1983）。

[15] 在经济学文献中通常认为这种分歧是没有问题的，因为这种对特定要素的影响虽然在短期通常被视为有重要意义，但是在长期则并不如此。参见 Mussa（1974）；Caves，Frankel，and Jones（1990，p. 146－149），以及 Krugman and Obstfeld（1988，p. 81）。这是因为假定在长期，所有的生产要素都是可以完全自由流动的。这一观点的问题在于它对政治的忽视：要素所有者不仅仅可以选择接受某行业中的较低

回报或者转移到其他行业，他们还能够组织起来干预政策制定，改变相对价格。如果行业间流动成本很高、需要付出的时间很长，那么通过政治活动所获得的及时收益就很可能会超过通过行业间要素流动所获得的收益的现值。

[16] 马吉（Magee，1980）简单地讨论了这种可能性。布劳利（Brawley，1997）在他近期的论文中提出了一个不同的观点，认为要素可能既拥有流动的部分又拥有不流动的部分，这使得由贸易政策所引发的社会分化更加复杂。但是并不清楚如何才能把这些不同的部分进行清楚地分离以分别加以讨论，另外精确地预测每个部分的政策偏好也是很棘手的（布劳利认为，充裕要素的流动部分肯定会从自由贸易中受益，但是现有的一般均衡模型却给出了相反的结论。）无论如何，即使是在这种分析框架下，我们也可以预测到在要素流动性较强的情况下，以阶级为基础的分化相对于以行业为基础的分化要重要得多。这是我在本书中要论证的基本观点。

[17] 比如 Gourevitch（1986）和 Rogowski（1989）。

第 2 章　要素流动程度的历史变迁：六国研究

在第 1 章中，我提出了行业间要素流动程度的高 12
低会影响由贸易问题所引发的社会分化的类型。为了验证这一观点是否正确，我们首先需要找到一些能够显示行业间要素流动程度的指标。在本章中我将讨论测量行业间要素流动程度的几个不同方法，这些方法在很大程度上受益于前人分析劳动力和资本市场一体化的文献。我把行业间的工资和利润率差异作为衡量行业间要素流动程度的主要指标，研究了所选的六个国家在上两个世纪期间主要制造业部门的现有数据。这里的指导性假设是：当行业间要素流动程度足够高的时候，行业间的收益率差异将因要素的自由流动而消失。我还尽可能地研究了其他一些能够显示行业间要素流动程度的指标，以比较分析通过不同的指标得出的结论。这些行业间要素流动程度指标包括：人力资源流动率（labor turnover）、工作期限（job ten-

ure）和企业的研发投入。

2.1 测量要素流动程度

迄今为止，还没有任何文献对行业间的要素流动程度做过系统性的研究以进行跨时期或跨国比较分析。研究劳动力市场效率的文献考察了行业间工资差异（比如 Krueger and Summers，1988）和制造业工人的人力资源流动率（比如 Ragan，1984），这些研究提供了对行业间劳动力流动程度的最直接的测量。行业间资本流动程度指标是从股票市场回报率分析（Grossman and Levinsohn，1989）以及固定设备二级市场价格（Ramey and Shapiro，1998）中得出的。劳动和资本流动程度的间接指标则是根据行业集团和投票人在政治问题上的显示偏好得出的。[1] 有一些对人力资源流动率进行的纵向研究显示了美国制造业工人的流动性自 20 世纪 20 年代以来有所下降。除此之
13 外，这些研究都是以讨论要素市场在某一特定历史时期的特点为目标——特别是 20 世纪 70—80 年代一些特定的历史时期。这些研究都显示出近些年来美国制造业部门出现了明显的要素专业化现象，并且出现了显著的行业“租”，但是并没有采用某个历史（或相对）标准作为对比的参考。

与此相反，有许多关于地区间劳动和资本流动程

度的经验性研究——特别是针对美国经济——它们主要研究了 19 世纪美国劳动力和资本市场的区域一体化，以揭示历史趋势为目标。比如一系列研究表明，美国在南北战争前后地区间的劳动力和资本的流动程度都有所增强，这与交通和通讯的发展相一致。[2] 研究美国经济的文献还考察了 19 世纪劳动力在农业和制造业之间的跨部门流动程度（Lebergott，1964；Williamson and Lindert，1980）。

虽然地区间的要素流动程度可能和行业间的要素流动程度有很大关系，但是因为同一行业通常分布在各个不同的地理区域，所以这两类要素市场一体化是迥然不同的。行业间的要素流动程度不仅仅取决于在地理空间上转移要素和信息的成本，还取决于在产品空间上转移要素和信息的成本。其中后者是由一系列影响到某一特定行业所需人力和实物资本专业化程度的变量所决定的。的确，关于要素流动程度，工业化进程的历史表明，影响流动程度的不仅仅是交通和通讯系统的进步，还有那些影响到特殊技能和资本重要程度的生产方式变革，以及那些给行业间要素流动增加了成本的法规变化。

为了对要素流动程度进行跨时和跨地区比较，我主要测量了同一要素在不同行业的回报率差异，其中特别研究了制造业行业间工资或利润率的变差系数。行业间的要素流动程度指的是生产要素的所有者在不

同行业间转移要素的能力和倾向。生产可能性曲线描述了一种要素可以以递增的机会成本从一个行业转移到另一个行业，而该曲线的替代弹性就很恰当的代表了行业间的要素流动程度。[3]虽然这一弹性并不能直接观察到，但是当要素流动程度高的时候，行业间的要素流动（或者甚至是流动的潜力）应该会使得不同行业中的相似劳动和资本的所有者获得相同的收益。这只不过是“一价定律”（law of one price）的一个简单应用：如果要素流动性很强，收益差异就会因为要素的流动而消失。较小的行业间工资和利润率差异就意味着较高的要素流动程度。工资和利润率差异的大小就反应了在行业间转移要素的成本大小。这些成本受到一系列政治和经济变量的影响：行业和企业采用的人力资本和实物资本的专业化程度；影响企业进出市场和雇佣、解雇劳动力的要素市场法规；资产重投和再就业培训的相关政策；行业的区域分布；以及交通和通讯的成本。

已经有大量研究劳动力和资本流动程度的文献应用了这种测量工资和利润率差异的方法。近期研究美国和其他一些地区劳动力市场效率的文献考察了行业间的工资差异，以证明存在在均衡状态下也不会消失的行业“租”。[4]同时，几乎所有对美国劳动力和金融市场区域一体化进行经验性研究的文献都关注了工资和利率的地区间差异。[5]研究金融资本国际流动程度的文献则考察了相似类型的资产在不同国家市场的收益差异（参见 Frankel，1991）。

但是，在采用工资和利润差异作为要素流动程度指标的时候，还应该多加谨慎，这有多个原因。首先，如果经济活动参与者的目标不是真实收益最大化，那么即使是在要素流动程度很高的情况下，工资和利润的行业间差异仍有可能在均衡状态下持续存在（Rosenbloom，1989，p. 169）。比如行业间工作环境的差异，还有那些集中分布在不同地区或城市的行业的地理位置特点差异（比如在气候、拥挤程度或卫生条件上的差异），这些都可能造成行业间收益差异在均衡状态下持续存在。另外，行业间收益差异还可能反应要素流动程度之外的其他一些要素市场特点，其中包括工资和利润相关法规，以及劳资谈判状况。此外，测量到的差异还可能受到其他一些因素的影响，比如：对特定行业的短期需求冲击；不同行业工人劳动技能水平的差异；各个行业工作和投资的风险差异。我随后会对这些问题中最重要的一个做详细的分析。上述这些问题都要求我们要小心谨慎地对待任何以收益差异为基础得出的推论。[6] 15

我尽可能地比较分析了根据其他要素流动程度指标所得到的结论，这些指标包括劳动力市场上的人力资源流动率和公司在研发及职工培训上的投入。但是这些指标相对来说在理论上不大站得住脚，并且在数

据的获取上也会受到一定的限制。测量像人力资源流动率以及企业进出市场频率这样的要素转移情况并不能令人信服地说明行业间要素流动程度的高低。这是因为采用这些指标测量行业间的要素流动程度的前提条件是对经济活动参与者转移要素的动力加以控制（这就要求对收益差异进行评估）。要素所有者可能会发现，要素的行业间转移成本很低。但是，由于转移前后收益变化不大，因而他们也就几乎没有动力去实现要素的转移。[7]在这种情况下，要素转移程度低并不能说明要素流动程度低。其他一些评估资产专业性的指标，比如企业通过研发和培训对新一代实物和人力资本进行的投资，则是考虑到了影响行业间要素转移成本的一个重要因素，但却忽略了其他因素。另外，只能获得上述变量的近期数据。

在整个分析过程中，我所关注的都是各个经济体中制造业部门的行业间要素流动程度的整体情况，而不是要素进出某个特定行业的难易程度。有些早先的文献讨论了后一个问题，采用了关于某些特定行业和企业以及它们资产专业性的数据，判断的主要参考依据是研发投入、职业培训和行业集中率（Alt et al.，1999；Frieden，1991）。[8]这种测量方法存在很大问题。由于经济活动的参与者是从一个行业转移到另一个行业，因此很难只讨论某一个行业的进出壁垒，而不考虑其他行业的进出壁垒。无论如何，我在本书中所关心的一直是各个国家制造业部门的行业间要素流动的整体情况，以及流动程度的跨时变化。

本章研究的局限在于很难考察土地和自然资源所有者的流动程度，这是因为关于 19—20 世纪农场收入的数据相当匮乏。因此我们的分析只能局限于制造业的工资和利润。

2.2 行业工资和利润

整体上来说，证据显示伴随工业化进程发生的经济和技术变革对行业间的要素流动程度有很大影响。但是这些变革发生的时间以及所造成的冲击却有显著的国别差异。图 2.1 根据现有数据分别描绘了所选六个国家的工资和利润率的行业间差异。 16

对于 19 世纪上半叶这段时期，惟一可以获得大量数据的就是主要制造业行业工人的工资和总收入，以及处于不同行业的不同类别的技术工人（工匠或手艺人）的工资率——这些技术工人包括木匠、纺纱工、织工、泥瓦匠、铁匠和机械师（附录 B 充分地讨论了现有数据及其来源）。我们可以找到晚些时期分别记录主要制造业行业中不同类别熟练和非熟练劳动力工资的数据（依照标准行业分类［SIC］的两位数标准），根据这些数据可以计算变差系数。[9] 相比工资方面的数据来说，早期不同行业资本回报率方面的

数据更加难以获得。比如在 1914 年之前，很少有关于美国企业收益的直接数据（Epstein and Gordon, 1939, p. 122）。1933 年之后关于公司利润的可靠数据只能从美国证券交易委员会（U. S. Securities and Exchange Commission）获得。证券交易委员会根据这些公司的主要活动把它们分为不同的行业集团。受到贝特曼和韦斯（Bateman and Weiss, 1981）的启发，我们可以利用其他数据更好地测量不同行业的利润——用价值增加量减去工资成本再除以资本投入，作为每单位资本投入（或每人每时）的利润。至于这种计算方法所需的数据，可以找到 19 世纪部分时期部分行业的以及 20 世纪 40 年代以后大部分行业的。
17 [10]不论是工资还是利润方面的数据，采用的行业分类标准都是联合国和国家报告机构通用的两位数标准行业分类，或者是早些时期最接近这种标准的分类。

这六个国家数据的变化趋势一目了然。前文提到较低的变差系数意味着较高的行业间要素流动程度。首先我们来看 19 世纪期间变差系数的变化。19 世纪上半叶，工资差异普遍较高（和晚些时候相比），但是呈下降趋势。虽然利润方面的数据相对较少，但是利润率的行业间差异也呈现相似的趋势。这些趋势意味着在 19 世纪大部分时间里行业间的要素流动程度整体上在稳步上升。

同样值得注意的是，这一段时期内不同国家之间的差异。与法国相比，英国的劳动力和资本流动程度明显高得多（即变差系数低）。英国的工业化进程比法国快得多，而法国则保留了诸多行业规范。19世纪早期，美国的行业间工资差异比英国大得多，但是随时间的推移下降的速度也比英国快得多。至于瑞典、加拿大和澳大利亚这几个工业化进程相对滞后的小经济体，直到19世纪60年代的时候它们的行业间收益差异还仍然相对较高，直到19世纪晚期才出现明显的变化。

19世纪末20世纪初，这六个国家的行业间工资差异和利润差异都下降到了历史上相当低的水平。在美国和英国，这种行业间差异下降到了历史最低点——这两个国家正是工业化进程的领头羊。19世纪末，法国的行业间工资差异依旧是英国的两倍。瑞典和澳大利亚在这段时期内的变化最为明显，到1914年这两个国家的行业间工资差异是这六个国家中最低的。而加拿大则一直维持了比较高的行业间差异。在加拿大，要素市场被分割成不同的地区经济体（虽然相关数据很少）。

数据显示，行业间的工资差异和利润差异在很长一段时期以来整体下降的趋势在20世纪20年代左右停止了。在有些国家，行业间的工资差异和利润差异甚至有所上升——其中美国最为明显——尽管大萧条期间要素市场相当混乱。到50—60年代，这种历史趋势的转向更加明显了；数据显示，六个国家的行业"租"都有明显的上升。

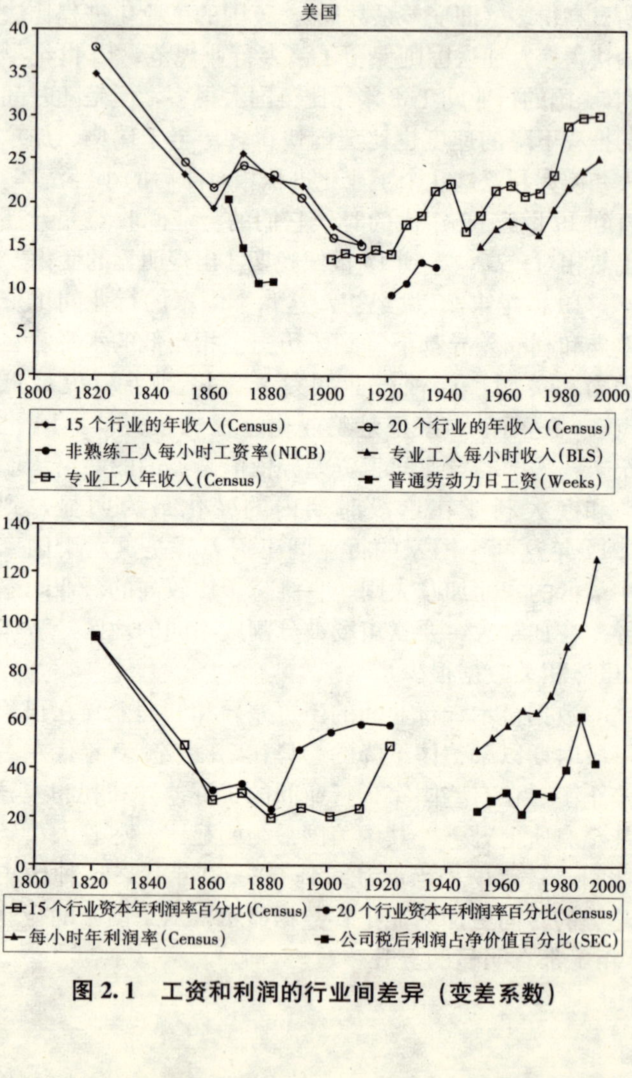

图 2.1　工资和利润的行业间差异（变差系数）

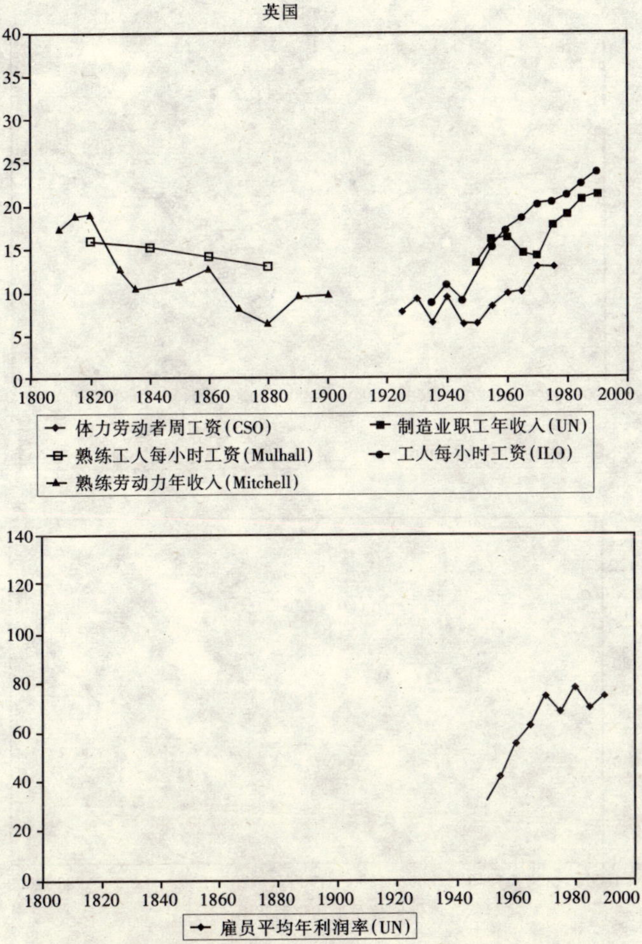

续图 2.1　工资和利润的行业间差异（变差系数）

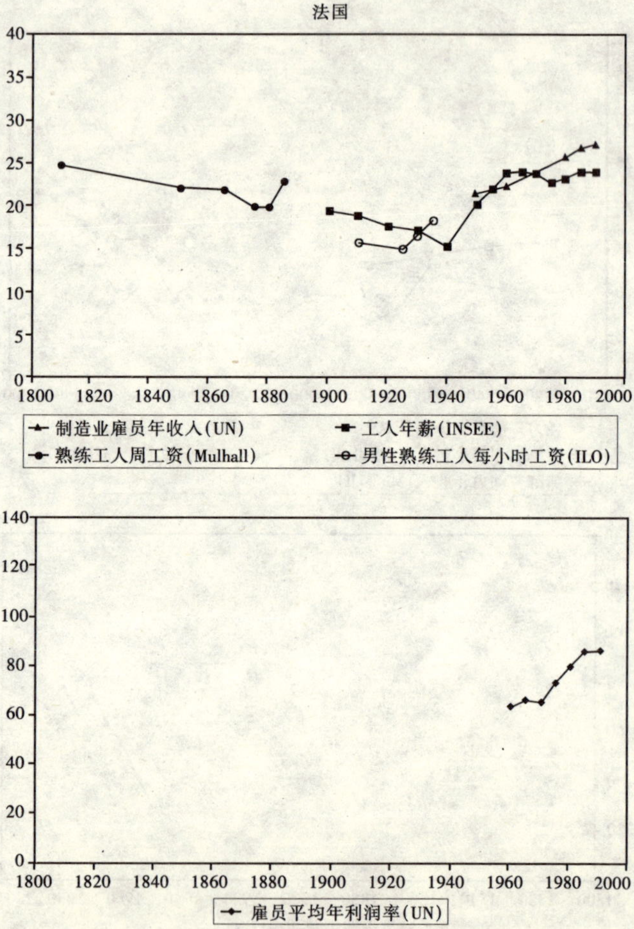

续图 2.1　工资和利润的行业间差异（变差系数）

瑞典

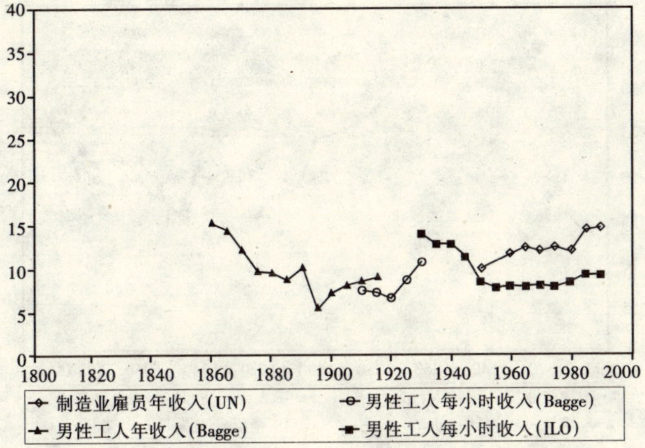

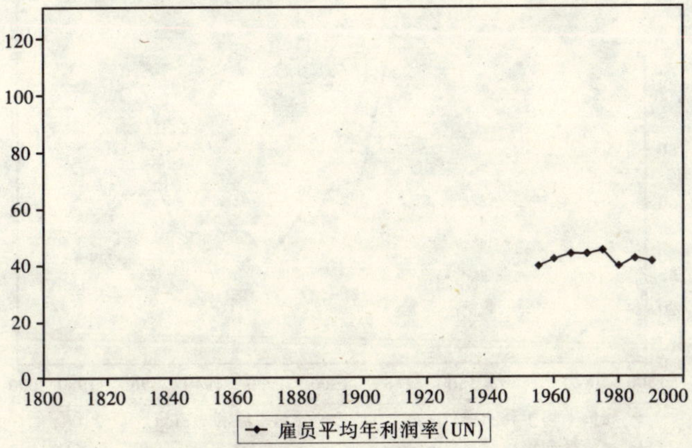

续图 2.1　工资和利润的行业间差异（变差系数）

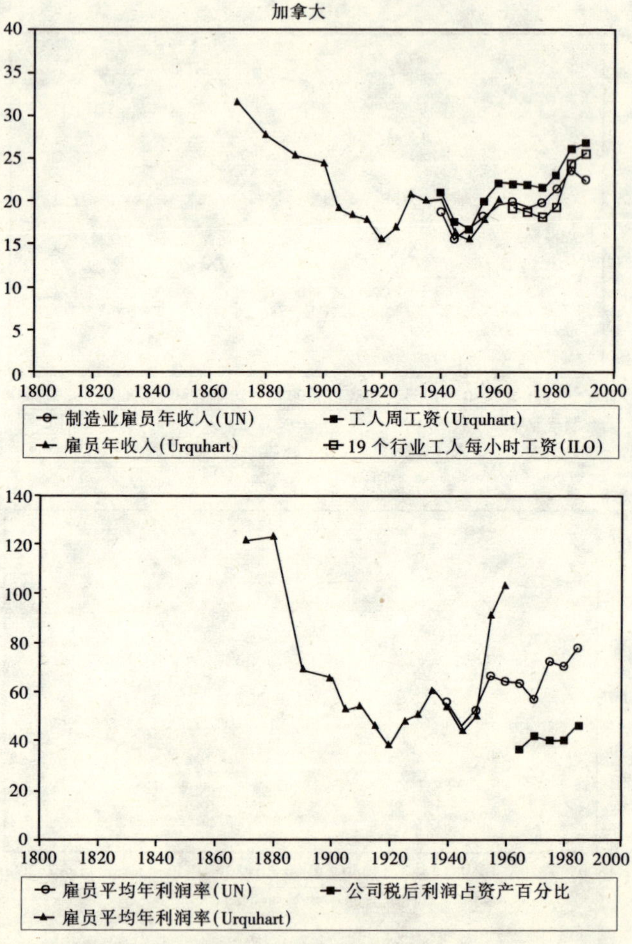

续图 2.1 工资和利润的行业间差异（变差系数）

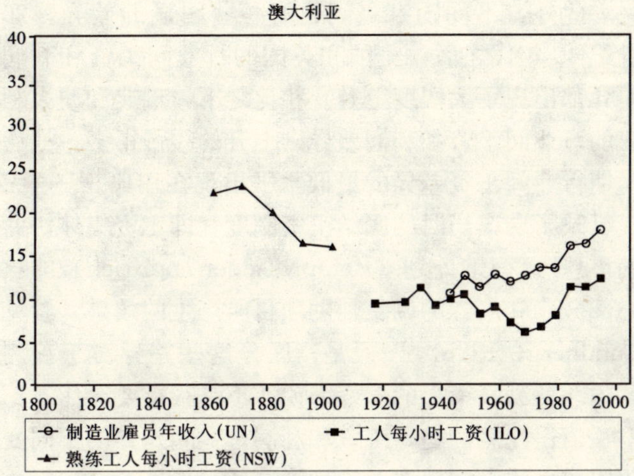

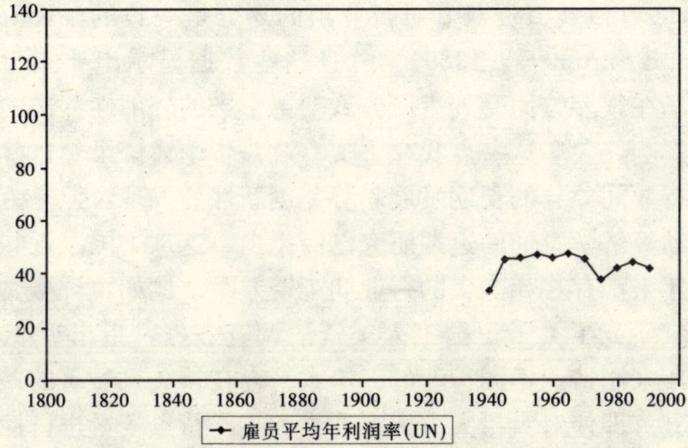

续图 2.1　工资和利润的行业间差异（变差系数）

此外，不同国家之间也有一些明显的差异。20世纪40年代之后，美国和英国的行业间工资和利润差异都出现了大幅度上升。相比之下，瑞典和澳大利亚的行业间工资和利润差异则上升的缓慢得多。战后时期行业间工资差异的最低水平出现在瑞典。[11]这无疑反映了瑞典当时的团结工资制度（即工资集体协商的雷恩-迈德纳计划（Rehn-Meidner approach）的核心部分）和广泛的调整辅助项目所产生的效果（参见Lundberg，1985）。[12]但是，区分这些差异对于预测各国在贸易政策上的偏好来说并不是很重要。[13]

值得注意的是，工资和利润行业间差异的不同变化模式大体上和效率工资理论（efficiency wage theories）以及劳资双方对行业租的划分是一致的（Katz and Summers，1989）。并且这些数据显示出要素市场在很多方面受到生产方式变革带来的外部性冲击的影响，关于这一点我在下文有进一步论述。虽然这些行业间差异的长期发展趋势是创新性的发现，但是劳动经济学家们的近期研究已经指出，这六个国家近些年来都存在相当大的行业间工资差距。比如，许多文献研究了关于美国工人工资的调查数据，指出近20年来制造业不同行业的工资水平存在持久且显著的差异。即使对大量人力资本变量和工作特点变量进行控制，结论也是如此（Dickens and Katz，1987；Krueger and Summers，1987，1988；Katz and Summers，

1989)。还有一些研究指出，资本回报率也存在显著的行业间差异，这意味着近些年来资本的行业间流动程度很低。卡茨和萨默斯（Katz and Summers）利用美国 80 年代公司利润的数据证明了经济中存在有大量的行业"租"。格罗斯曼和莱文森（Grossman and Levinsohn，1989）也得到了类似的结论，他们主要研究了 70—80 年代美国几个行业的股票市场收益，以及意料之外的进口商品价格冲击对这些收益所造成的影响。让人感兴趣的是，通过研究更大的数据集，我发现行业"租"的大小呈现出明显的跨时（在工业化进程初期呈下降趋势，近期呈上升趋势）和跨国差异。

2.3 行业间要素流动程度的其他指标

通过研究工资差异得到的结论至少在 20 世纪得到了人力资源流动率数据的有力佐证。事实上，正是战后美国制造业工人流动率的下降促使经济学家们在 50 年代开始关心"新工业封建制度"（new industrial feudalism）。最先提出这一问题的是罗斯（Ross，1958），但他把这一工人流动率的下降视为暂时现象而没有加以重视。拉根（Ragan，1984）的分析显示，1957—1979 年间制造业职工离职率（quit rate）（每 100 个员工中离职或自愿辞职的人数）呈现出持续下降的趋势。把研究数据集扩展到 1919—1981 年

间所有可获得的离职率数据，结果进一步证实了上述发现（见表 2.1）。结果显示，离职率有明显的随时间下降的趋势。如果我们对商业周期的影响加以控制（见栏 1），则时间趋势是负的，在 0.001 的水平上显著。如果我们还对劳动人口在人口统计学方面的变化加以控制（女性工人比男性工人更有可能离职，年轻工人比老年工人更有可能离职），那么得到的时间趋势值有所上升（见栏 2）。

因为大部分官方统计数据并不会把离职和失业区分开来报道，所以很难对其他国家进行类似的分析。霍姆伦德（Holmlund，1984）研究了瑞典制造业工人离职方面的数据，指出瑞典的劳动力流动程度也有所下降，但其下降速度要比美国低得多。我利用他提供的 1916—1982 年间的数据对瑞典进行了与美国相同的统计分析（结果见表 2.2）。结果显示，瑞典职工离职率的确有随时间下降的趋势，但是没有美国那么明显。此外，如果我们对失业率差异加以控制（选择可以获得两国数据的时间段——即 1919—1981 年），那么可以得出瑞典的平均离职率几乎是美国制造业工人的 2 倍。

与上述发现相符的是，数据显示美国制造业工人的工作期限（job tenure）在长期呈整体上升趋势。研究指出，自 19 世纪 90 年代以来，工人在某一特定企业工作的年数有明显上升趋势（Carter and Savoc-

表 2.1　美国离职率回归分析结果，1919—1981 年 *　26

自变量	1	2
常数	2.30	−1.18
	(7.87)	(−1.90)
失业率%	−0.26	−0.39
	(−6.24)	(−9.67)
女性雇员%		0.14
		(1.41)
16～24 岁雇员%		0.21
		(3.23)
时间	−0.06	−0.08
	(−3.25)	(−2.25)
N	63	42
校正 R^2	0.40	0.82
回归标准误差（SER）	0.92	0.34
ρ	0.64	0.58

资料来源：Data on quits，unemployment，and the gender and age components of the labor force，are from Department of Commerce，*Historical Statistics*，and Department of Labor，*Employment and Earnings*，Gender and age data are available from 1940.

* 估测的系数和 t 检验结果（在括号中）。两个方程都经过一阶自相关调整。第一个观察值的时间定义为 1。

ca，1990；Jacoby and Sharna，1992）。19 世纪 90 年

27 **表 2.2 瑞典离职率回归分析结果，1916—1982 年***

自变量	
常数	3.88
	(8.01)
失业率%	−0.31
	(−6.85)
时间	−0.04
	(−3.01)
N	67
校正 R^2	0.48
SER	0.88
ρ	0.60

资料来源：Holmlund (1984).

* 估测的系数和 t 检验结果（在括号中）。两个方程都经过一阶自相关调整。第一个观察值的时间定义为 1。

代到 20 世纪 70 年代之间，在同一工作岗位工作 20 年以上的工人比率几乎是原来的 3 倍。关于工作期限的调查数据显示，1950—1990 期间所有年龄组的在同一岗位工作的平均年数都有显著上升。55～64 岁的工人在同一岗位工作的平均年数 1991 年为 16 年，而 1951 年只有 9.5 年；45～54 岁的工人在同一岗位工作的平均年数 1991 年为 12.2 年，而 1951 年则只有7.9年；至于35～44岁年龄组，平均工作期限从1951年的4.3年上升到了1991年的7.9年。[14]

至于行业间资本流动程度，通过其他方法得到的结论也和上文通过研究行业间利润差异所得出的结论相一致。对于研究产业组织的学者来说，制造业企业的研发投入是考察资产专业化程度的一个常用指标，因为这一指标显示了企业对于开发自己的生产技术和产品的重视程度（Acs and Isberg，1991）。资产专业化程度越高，其所有者的设备就越难适应其他行业的生产，因此，当由于其所处行业出现衰落而要出售设备的时候，成本就越高。图2.2根据现有数据绘制了1950—1990年间美国制造业公司的研发投入（占销售量的百分比）。[15]研发投入从1950年的0.5%左右上升到1990年的3%。

固定设备的专业化程度越高，转卖的时候对于其他行业的厂商来说其价值就越低。雷米和夏皮罗（Ramey and Shapiro，1998）直接研究过这个问题，采用的是近些年来航空业拍卖的数据。他们追踪了二手资产在行业间的流动，以及它们出售时的折价情况。他们得到的结果显示，近些年来美国制造业中资产的行业专业化程度的确很高，对于资产所有者来说跨部门重新配置资产的成本很高。特别是他们发现，20世纪90年代流出航空业（aerospace industry）的

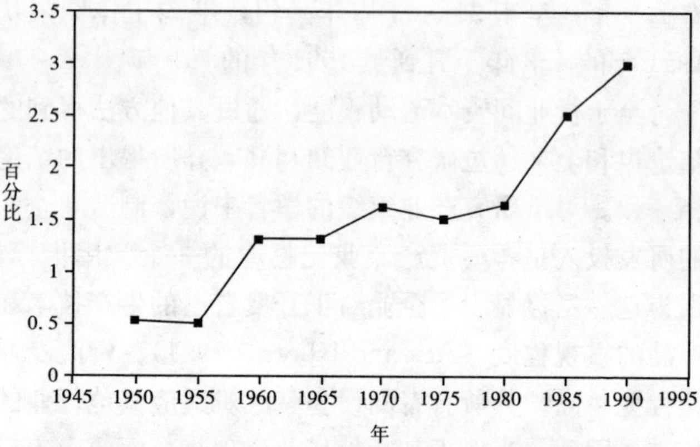

图 2.2　美国公司研发投入占销售量百分比

资产售价只是其重置成本估计值的 1/3。

关于行业间资本流动程度的比较研究相对较少。但是劳伦斯和博斯沃思（Lawrence and Bosworth, 1987）通过研究不同行业占总产出和就业份额的变化，测量了 20 世纪 70—80 年代几个国家应对经济冲击时进行结构调整的速度。有观点认为，瑞典的团结工资制度和慷慨的福利制度使得瑞典经济很难为应对经济冲击做出调整，这些制度降低了对资源重新进行有效配置的激励。劳伦斯和博斯沃思研究的一个重点就是检测这种观点是否正确。然而他们的研究发现，近几十年来瑞典的资源配置速度反而比美国、德国和日本快得多。

另外，两个彼此联系紧密的现象也显示出近些年来行业间利润差异有所增加。第一个现象是本世纪以来产权投资市场（equity market）的明显深化，这大大简化了资本资产所有权的跨行业交易。第二个现象是，资产持有者有明显的资产组合多样化趋势。职业基金管理业和共同基金的兴起也许可以算是这种变化趋势最清晰的讯号。第一个现象可能和资产专业化程度的提高有关系，这一观点首先是由威廉森（Williamson，1985）提出的。如果资本的跨行业流动性较差，那么可以预见，对融资的依赖要超过对资产借用的依赖。这是因为资产专业化程度越高，借出者就越不愿意投资这样的资产，并且会因风险的增加而提高收费。至于第二个现象，正像穆萨（Mussa，1974）指出的那样，资本流动程度越低，不同行业的收入差异就越大，投资者就越有动力多样化其资产组合。

2.4 对要素流动程度变化的解释

有观点认为，广泛的技术和法规变革带来的外部性冲击对要素市场的影响很大，而上述六个国家行业间工资和利润差异的跨时变化模式正好与这一观点相一致。考虑到不同国家的法规变化，以及工业化进程不同阶段相应的技术变革，那么数据显示出的要素流动程度的变化情况就非常容易理解了。比如，经济史 29

学家们经常提到欧洲工业化前期通常伴有对要素流动法律限制的放松，尽管这种对法规的放松在各个国家发生的时间有所不同。他们经常引用英国在放松法规限制方面的先驱性举措——追溯到1563年的《工匠法》（Statute of Artificers）（参见 Landes 1969, p. 62；North and Thomas，1973；Olson，1982）。支持中世纪行会体系的那些法规到18世纪初期就在英国基本消失了，在1814年被完全废除。但是这些法规在法国一直存留到19世纪，瑞典也是在1864年才完全废除这些法规的（Landes，1969，p. 62，p. 131；Rustow，1955，p. 15）。[16]

有一系列技术变革在西方经济发展历程中占有至关重要的地位，19世纪工业化进程早期的时候，这些变革结合在一起使得西方经济体的流动性显著增强（Sokoloff and Villaflor，1992）。航运、铁路以及公路交通系统的重大变革大大降低了要素流动的成本，消除了地理对于经济的重要作用（Taylor，1949；Davis，Hughes，and McDougall，1961，p. 276－296；North，1965）。又是英国以它高效的运河系统、公路和最早的大兴铁路引领了这一次变革（Pratt，1912；Clapham，1927，p. 94）。[17]在其他国家，变革进行得相对缓慢。在法国，铁路建设在19世纪50年代才加速起来，那时候新的铁路线连接了里尔（Lille）和波尔多（Bordeaux），以及勒阿弗尔

(Le Havre）和斯特拉斯堡（Strasbourg）。在大兴土木的美国，内陆运输费用在19世纪20年代伴随公路和航运的发展开始下降，另外造成运费下降的还有19世纪30年代开始兴建的运河系统，以及50年代开始新建的铁路（North，1965）。[18] 在瑞典、加拿大和澳大利亚，铁路的快速扩张要滞后得多。[19] 表2.3显示了这六个国家铁路扩张的步伐。

表2.3　　建设中的铁路线长度 30

（单位：英里）

年份	美国	英国	法国	瑞典	加拿大	澳大利亚
1830年	23	94	19			
1840年	2 818	1 434	246		15	
1850年	9 021	5 878	1 749		64	
1860年	30 626	8 762	5 500	316	1 994	
1870年	52 922	12 935	9 326	1 036	2 572	917
1885年	128 363	16 032	17 903	4 134	9 919	6 163
1895年	174 443	17 392	21 744	5 854	15 427	11 202
1905年	210 600	18 874	23 764	7 588	19 782	14 285
1915年	245 060	19 574	21 840	8 737	33 682	21 498

资料来源：Mitchell 1980 and 1984

这一系列技术变革不仅使生产的地区集中程度下降了，还形成了统一的商品和要素市场（O'Brien，1983；Rosenbloom，1990）。土地的所以者也可以有

更多的选择了，因为农场与市场的距离变得不那么重要了（Rogowski，1989，p. 19）。虽然我们没有详细的关于农场收入的数据来测量农产品生产者的流动性，但是看起来他们很有可能受到了很大影响。比如，在铁路建成之后，肉类以及容易腐烂的食品可以在距离城市市场远得多的地方生产；冷冻运输技术的革新加强了这种趋势。灌溉技术和人造化肥的进步（19 世纪头 10 年最为明显）也使得农业生产更加灵活（Heckscher，1954，p. 176）。同时，值得注意的是，农场主们不仅仅可以通过把他们的土地在行业间进行有效的转移，他们还可以搬到适合作物生长的土地上去。19 世纪晚期，美国、加拿大和澳大利亚有大量不同类型的土地被许多还不确定要生产什么的移民者占有。

19 世纪生产方式的技术性变革也对行业间要素流动程度有重大影响。工业革命的核心部分就是一系列机械生产取代手工生产的技术变革。这场首先发生在英国，随后发展到其他国家的技术变革，革命性地改变了纺织业、钢铁行业和蒸汽动力行业的生产（Landes，1969）。新兴的制造厂和工厂取代了原先的手工作坊和家庭制造，这在英国的西区（West Riding）发展得最快，但是也发生在欧洲大陆以及北美的工业中心。手艺人们的传统技术变得日趋过时了（Sokoloff and Villaflor，1992，p. 32－33）。[20]

第二次技术革命以电力的广泛应用和内燃机的制造为主要标志，引入了装配线生产方式和精密制造技术，以及19世纪最后20年席卷各个行业的从节点生产到流水线生产的巨大转变（Landes，1969，p. 305-307；Sawyer，1954）。大量新技术不仅提供了对原材料进行管道输送、抽取、起重、运输、定形、压榨、加热和测量的新途径，而且这些新技术可以很容易的应用于不同行业的生产（Landes，1969，p. 293-294）。同时，大大节省劳动力的技术以及生产线（production line）的出现创造了对非熟练劳动力的巨大需求，使得产业工人能够更容易地在制造业的不同行业间进行流动（Sokoloff，1986；Goldin，1990，p. 115）。[21]

20世纪工业化进程后来的一些发展阶段对要素流动程度的影响完全不同。上述六个国家行业间要素流动程度在20世纪20年代左右开始有明显的下降趋势（不同国家具体时间有所不同），这是因为劳动技能和技术之间的互补性有所增强。[22] 19世纪主要的技术进步使得新型实物资本、原材料和非熟练劳动力取代了熟练工人，而后来的技术进步则开始要求具备特殊技能的人力资本来匹配新型的实物资本（Cain and Patterson，1986；James and Skinner，1985；Sokoloff，1984）。戈尔丁和卡茨（Goldin and Katz，1996）认为，美国工业的关键性变革发生在20世纪10—20年代，涉及到从装配线（assembly line）生成

到连续流程技术（continuous-process technology）的转变——后者需要技术水平更高的工人来管理和操作高复杂性的工作。特别是微电子、机器人技术、电讯、化学工程和微生物等领域深刻的技术进步使得专门的人力和实物资本在几乎所有工业生产领域的重要性都有所提高。从那时候起，对人力资本或者说知识和技能的需求就伴随着持续的技术进步而一直不断增长（参见 Goldin and Katz，1996；Mincer，1984）。[23]

32 研究显示，行业和企业在专业人力资本上的投资与劳动力流动程度存在清晰的反比关系（Bloch，1979；Parson，1972；Ragan，1984）。随着对员工培训的日趋重视，对雇主来说员工离职的成本也有所增加，因此企业的合理反应就是鼓励员工延长工作年限。有许多文献显示，企业普遍开始把额外津贴（fringe benefit）和工龄相结合，并且解释了这对于流动性的负面影响（Oi，1962；Block，1978；Mitchell，1982）。考虑到这一点，近期行业间工人流动程度的下降趋势，以及工资差异的上升趋势则就容易解释了。[24]

19 世纪末 20 世纪初，这六个国家对专业人力资本的重视程度越来越高，与此同时对专业实物资本和知识的重视程度也越来越高。企业旨在创造新产品和新生产方法而进行的研发投入也呈明显的整体上升趋势。凯夫斯和波特（Caves and Porter，1979）曾指出，进出壁垒在20世纪有所上升是因为专业设备在制造过程中日趋重要并提高了启动成本；生产规模的整体性扩大对固定资本的投资也越来越多。[25]现有证据显示，近几十年来这六个国家各自的工厂平均产出的确有明显的上升趋势。[26]图2.3绘制了美国制造业平均每家工厂的设备和建筑物的总价值，揭示了类似的显著变化趋势。[27]

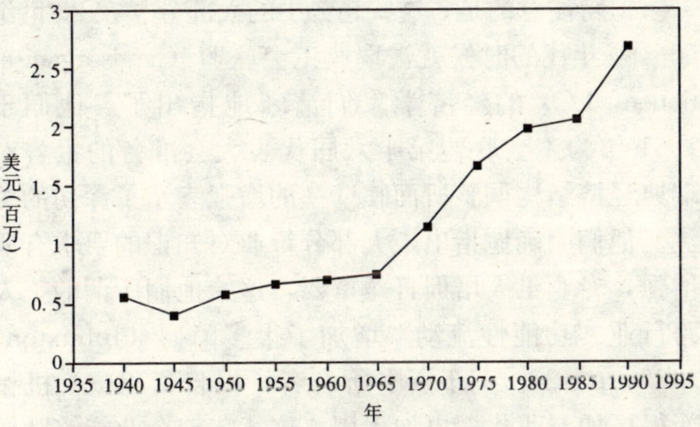

图2.3　美国制造业行业设备和建筑物价值（根据1982年美元计算）

虽然并没有足够的证据证明规模经济本身就造成了强大的进入壁垒（Scherer，1980）[28]，但是有很多证据显示——所需资本的增多会使得能够获得资金的个人或集体数量减少，或者不平等的信贷制度会使得他们只能以更高的利率获得所需贷款（Hay and

Morris，1984；Geroski and Jacquemin，1985）。马库斯（Marcus，1967）指出，一个企业的固定投资越多就越不可能退出原行业。战略性考虑显然在这里起到了作用。因为当规模经济很显著的时候，一个企业的退出会增加其他企业的利润，所以即使是面对持续的低收益，每个企业也总是有动力等待其他企业首先退出（Ghemawat and Nalebuff，1990）。

值得注意的是，这些趋势中的大部分早在20世纪50—60年代的时候就被瑞典工会联盟（landsorganisationen，LO）的经济学家们清晰地指出了。他们于1961年为工会联盟第十六届代表大会准备的报告对瑞典经济结构调整所面临壁垒的增强表示了深切的关注。他们明确地指出，大部分行业对知识的要求有所增强，专业工人培训日益重要，这给他们所谓的工人跨行业“功能性流动”增加了很多障碍（Johnston，1963，p. 42）。至于资本所有者，报告指出——机械变得更加专业化、更加耐用，这意味着企业能够胜任的生产范围越来越狭小，转产的成本会大大增加。基于这些原因，该报告大力倡导推广旨在增强瑞典工人和企业适应能力的政策。该报告非常值得我们注意。

2.5 结论

本章提供的证据显示，随着时间的推移，行业间的要素流动程度在不同国家之间和同一国家之内存在很大差异。数据显示，工业化进程的早期，这六个国家的劳动力和资本流动程度都在急剧上升（行业间工资和利润差异降低），这是因为交通运输系统的重大变革显著地降低了要素转移的成本；一系列革新引入了装配线生产方式和精密制造，增加了对非熟练工人的需求。但是，数据同时也肯定了 20 世纪初新的变革开始增强了技术和技能之间的互补性，增加了资本和劳动的所有者在专业化资产上的投资。19 世纪的大部分时间，行业间工资和利润率差异持续下降，但是 20 世纪初这六个国家行业间工资和利润率都开始上升，生产对专业化实物和人力资本的依赖也明显增强。各种不同指标均显示，近期制造业行业间劳动和资本流动程度有所降低，这些指标包括人力资源流动率、工作期限以及企业的研发投入。

探讨完要素流动程度的历史变迁和跨国差异后，下面要讨论的则是这些差异是否像预期的那样导致了社会分化模式的差异。我将在下一章回答这个问题。

[注释]

[1] 最广为流传的例子就是马吉（Magee，1980）对工会和管理者集团关于 1974 年《贸易法案》（Trade Act）在美国众议院筹款委员会（U.S. House Ways and Means Committee）上所作证词的研究。欧文（Irwin，1995）研究了英国

1923 年大选过程中各郡的投票模式。

[2] 关于南北战争前的劳动力市场区域一体化请参见 Lebergott (1964) 和 Margo and Villaflor (1987)。关于 19 世纪晚期的劳动力市场，参见 Coelho and Shepherd (1976)，Rosenbloom (1990)，以及 Sundstrom and Rosenbloom (1993)。关于金融资本地区市场一体化，参见 Davis (1965)，James (1976) 和 Odell (1989)。

[3] 参见附录 A 中用经济一般均衡模型对行业间流动程度进行的正式讨论。类似的正式讨论还出现在 Jones (1971) 和 Hill and Mendez (1983)。

[4] 参见 Krueger and Summers (1987，1988)，Katz and Summers (1989)，Dickens and Katz (1987)，以及 Gibbons and Katz (1992)。埃丁和塞特贝里 (Edin and Zetterberg, 1992) 提供了对美国和瑞典工资差异的比较研究。关于行业间工资差异的更早期的研究参见 Slichter (1950) 和 Glasser (1940)。

[5] 比如参见 Lebergott (1964)，Coelho and Shepherd (1976)，Rosenbloom (1990)，Davis (1965)，James (1976) 和 Odell (1989)。

[6] 对区域间工资差异进行解释的相关问题请参见 Rosenbloom (1990，p. 88)。

[7] 比如在高度一体化的国际债券市场，股票的收益可以通过最小程度的交易活动实现均衡；参见 Frankel (1991)。

[8] 这两种研究都把这些资产专业性指标与行业或企业为了获得行业“租”而进行游说活动的动力联系在一起。

[9] 只有一些非常基本的方法可以用来控制行业间劳工

技能水平的异质性。值得注意的是，结果反映的可能是行业间技能混合情况或工作环境差异的变化，而不是要素流动程度的变化。但是有证据显示，在工资的计量方程中（采用近几十年来的调查数据），控制技能变量对于计算不同时期工资差异的相对大小并不重要。克鲁格和萨默斯（Krueger and Summers，1987）对 20 世纪 70 年代和 80 年代有关美国工人的数据进行了对比，结果证明对个人技能差异进行的控制在整体上降低了行业“租”的计算结果，这与预期的相一致，但是这对测量不同时期相对差异的大小几乎没什么影响。希斯考克斯（Hiscox，2002）运用克鲁格和萨默斯的方法，利用 *Current Population Survey* 中提供的有关美国工人的数据，对 1968 年和 1992 年行业间工资差异的大小进行了对比。结果显示，即使可以控制工人在技能、教育、职业等方面的差异，同样也可以发现，在此期间行业“租”有明显的上升趋势。

[10] 这里也需要谨慎对待，因为我们并没有对行业间风险差异进行控制。利润差异的变化可能反映的是不同行业相对投资风险的变化。但是我发现，即使对风险进行控制也会得到类似的结论。参见 Hiscox (2002)。

[11] 埃丁和塞特贝里（Edin and Zetterberg，1992）利用调查数据对比了瑞典和美国之间的显著差异。他们得出 20 世纪 80 年代美国的行业间工资差异大致上是瑞典的 4 倍。他们发现，美国和瑞典的百分标准差分别为 24.0%和 8.3%。通过多种方法对技能水平进行控制只能将这两个数字分别降为 14.6%和 4.7%。

[12] 工资浓缩的一个目的就是让那些效率低下的企业和行业没有靠提供与低生产率、低利润所匹配的低工资来维持

生存的能力。积极的调整辅助措施能够帮助要素转移到效率更高的部门（参见 Hibbs and Locking，1996）。提高要素流动程度是这些政策的一个主要目标。瑞典的政策制定者们制定了广泛的再就业培训项目，给要素流动提供各种补助，目的就是引导工人（和企业）转移到正在扩张的部门。参见 Lindbeck (1974)。

[13] 要素流动程度对于理解联盟来说有相当重要的意义，这是因为它对行业租的生成有关键性作用，并且收益率差异是判断这种“租”是否存在的最清晰的指标。关键问题是：像里夫林（Rivlin）指出的那样，对于战后大部分时期来说，受雇于高薪行业（比如钢铁行业）的瑞典工人一旦被解雇，并不会像那些受雇于类似行业的美国工人那样面临生活水平的明显下降。这是因为美国钢铁工人工资与美国平均工资的差距要远远高于瑞典钢铁工人工资与瑞典平均工资的差距（Rivlin，1987，p. 13－14）。值得注意的是，如果劳动力实际上很难在行业间进行流动，以至拥有扩张行业所需特殊技能的工人错过相当数量的“租”，那么瑞典的这种浓缩了整个经济体中工资结构的工资集体协商方式在政治上就很可能是不稳定的。事实上，瑞典的这种工资集体协商方式在 1983 年最终崩溃。那时候，高薪的工程和金属行业的工会从整个集体中分离了出来——为了单独同雇主进行谈判（参见 Hibbs and Locking，1996）。

[14] 数据来源是雇员权益研究协会（Employee Benefit Research Institute）；参见 *The Economist*，January 28，1995。注意到，对工资差异进行的研究显示，行业工资奖金和工作期限之间存在显著的正相关关系，这有力地证明了高薪行业

的工人的确获得了经济租。参见 Krueger and Summers (1988)，Pencavel (1970)，以及 Freeman (1980)。

[15] 数据来源是商务部相关年份的 *Historical Statistics of the United States and Statistical Abstract of the United States*.

[16] 虽然法国 1791 年就通过了勒沙普利耶法（Loi Le Chapelier），官方也正式废除了行会，但是商业联合会并不在此之列，并且这对手工艺和劳工联合会的活动也没什么影响。参见 Lorwin (1954)。

[17] 英国议会在 1843 年通过了 37 项铁路法案，1844 年是 248 项，1845 年是 700 多项。

[18] 首条横贯大陆的铁路线于 1869 年动工。

[19] 在瑞典，直到 19 世纪 60 年代，省与省之间还非常隔绝。但是到了 1890 年，一个全国铁路网络已经建成 (Heckscher，1954，p. 213)。在加拿大，贯穿大陆的铁路系统直到 19 世纪 80 年代才随着殖民地间铁路（Intercolonial Railway）的竣工而建成。这一铁路系统连接了加拿大滨海诸省和中部省份，以及加拿大太平洋铁路（Canadian Pacific Railway）。

[20] 正像马克思和恩格斯 1848 年观察到的那样："所有牢不可破的关系都和古老、神圣的偏见一起被一扫而空了。所有新形成的关系也都在变得僵化之前就过时了。"（Tucker (1978)，p. 476）

[21] 戈尔丁（Goldin）认为，19 世纪末 20 世纪初期，美国制造业部门的劳动力市场基本上就是一个现货市场，其中大部分的工作都可以由普通工人轻松完成（1990，p. 115）。

戈登、爱德华兹和赖克（Gordon，Edwards，and Reich）与他持类似观点，认为，一个“半熟练工厂技工”阶级在制造业部门从事非常相似的工作（1982，p. 112－128）。这段时间诞生了所谓的“科学管理”，它旨在让分工标准化以及最小化工人的自主性。参见 Aitken（1960）.

［22］参见 Griliches（1969），Hammermesh（1993），Bartel and Lichtenberg（1987），以及 Fallon and Layard（1975）。

［23］这一趋势的一个天然指示信号就是国际劳工组织测量的制造业行业中“专业和技术”职工对“生产工人和劳动力”的比率。1960—1990 年间，美国的这一比率从 0.30 上升到了 0.64，瑞典从 0.31 上升到了 1.19，加拿大从 0.30 上升到了 0.69，澳大利亚从 0.22 上升到了 0.31。参见国际劳工办公室（International Labor Office）的 *Yearbook of Labor Statistics*。

［24］除了技术因素以外，还有其他一些变化也对战后时期劳动力流动程度产生了负面影响，其中包括双收入家庭（two-income families）的增多、工会联合，以及病假和产假政策的引入。参见 Holmlund（1984）以及 Freeman（1976，1980）。

［25］通用电器 1900 年建成了美国第一个工业实验室；截至 1931 年，大约有 1 600 家美国企业有研究实验室。参见 Reich（1985，p. 2）和 Galambos（1979）。

［26］1960—1986 年间，美国平均每家工厂的真实增加值从 191 万美元上升到了 335 万美元（依据 1986 年的美元计算）；加拿大从 113 万美元上升到 190 万美元；澳大利亚从 27 万美元上升到 106 万美元。其他国家在这段时期的数据无法

获得。参见联合国相关年份的 *Industrial Statistics Yearbook*。

[27] 数据来源是商务部相关年份的 *Statistical Abstract of the United States*。

[28] 贝恩（Bain，1956）在对进入壁垒进行的经典讨论中重点突出了规模经济，但是讨论主要是集中在一个行业中的企业是否真的可以通过阻止新企业的进入来保护垄断带来的“租”。

第3章　由贸易问题引发的政治联盟：政党、社会组织与游说集团

35 数据显示，这六个国家的行业间要素流动程度在近两个世纪以来有很大的跨国差异和跨时差异。根据我在第1章中提出的观点，当要素流动程度高的时候更容易形成广泛的以要素所有阶级为基础的联盟，而当要素流动程度低的时候就更容易形成狭隘的以行业为基础的联盟。那么我们到底应该如何辨认这些不同联盟形式之间的差异呢？哪些是可以观察到的指标呢？弄清楚这些问题是对由贸易冲突引发的社会分化进行经验性研究的前提，这也是本章的重点。

“联盟”一词指的并不仅仅是一组拥有共同政策偏好的人；它还隐含了为影响政策制定而进行的某种形式的政治活动（比如选举、游说、抗议或者威胁）。在民主政体中，政党、组织和游说集团就是联盟影响政策的主要组织渠道。为了了解联盟的形式，我们就从了解这几种组织渠道入手。

3.1 政党

从政党对贸易政策的干预中我们可以得出什么结论呢？当政党和特定的要素所有者阶级（工人、资本家或农场主）紧密相连的时候，情况是最容易分析的。西方民主国家的主要政党通常是这样[1]的——英国和澳大利亚的工党（Labor Party）是最主要的代表，它们与工人以及工会运动之间有密切的联系，法国的社会党（Socialist Party）和共产党（Communist Party）也是如此。瑞典原农民党（old Agrarian Party）以及澳大利亚的乡村党（Country Party）（现在的国家党（National Party））则主要代表农村利益。

在这种情况下，把政党在贸易问题上的不同行为 36
和不同的联盟形式联系在一起就相对简单一些。我们可以把不同阶级在贸易问题上的偏好（根据斯托尔珀-萨缪尔森定理得出）和政党行为相对应。把其他视为常量，贸易问题上的阶级分化越严重，代表不同要素所有者阶级的政党内部就越团结，它们或是一致地支持保护主义（当代表稀缺要素时），或是一致地支持自由贸易（当代表充裕要素时）。在这种情况下，要素流动程度的变化将会对政党在贸易问题上的党内

团结程度造成明显的影响。要素流动程度高的情况下，斯托尔珀-萨缪尔森效应会使得整个要素所有阶级在贸易问题上立场一致，这有利于党内团结。要素流动程度低的情况下，李嘉图-维纳效应会使得同一要素在出口行业和进口竞争行业的所有者立场出现分歧；党内政见不一；立法投票不一致——不同的选区会根据其所在地各个行业的重要程度来评估支持某项政策变革所获得的净收益。[2]

一些政党并不与某一特定的要素所有者阶级密切联系在一起，而是基于宗教、种族或区域的因素结合到一起，这就很难通过研究政党行为来了解贸易联盟。[3]某些政党的支持者可能包括多种不同的要素所有者阶级。如果所含阶级包括两种行业（出口行业和进口竞争行业）中的两种要素所有者（稀缺要素所有者和充裕要素所有者），那么就会带来问题。在这种情况下我们就可以预期到，当要素流动程度高的时候，政党内部会因为阶级分化而出现分裂；而当要素流动程度低的时候，政党内部会因为行业分化而出现分裂。[4]

值得注意的是，这里的前提性假设条件是，贸易问题本身以及它所引起的社会分化并不足以改变已有的政党体系。如果贸易是惟一的政治问题，那么我们就可以预见两个政党必然总会内部一致地采取彼此对立的立场：当要素流动程度高时，反映以阶级为基础的联盟；当要素流动程度低时，反映以行业为基础的联盟。要素流动程度的变化会使得政党依据新的社会分化重新结盟。虽然贸易问题一直是一个非常突出的政治问题，但是它本身很少（或者根本没有）创造新的政党体系或党派联盟。[5]因此，这里指导性的假设是，政党体系是外生的，是由于更根深蒂固的城乡、激进与保守、教权与国家、种族或地域方面的分化结合选举制度而形成的。[6]

3.2 社会组织

当讨论社会组织的行为时，我们所面临的问题会少一些。工会、商业组织和农业团体与不同阶级之间存在明显的从属关系。[7]我们可以轻易地把根据贸易理论得出的阶级偏好与这些组织相对应。把其他条件视为常量，我们可以预期——贸易问题上的阶级分化越明显（根据第1章中给出的理论，也就是说要素流动程度越高），这些组织就越可能团结一致地支持一贯的保护主义政策（代表稀缺要素时）或自由贸易政策（代表充裕要素时）。比如，当劳动力的行业间流动程度很高的时候，我们就可以预期像英国劳工联合会议（Trade Union Congress，TUC）和美国全国总工会（American Federation of Labor-Congress of Industrial Organization，AFL-CIO）这样的工会联盟会

在贸易问题上采取更加坚定和一致的立场。而当要素流动程度低的时候，不同行业对贸易政策的偏好就会有很大分歧，因而造成组织内部意见不统一。

3.3 集团

最后，通过研究游说集团的行为，我们可以得出关于联盟的什么结论呢？以行业为基础的工会和管理者组织是为了在贸易问题上代表行业的利益而建成的，因此可以预期这些集团所进行的游说活动是受到行业偏好的影响（根据李嘉图-维纳模型）。[8] 把其他条件视为常量，贸易问题上的行业分化越明显，行业集团进行的游说活动也就越活跃——或支持保护主义（进口竞争行业），或倡导更加自由的贸易（出口行业）。
38 行业间要素流动程度低的时候，李嘉图-维纳效应可以使得要素收益和其所在行业紧密相连；可以使得工会和管理者组织有动力去进行游说以支持那些能够让其获得行业租的贸易政策，这些贸易政策或者是限制进口，或者是促进出口。而当要素流动程度高的时候，行业“租”就消失了，斯托尔珀-萨缪尔森效应意味着从游说活动中得到的任何利益会被分散到同一要素的全部所有者身上（也就是说，具有公共品的非排他性）。

值得注意的是，上文最后一点揭示了马吉对斯托尔珀-萨缪尔森理论进行的著名的“检测”中存在一个严重的偏见。在检测中，马吉（Magee，1980）评估了 1974 年工会和管理者组织关于贸易法规在国会进行游说的时候是根据要素利益，还是行业利益结盟。但是事实是，如果行业集团在贸易政策制定上是活跃的游说者，那么几乎就可以肯定地说他们会根据所在行业的立场进行游说。马吉的检测不切实际的认为——不论要素流动程度高还是低，行业集团都有相同的动力站在自己的要素所有阶级的立场进行游说，并且他们能够获得行业“租”。不论要素流动程度如何，马吉观察到——1974 年时的集团联盟模式都是一样的；根据要素流动程度的变化而变化的应该是集团游说的广度和力度。

3.4 总结及测量问题

表 3.1 总结了不同的要素流动程度和联盟形式对政党、组织以及游说集团带来的预期影响。为了简单起见，这里对要素流动程度进行了相当基本的区分；在实际操作中，要想把一个经济体进行绝对化的分类（在某一特定时间点接近斯托尔珀-萨缪尔森模型，或者接近李嘉图-维纳模型这两种极端情况）是相当困难的。如果考虑到经济体的跨时变迁，那么这种对要素流动程度进行的评估听起来就合理得多；但是如果

考虑到进行国别比较时的数据局限，那么这种评估可能就显得有问题。[9]

我们可以利用表 3.1 中这些非常简单的对应关系来评估由贸易问题引发的政治联盟的模式是否受到了要素流动程度的影响。第 4～9 章提供了这方面的证据。为了使跨时比较更加简单，本书对所选六个国家进行分析时把历史划分为 4 个阶段：1815—1869 年，1870—1914 年，1919—1939 年，以及 1945—1994 年。我将根据所有可获得的资料来讨论政党、社会组织和行业集团在上述各个时期的情况。

39 **表 3.1　　要素流动程度差异带来的预期结果**

要素流动程度	联盟	对以阶级为基础的政党和组织的影响	对行业集团的影响
低	行业联盟	在贸易问题上内部分裂，采取模糊的政策立场	游说活动活跃，进口竞争行业争取保护，出口行业争取自由贸易
高	阶级联盟	在贸易问题上内部统一，采取一贯的保护主义立场（当代表稀缺要素时）或自由贸易立场（当代表充裕要素时）。	不活跃

我在分析过程中提供了政党在贸易问题上内部团结程度的定量数据——通过考察各个时期党内成员对主要贸易议案的投票来计算凝聚力指数（cohesion index）。我主要讨论了美国的情况，因为美国的数据最容易获得，本书后面的统计分析中还将用到这些数据（参见第 12 章）。瑞典是惟一一个我无法对其投票情况进行分析的国家，因为无法获得瑞典投票情况的历史记录。我考察了其他五个国家在重要贸易法规方面的投票情况，并把所获得的凝聚力指数和政党组织纪律性的总体水平进行了比较。该总体凝聚力水平是通过考察该政党在所有其他立法投票中的凝聚力水平获得的。[10]考察总体凝聚力水平是为了对由外部因素
所决定的党派组织纪律性变化进行基本的控制。讨论 40
美国的情况时，很容易利用现有的有关国会投票和国会成员党派所属的数据来测量总体凝聚力水平（Rosenthal and Poole，1991）。而其他国家则比较难以考察，因为在数据获取上会受到一定限制。我采用了考克斯（Cox，1987，p. 23）的方法，随机抽取相关年份各个立法机构 10%的投票作为样本来计算凝聚力指数。[11]

此外，我还提供了在贸易政策立法和行政委员会上自愿做陈述的行业集团的数量和种类方面的数据，作为测量集团游说活动的一个基本方法。虽然显然许多集团游说活动是暗地里进行的，但是这些数据至少

给我们提供了一个在大体上了解几个国家在各个历史时期集团活动情况的指标。[12]我还是把主要精力放在对美国的讨论上，因为有大量关于美国国会委员会的数据，且数据覆盖时期也相当长。在其他国家，立法和行政委员会听取私人团体意见陈述的频率要小得多，并且通常对行业集团进行游说的渠道有更多的控制。只要条件允许，我就会考察其他国家官方委员会在关税问题上举行公开听证会时的数据。

虽然这些关于立法投票和集团游说活动的数据通常都很陈旧，但是似乎并没有其他更好的选择。欧文（Irwin，1995）曾利用选举数据研究了由贸易引发的社会分化。他考察了 1923 年英国大选中各郡的投票模式，该次选举的主要争论焦点是关税问题。欧文研究了各郡的阶级、行业特点与对保守党的（Conservative Party）支持之间的关系（保守党支持保护主义）。他的研究显示，行业分化要比阶级分化强大。但是，因为选举很少仅仅涉及贸易问题，所以这种方法有其局限性。不过我还是在第 12 章中采取了这种方法，利用美国很长一段时期之内针对贸易法规的国会投票情况来分析美国的分化模式。

41 另外一种可供选择的方法是研究关于贸易问题的民意调查数据。美国全国选举研究（National Election Studies）曾经在 1992 和 1996 年的民意调查中提出过一个关于是否支持给进口货物设置新的限制的问题。不久以前，舍韦和斯劳特（Scheve and Slaughter，1998，2001）研究了人们对这一问题的答案，并把答案和个人的职业特点联系了起来。与之类似，加贝尔（Gabel，1998）研究了欧洲调查委员会（Eurobarometer）所做的公众对加入欧盟的态度的调查数据。舍韦和斯劳特对分化问题的讨论是最直接的，并且得出结论认为，调查者在贸易政策问题上的立场更大程度上是受他们的基本阶级特点（即根据教育程度或工资水平测量的技术水平）的影响，而不是受他们所处行业的影响。但是从这类研究中得到的结论还远不够清晰，因为无法获得早些时期的调查数据，只能局限于近期的事件。[13]

以下几章按历史发展顺序分别描述了所选六个国家的政治情况，以主要政党、政党领袖、派系斗争、选民特点，以及针对主要贸易法规进行的辩论为研究重点，中间穿插了定量数据。我讨论了代表商业、劳工和农业利益的各种社会组织在贸易法规辩论中采取的立场，还讨论了行业集团向政策制定者们提出的各种要求。我对各个国家都进行了详细的描述，以帮助读者理解数据所处的特定历史背景。分析政治史中的这些证据绝对一点也不简单。经常会出现某些现象彼此矛盾、对立的情况。在这种情况下，我尽量不扭曲事实的真相，但是某种程度的模糊和不确定是无法避免的。我并不会主观臆断——当要素流动程度相对低

的时候，根本不会有任何迹象显示贸易问题引发了一些以阶级为基础的分化；当要素流动程度相对高的时候，根本不会有任何迹象显示有行业集团会对政策制定者施加压力。我认为，分化模式很少会接近极端情况。在以下六章中，我的任务就是提供关于政党、组织和行业集团行为的关键证据，并且给出所有可能的推论：到底在什么情况下贸易政策更容易受阶级冲突的影响，在什么情况下更容易受行业集团竞争的影响。

[注释]

[1] 事实上，传统的政党体系理论认为，当代政党形成的原因是国民革命和工业革命，这些革命造成了尖锐的城乡利益冲突以及资本家和工人之间的利益冲突（参见 Lipset and Rokkan，1967）。比较政治经济学领域的许多近期研究揭示了在经济政策制定过程中不同政党分别和不同阶级的选民之间存在紧密的联系。参见 Hibbs（1977），Lange and Garrett（1985），Alesina（1989），以及 Alesina and Rosenthal（1995）。

[2] 值得注意的是，在这种情况下贸易问题到底在什么程度上可以造成政党内部的分裂取决于生产的区域集中程度。生产的区域集中度越高，政党内部的分歧就越严重。

[3] 法兰西第三共和国时期的拿破仑主义者（Bonapartists）和教权主义者（Clericalists）是很好的代表，还有瑞典 1866 年国会改革之后的新教牧师派（Ministerials）。当代加拿大的魁北克人党（Parti quebecois）则是一个更广为人知的区

域性党派。

[4] 最好的（也可能是惟一的）例子就是澳大利亚反对工党的自由党。它于1909年由自由贸易党（代表农村利益）和保护主义党（代表城市利益）联合组建而成。

[5] 再举一个澳大利亚的例子：1901年澳大利亚正式成为英联邦成员之后，自由贸易党和保护主义党彼此进行斗争。但是，贸易问题很快就被其他更加基本的阶级问题（税务、福利、国有化和劳工法规）所掩盖了，促使这两个政党联合起来对抗工党。

[6] 关于分化结构和政党体系之间的关系请参见Cox，1997，p. 19－27中的讨论。考克斯有力地指出，选举制度对政党结构具有强大的影响力量，它可以和社会分化共同影响政党结构。

[7] 当然，每个要素所有者阶级通常有不只一个组织。比如在法国，非共产主义劳工联盟（non-cummunist labor union confederation）以及法国民主工联（Confédération francaise démocratique du travail，CFDT）一直在同历史相对悠久且更加激进的法国总工会（Confédération générale du travail，CGT）竞争。

[8] 在这里，与讨论政党时一样，假设行业集团是因为外部原因而形成的。

[9] 同时还要注意，为了简单起见，这里的要素流动程度指的是所有要素的整体流动程度。我们可能更希望对各种不同要素的流动程度进行区分，那样就可以预测出代表各种不同要素的组织和行业集团所造成的不同影响。但是第2章提供的证据有力地指出，外部力量以非常一致的方式塑造着

不同要素的流动程度。

［10］我采用了标准的赖斯指数（Rice Index），也就是党内投赞成票人数的比率与投反对票人数的比率之间的绝对差额，因此，值域是从 0 到 100。在测量政党总体凝聚力水平时，我采用了计算多次投票中赖斯指数的方法，具体方法就是，用党内站在大多数人一边的成员的总人数除以所有党员的总投票数，然后转化到 0～100 的尺度（减去 50 然后乘 2）。用这种方法得出的结果对各次投票中缺席率或弃权率的变化并不敏感。赖斯指数的一个局限就是，它可能会因为无法区分党派投票和两党联合投票而高估党内团结程度。另一个测量总体凝聚力水平的常用方法就是测量“党派”投票占总投票数的百分比（一个党派的大多数人投票反对另一个党派的大多数人，这样的投票称为党派投票）。但是这种方法也有其自身的问题：当主要大党联合起来投票反对少数人支持的议案时，这种方法倾向于低估党派凝聚力水平。另外，对“党派”投票的划分没有客观的标准，并且只有在两党竞争的情况下才适用（Turner and Schneier，1970，p. 16 - 20；Cox and McCubbins，1993，p. 141 - 142）。我个人倾向于使用赖斯指数，它是测量党派凝聚力水平的最简单最直接的方法，并且它还有一个很大的优势就是，可以直接比较在同一次立法会议上政党在某一次特定投票中的凝聚力水平和在所有其他投票中的凝聚力水平。

［11］各国数据的资料来源在各相应章节标出。所有数据可以从作者处获得，或者是从本书的网页 http：//www. people. fas. harvard. edu/～hiscox/Trade _ and _ Political _ Conflict. html 获得。

[12] 就像 E. E. 沙特施奈德（Schattschneider）指出的那样，对于 1930 年的斯穆特-霍利（Smoot-Hawley Tarrif）关税法案的游说集团数据："我们几乎完全可以假设——绝大部分试图影响该议案的团体都正式登记了他们的意见"（1935, p. 106）。

[13] 由这类研究所得到的结论在很大程度上取决于特定调查问题的遣词以及问题的背景。比如在 1992 年，人们的答案就很可能取决于对北美自由贸易协定的态度。当测量受调查者所处行业的竞争力时，这一点会变得非常关键。因为技能水平很可能和行业雇佣情况（在竞争力越强的行业，熟练工人越多）存在相关关系，所以就很难区分阶级的影响和行业的影响。舍韦和斯劳特（Scheve and Slaughter，1998，2001）研究了各个行业的净出口份额和关税水平（这两项指标很容易受非关税性贸易壁垒的影响）。有意思的是，他们同时也发现，员工主要受雇于进口竞争行业的国家中，更多的受调查者会倾向于保护主义。这似乎合理地支持了人们的政策偏好是受其所处行业影响的这一观点，尽管舍韦和斯劳特争论——这反应了受调查者考虑到了国际贸易对国内房产价值的影响。

INTERNATIONAL

INTERNATIONAL TRADE & POLITICAL CONFLICT

INTERNATIONAL TRADE & POLITICAL CONFLICT

INTERNATIONAL TRADE & POLITICAL CONFLICT

第 2 部分

西方六国由贸易问题引发的国内政治冲突

43 以下几章对六个西方国家由贸易引发的政治冲突进行了详细的介绍，包括美国、英国、法国、瑞典、加拿大和澳大利亚。熟悉关税历史的读者会发现很多介绍似曾相识，特别是自 1870 年以来美、英、法的贸易政治。但是大部分读者对 19 世纪上半叶的事件以及瑞典、加拿大和澳大利亚的情况可能比较陌生。本书第 1 章中提出的论点使得我们能够对前人研究过的问题有新的认识，并对新的问题有深刻的理解。本书提出的论点也化解了一些原有的历史争议。

对于各个国家在不同历史时期由贸易冲突引发的分化和联盟，我同时提供了定性和定量证据。为了保留历史发展的脉络，我依照时间顺序分别讨论了各个国家。第 4～9 章关注的是各个国家联盟模式的跨时变化，以及这些变化与理论预测的吻合情况。我在第 10 章中对六国分析进行了总结，并把焦点转移到了跨国比较。

第4章　美国

根据第1章中提出的观点，以广泛的要素所有阶 45
级为基础的美国贸易政治联盟更容易在要素流动程度相对高的时期——19世纪晚期和20世纪初期形成，见图2.1。在要素流动程度相对低的时期——19世纪早期和20世纪晚期——狭隘的以行业为基础的联盟更容易形成。

表4.1总结了根据本书观点所做出的预测。表中还包括了根据罗戈夫斯基（Rogowski，1989）的研究对要素禀赋（充裕或稀缺）进行的分类，几乎涉及到了本章所讨论的整个时期。[1]本章（以及后面几章）还采用了第2章中给出的要素收益差异方面的数据，以区分要素流动程度的相对高低。为了简化对不同时期的比较分析，我凭借经验采用了一个非常简单的方法：规定当工资差异变差系数的平均值低于12时，要素流动程度为高；当该平均值大于16时，要素流动程度为低，其他为中间水平。[2]

表 4.1　　美国：理论预测与观测到的实际情况

时期	要素禀赋	流动程度	预测[a]	实际情况	
				以阶级为基础的政党和组织	行业集团
1815—1869 年	土地充裕；资本和劳动力稀缺	低	行业联盟	政党根据地域差异存在分裂；到 19 世纪 50 年代变得更加团结，民主党反对共和党的保护主义	游说活动非常活跃；各种集团向国会提出了大量请求
1870—1914 年	土地充裕；资本和劳动力稀缺	高	阶级联盟	共和党大力倡导高关税；民主党呼吁削减关税；投票时政党内部几乎意见一致	直到 19 世纪末 20 世纪初，对国会委员会进行游说的行业集团数量急剧下降
1919—1939 年	土地和资本充裕；劳动力稀缺	中间；持续下降	混合	政党政策立场不变；民主党内部随着劳工的重新结盟出现一些分裂	游说活动日益增多，最终导致了 1930 年斯穆特-霍利法案的通过
1945—1994 年	土地和资本充裕；劳动力稀缺[b]	低	行业联盟	20 世纪 50 年代以来政党和社会组织内部分歧严重，采取模糊的政策立场	游说活动活跃；参与作证的集团数量明显上升

a. 如果预测为阶级联盟，则意味着以阶级为基础的组织在贸易问题上内部统一并采取一贯的立场，而行业集团并不活跃。如果预测为行业联盟，则意味着以阶级为基础的组织在贸易问题上内部分裂，采

取模糊的立场（参见表 3.1）。

b. 采用 1966 年的数据，鲍恩、利默和斯维考斯卡斯（Bowen，Leamer，and Sveikauskas，1987）发现，美国最充裕的要素是可耕种土地和农业工人，资本很充裕；虽然专业和技术工人充裕，但是所有其他类别的劳动力稀缺。

表 4.1 还对观察到的各个时期的实际情况进行了简单的总结，指出了政党和组织在贸易问题上的凝聚力水平以及行业集团进行游说活动的程度。经过这样简单的总结，可以发现，根据本书中以行业间要素流动程度为基础的理论得出的预测和所观察到的美国贸易政治方面的实际情况非常吻合。整体上来说，要素流动程度相对高的时期，贸易冲突引发了美国政体中更加深化的阶级分化，主要政党和组织内部更加团结。而当要素流动程度相对低的时候，相对狭隘的以行业为基础的联盟更加明显，而政党和主要组织内部更容易出现更多分歧，同时行业集团进行游说的强度会加大。以下几节将对这些现象进行更加详尽的论述。

4.1 南北战争前的贸易政治

19 世纪初，美国的关税辩论主要集中在地区性 47
集团之间（参见 Stanwood，1903；Pincus，1977）。1815 年以后，随着拿破仑战争的结束，美国恢复了与欧洲的贸易，各种集团的“请愿书”大量涌入国

会，接连不断地"请求"或"抗议"关税改革。新兴的纺织行业和钢铁制造行业在战时禁运政策的保护下得以迅速成长，他们急切地要求国会提高关税。进行游说活动的基本都是来自某一特定城市或城镇的集团，他们通常代表了不止一个行业，且同时代表农民、制造商和工人（技工）。那一时期通讯成本的高昂意味着联合一个城市内不同产品的生产者一起请愿要比联合某一产品在不同城市的生产者容易得多（Pincus，1977，p. 58）。

保护主义者们的第一个重大胜利就是1824年的《关税法案》(Tariff Act)，这一法案充分提高了进口关税。当众议院制造业委员会在1824年针对这一新法规进行讨论时，大约收到了58份请愿书。（表4.2总结了这段时期在委员会前进行请愿和作证的行业集团数量。）反对新关税的主要是南部各州的农业组织和团体，他们担心会失去出口市场，并且担心会因为布料价格的提高而负担加重。抗议新税的还有主要港口城市的商业集团和相关制造业厂商。最强烈支持提高关税的是东北部的新兴工业——钢铁制造者们在费城组织召开会议，棉花和毛纺织业制造者们在罗得岛和马萨诸塞州组织召开会议，通过这些会议来进行有组织的请愿活动。[3] 这些组织还把他们的请愿活动扩展到媒体，由《奈尔斯每周记录》(*Niles' Weekly Register*)来宣传他们的观点。另外，他们还派代表到华

M. J. Hiscox

表 4.2　对制造业委员会进行游说的行业集团，1824—1842 年

	法规	游说形式	支持每一立场的行业集团数量			
			自由贸易	保护主义	模糊	总计
1824 年	关税法案	请愿	24	32	13	58
1828 年	可憎关税	请愿	32	29	0	61
1842 年	关税法案	请愿和作证	3	43	0	46

资料来源：See appendix C.

盛顿去更加直接地游说政策制定者。[4]在众议院，南卡罗来纳州的詹姆斯·汉密尔顿（James Hamilton）就抱怨说“关于这一议案，有太多的外界力量进行干预”，并且描述道：“各种类型的请愿者都赶到制造业委员会的办公室，从毫不含糊的钢铁工厂厂长到可怜的磨刀石制造厂商，都吵闹着要求保护。”[5] 48

1827 和 1828 年也都出现了类似的现象，国会又被迫处理所有那些“无情地向我们涌来的要求和请愿书”。[6]其中最重要的请愿书来自于宾夕法尼亚美国制造业促进协会（Pennsylvania Society for the Encouragement of American Manufactures）1827 年在哈里斯堡（Harrisburg）主办的大会，大会议题为“羊毛生产和制造业的现状以及其他需要得到支持的制造业行业”（Stanwood，1903，p. 264－266）。来自 13 个州的 100 个代表团表决通过了一份倡导对羊毛和毛纺

织业，以及铁、玻璃、纤维和亚麻生产提供新的保护的请愿书。[7]商人和制造业厂商在波士顿召开的另一次会议产生了与之对立的要求自由贸易的请愿书，由亨利·李（Henry Lee）起草。

从这些游说活动可以清楚地看出，在同一要素所有阶级当中存在着许多不同的意见。代表农民、制造业厂商和工人利益的各种团体在这些辩论中有的支持自由贸易，有的倡导保护主义。南部地区的农场主们强烈地反对保护主义，特别是那些严重依赖于出口市场的棉花和烟草的种植者；但是，在北部地区和边界各州，生产羊毛和大麻制品的农场主们则呼吁提高关税。东北部地区的钢铁和纺织行业坚定地要求保护；而大西洋沿岸的商业、海运和铁路部门以及南部棉花袋料的生产者们则强烈地支持自由贸易。[8]

49 这些意见分歧使得政党内部出现了分裂，并且在国会对贸易法规的投票中反映了出来（Taussig，1931，p. 25 - 36；Stanwood，1903，p. 240 - 243）。对于众议院针对主要贸易议案进行的投票，平均党派凝聚力指数（值域为 0～100）在 1824 年只有 2.8，在 1928 年是 20.6。（表 4.3 是这段时期国会贸易法规的投票记录。）[9] 1828 年，臭名昭著的“可憎关税”（Tariff of Abomination）就成功地利用了这种党内分裂。据说马丁·范布伦（Martin van Buren）的计划就是要利用这一保护主义议案把亚当斯派（Adams

Party）分裂为自由贸易支持者和保护主义支持者，同时让杰克逊在北部和西部的支持者表现出支持关税的姿态，而让南部的支持者们坚定地反对这一议案。[10]支持杰克逊的南部选民们被说服——不针对这一议案提出修正案——并且——他们事先得到是错误的保证或者说欺骗（根据他们后来的声明）说这一议案不会获得国会投票通过（Taussig，1931，p. 88－98）。

杰克逊的声明措辞别具匠心，使得北方的选民视他为关税的支持者，而南方的选民视他为自由贸易的倡导者（Stanwood，1903，p. 367）。但是选举一成功，他与党内南部势力之间的关系就变得更加密切了。到 1831 年的时候，政府收入膨胀，南部忧虑上升，杰克逊适时催促降低关税。1832 年的《亚当斯妥协法案》（Adams Compromise Act）降低了收入型进口关税并且结束了备受谴责的最低值体系（minimums system），但是并没有触动 1828 年的保护性关税。随后几年，由亨利·克莱（Henry Clay）和约翰·卡尔霍恩（John Calhoun）起草的新的法案进一步降低了关税。他们制定的协定使得关税在 1834—1840 年间持续下降，并且在 1842 年有两次大幅度削减（Taussig，1931，p. 110－111）。事实上，他们还决定要在 1842 年继续为削减关税而进行政治斗争。

82

表 4.3　　关于贸易议案的国会投票情况，1815—1869 年

	法规	党派	参议院					众议院				
			同意	反对	凝聚力[a]	平均凝聚力[b]	总体凝聚力[c]	同意	反对	凝聚力[a]	平均凝聚力[b]	总体凝聚力[c]
1824 年	关税法案	民主党	21	10	35.5			55	51	3.8		
		北部联邦同盟	1	7	75	43.6	37.9	19	19	0	2.8	22.7
1828 年	可憎关税	杰克逊派	17	17	0			44	59	14.6		
		亚当斯派	7	2	55.6	11.6	35.2	61	35	27.1	20.6	35.3
1832 年	亚当斯妥协法案	民主党	19	11	26.7			89	35	43.6		
		国民党	10	1	81.8	41.5	48.7	27	20	14.9	35.7	39.9
		共和党										
1833 年	克莱妥协法案	民主党	14	12	7.7			92	34	46		
		国民党	8	3	45.5	18.9	48.7	16	35	37.3	43.5	39.9
		共和党										
1842 年	关税法案	民主党	6	15	42.9			21	65	51.2		
		辉格党	16	8	33.3	37.8	77.6	82	36	39.0	44.1	61.9

续前表

	法规	党派	参议院					众议院				
			同意	反对	凝聚力[a]	平均凝聚力[b]	总体凝聚力[c]	同意	反对	凝聚力[a]	平均凝聚力[b]	总体凝聚力[c]
1846 年	沃克关税法案	民主党	25	6	61.3			111	25	63.2		
		辉格党	3	19	72.7	66.0	64	2	64	93.9	73.3	60.3
1857 年	关税法案	民主党	23	3	80.7			9	53	71		
		共和党	4	8	33.3	67.4	46.4	70	26	45.8	59.6	60.3
		美国党						31	4	77.1		
1861 年	莫里尔关税法案(Morrill Tariff Act)	民主党	2	13	73.3			7	61	79.4		
		共和党	22	1	91.3	84.2	66.7	90	3	93.6	86.9	62.5
		美国党						6	1	71.4		

资料来源：*Annals of Congress*，*Gales and Seaton's Register*，*Congressional Globe*，and Rosenthal and Poole (2000).

a. 每个政党的赖斯凝聚力指数。

b. 政党凝聚力指数的加权平均数。

c. 国会同一次会议所有投票的政党凝聚力指数加权平均数。

当民主党于1839年开创性地正式宣布他们的官方党派立场时，他们在关税问题上就有意含糊其辞。他们声明坚持“那些公正和有力的政策，防止联邦政51 府为了某个行业的利益而牺牲其他行业的利益，或者为了某一部分人的利益而牺牲另一部分人的利益。”[11]语言措辞精妙，既安抚了党内的保护主义者（他们相信保护对于所有行业和地区都是有益的），又迎合了自由贸易者们的心意（Stanwood，1903，p. 38）。而辉格党（Whig Party）内部则出现了分歧，尽管他们把领导保护主义作为他们的任务之一。辉格党于1841年控制了国会，可当他们起草提高关税的法规时（废除《克莱妥协法案》（Clay compromise）），面临的最主要的困难却是难以得到他们自己的总统约翰·泰勒（John Tyler）的同意。[12]

直到19世纪40年代晚期，这两个党派的大部分人才采取了明确对立的立场，并且开始迎合广泛的阶级联盟。1845年，由卡尔霍恩领导的南部民主党党员在孟斐斯召开会议，旨在巩固南部农民和西部农民的联盟。同时，财务部部长罗伯特·沃克（Robert Walker）发表了一篇冗长的报告，指出关税是为了保护制造业厂商的利益而牺牲了农业的利益，并且他清楚地把“农场主和种植园主”这两者的利益联系到了一起。正是西部的谷物种植者和南部的种植园主组成的联盟促使1846年支持贸易自由化的《关税法案》

得以通过。[13]同时，辉格党则直接迎合工人选民。霍勒斯·格里利（Horace Greeley）在他无数的文章中巧妙地把关税和高工资联系到了一起。[14]贸易问题引发的党派冲突在国会达到了新的高潮。同时，行业集团游说的强度显得有所下降。请愿书仍旧不断地飞入国会，但是绝对没有1824和1828年时那么多了。当制造业委员会在1842年商酌贸易议案时，只有46个集团进行了游说。[15]

1856年，民主党政治纲领终于明确提出要在“全世界推行自由贸易”。第二年，共和党公开支持保护主义——他们把这一立场巧妙的和保护工人的权力以及反对南部的奴隶制度联系在了一起（Foner，1970）。1857年国库异常充裕，为了应付过剩的国家收入不得不进行关税改革。众议院的共和党人起草的法规（后来被称为《制造业议案》（manufacturer bill））仅仅降低了原材料的关税，从而提高了对制造业厂商的有效保护率。在参议院拥有大多数议席的民主党补充了一份他们制定的议案，充分地削减了保护 52
性关税。最终达成了含混的妥协，在会议的最后时刻由两党联合通过。

在1858年的大选中，尽管民主党控制了参议院和白宫，但是共和党在众议院获得了大多数议席，他们在1859年开始设计新的保护主义议案。该议案由贾斯廷·莫里尔（Justin Morrill）起草，明显提高了

制造业商品的关税，并且变更了从价税率的一些细节（Taussig，1931，p. 158－159）。这一议案于 1860 年 5 月在众议院获得通过。当国会于 12 月重新召开时，南卡罗来纳州的参议员已经正式退出了，随后在佐治亚州、亚拉巴马州、佛罗里达州、密西西比州和路易斯安那州的参议员们相继退出之后，该议案在参议院获得通过。针对这一议案的投票是截止到那时为止在贸易问题上的国会投票中党派性最强的一次。

4.2 从战后重建到第一次世界大战

在南北战争刚结束后的几年里，关税问题迅速成为党派争论的焦点。共和党主要迎合城市阶级，特别是东北和中西部的城市阶级，他们一直支持实行保护主义。共和党在 1860 年以后的每一份政治纲领中都强调了高关税的价值（Rogowski，1989，p. 44；Stewart，1991，p. 218）。[16]而民主党的支持者则主要来自于农业地区和南部地区。自 1876 年以后，民主党的政治纲领一直倡导只应该征收以国家收入为惟一目的的关税。[17]

到 19 世纪 60 年代晚期，高额的南北战争关税开始给政府带来巨额的盈余。但是，由于战后北部的共和党处于控制地位，所以，削减保护性关税几乎是不可能的。在 1870 年和 1872 年，以国家收入为目的的关税和国内税不是被降低，就是被撤销，而非常高的保护性关税被保留了下来（参见 Taussig，1931，p. 178－189）。当 1873 年的金融恐慌转变为大萧条时，国家收入的下降速度比预期的还要快。共和党人抓住了这一机会，于 1875 年再度提高了关税。当民主党人于 1876 年在众议院获得多数议席时，他们坚决支持米尔斯决议（Mills resolution），再次倡导只应该征收以国家收入为惟一目标的关税。但是，因为共和党控制了参议院和白宫，使得任何削减关税的努力终成泡影。

1883 年，民主党人在众议院筹款委员会主席威廉·莫里森（William Morrison）的领导下准备对关税进行一次大规模审查，但是他们的这次关税改革尝试最终在参议院中共和党人的阻挠下再次无功而返。当莫里森举行听证会的时候，主动在委员会前作证的行业集团非常少（只有 21 个）。与早些时期相比，这些年来行业集团的游说活动程度明显下降。表 4.4 总结了从 19 世纪 80 年代到 20 世纪头 10 年之间针对各种法规对委员会进行游说的行业集团数量。以阶级为基础的联盟之间的冲突支配了政策制定，游说集团的作用显得非常有限。[18]

这些行业集团给众议院筹款委员会的证词中有一个非常有意思的特点——处于不同行业的资本所有者结成了各自的阶级联盟。这些集团不仅支持继续或者增强保护，还支持对其他行业的保护。不论委员会中

的民主党成员如何诱导，他们都拒绝承认降低其他产品的关税会使他们受益。[19]突出的例子包括纺织行业的厂商，他们并不承认纺织机械的高关税侵害了他们的利益。铁行业的厂商，也联合铁矿石生产者一起作证。[20]

53 **表 4.4　对制造业委员会进行游说的行业集团，1870—1914 年**

	法规	支持每一立场的行业集团数量			
		自由贸易	保护主义	模糊	总计
1884 年	莫里森议案(Morrison Bill)	4	17	0	21
1890 年	麦金利关税法案(McKinley Tariff Act)	6	20	2	28
1894 年	戈尔曼关税法案(Gorman Tariff Act)	2	21	1	24
1897 年	丁利关税法案(Dingley Tariff Act)	2	12	0	14
1909 年	佩恩·奥尔德里奇关税法案(Payne-Aldrich Tariff Act)	1	20	0	21
1913 年	安德伍德关税法案(Underwood Tariff Act)	6	24	0	30

资料来源：See appendix C.

长期的经济萧条加剧了农村对关税改革和重新采 54
用银本位的要求，引发了“美钞与农民”运动（Greenback and Granger movement），以及农民同盟（Farmers' Alliance）的成立。克利夫兰（Cleveland）在1887年的国会讲话中对共和党的保护主义政策的攻击，加剧了这场阶级冲突。1888年，众议院的民主党议员起草了一份大力削减关税的议案（由罗杰·米尔斯起草）。这一议案又在参议院遭到了共和党人的阻挠——这些共和党人把议案修改为对贸易进行保护。两个议院的投票情况都显示出在贸易问题上的党派内部团结程度达到了前所未有的高度：众议院平均党派凝聚力水平是94.2，而总体凝聚力水平是67.8（见表4.5）。在此之后，每次国会易主都会带来政策方向的重大变化。同时，针对贸易法规的投票显示出极高的党派凝聚力水平。

1888年，共和党同时控制了众议院和参议院。在众议院，他们在威廉·麦金利（William McKinley）的领导下制定了一份大幅度加强整体保护水平的法案。[21]这一麦金利关税被民主党人谴责为“阶级
立法的顶极暴行”。1892年民主党掌权后，很快降低 55
了关税。[22]但是克利夫兰对金本位的坚持引起了中西部和西部民主党人的小规模反叛，他们转而投向了支持银本位的平民党（Populist）（从农民同盟中分离出来的），并成功阻挠了关税改革议案的通过（Taussig，

表 4.5　　关于贸易议案的国会投票情况，1870—1914 年

	法规	党派	参议院					众议院				
			同意	反对	凝聚力[a]	平均凝聚力[b]	总体凝聚力[c]	同意	反对	凝聚力[a]	平均凝聚力[b]	总体凝聚力[c]
1875 年	关税法案	民主党	0	20	100			2	76	94.9		
		共和党	32	11	48.8	65.1	51.6	125	39	52.4	66.1	61
1884 年	莫里森议案	民主党						43	153	56.1		
		共和党						113	4	93.2	70	61.5
1888 年	米尔斯议案	民主党	0	36	100			157	5	93.8		
		共和党	37	0	100	100	78.4	4	145	94.6	94.2	67.8
1890 年	麦金利关税法案	民主党	0	31	100			1	139	98.6		
		共和党	40	0	100	100	74.8	163	1	98.8	98.7	78.5
1894 年	戈尔曼关税法案	民主党	40	1	95.1			196	17	84		
		共和党	0	35	100	94.9	75.6	0	126	100	90.2	73.1
		平民党	1	1	0			8	0	100		

续前表

	法规	党派	参议院					众议院				
			同意	反对	凝聚力[a]	平均凝聚力[b]	总体凝聚力[c]	同意	反对	凝聚力[a]	平均凝聚力[b]	总体凝聚力[c]
1897年	丁利关税法案	民主党	1	26	92.6			5	115	91.7		
		共和党	37	1	94.7	93.9	71.3	199	0	100	98.9	80.8
		平民党	0	1	100			1	7	75		
1909年	佩恩·奥尔德里奇关税法案	民主党	1	30	93.5			4	160	95.1		
		共和党	50	10	66.7	75.8	67.8	213	1	99.1	97.4	72.3
1913年	安德伍德关税法案	民主党	46	2	91.7			276	6	95.7		
		共和党	1	38	94.9	93.1	66.8	4	128	93.9	94.3	65.9
		改革党						2	6	50		

资料来源：*Congressional Record* and Rosenthal and Poole(2000).

a. 每个政党的赖斯凝聚力指数。

b. 政党凝聚力指数的加权平均数。

c. 国会同一次会议所有投票的政党凝聚力指数加权平均数。

1931，p. 287－291）。[23]针对这一议案，民主党内的反叛者们在众议院投反对票，在参议院拖延和修改议案。[24]克利夫兰谴责这些党内反叛者为“令党派蒙羞的背信弃义者”。他最终同意这一软弱的改革议案成为法律，但是并没有在上面签字。关于银本位的争论最终在1896年的党派“融合”中得以解决。这一党派融合切断了民主党和东部金本位支持者之间的联系，使得城乡分化登上了美国政治舞台的中心。

1896年，共和党提名麦金利为总统候选人，竞选纲领为高关税和金本位。美国劳工联合会（American Federation of Labor，AFL）与1895年成立的美国制造商协会（National Association of Manufacturer）都强烈地支持共和党的关税政策。[25]结果共和党大胜，于1897年通过了《丁利关税法案》（Dingley Tariff），进一步提高了整体进口关税水平。在众议院和参议院，都各只有一个共和党员给这一议案投了反对票。到1904年，共和党的纲领声称“保护程度至少应该维持在能够弥补国内外生产成本差距”的水平上，后来又修改为——保护应该使得“美国各行业获得合理的利润”。[26]

57 共和党对贸易政策的控制直到1910年才有所放松。那时共和党面临着越来越严重的西部问题——对于以城市选民为主的共和党来说，西部这一农村盟友一直是一个不稳定因素。1908年，西部派创造了艾奥瓦观念（Iowa Idea），要降低对密集程度高的行业的保护（Hechter，1940，p. 86－105）。这一观念及其背后隐含的反垄断情绪引起了中西部越来越依赖于出口市场的谷物种植者们的共鸣。[27]塔夫脱（Taft）在1908年竞选的时候暗示要削减关税，但是却在1909年促使众议院共和党人提出的保护主义性质的《佩恩·奥尔德里奇议案》（Payne-Aldrich bill）在参议院获得通过。这种派系争斗在参议院更加激烈，有10名来自中西部和西部的共和党参议员给这一议案投了反对票。当这些心存不满的参议员们转而支持改革运动（Progressive movement）后，共和党内部开始分裂（Taussig，1931，p. 374－375）。

1910年，民主党获得了众议院的大多数席位。1912年威尔逊（Wilson）在竞选时提出了"竞争性关税"这一原则，强调了保护主义和国内垄断之间的有害关系。[28]他们在众议院和参议院都获得了巨大的成功。威尔逊监督通过了新的贸易法规，史无前例的亲自前往国会声援这一议案。作为一个学者，威尔逊指出，党派组织纪律性的消失是美国体系的一个重大弱点，他把对关税改革的支持作为党派忠诚度的测试。只有6名民主党众议员和2名民主党参议员给他的改革议案投了反对票。[29]

4.3 两次世界大战期间

到20世纪20年代，在关税问题上两党内部都出现了明显的分裂。随着农产品价格的下降，给糖和肉类施加新的农产品关税的提议吸引了来自路易斯安那州和得克萨斯州的民主党成员，使得他们背弃了民主党的自由贸易立场。而中西部和东部的共和党成员则在金融业和出口行业的影响之下脱离了共和党阵营，对新的保护主义议案表示反对。

在1920年的选举中，共和党获得了更多的议席。共和党党员哈丁（Harding）——一个坚定的保护主义倡导者——想给农产品也施加关税。他强烈支持1921年的《紧急关税法案》(Emergency Tariff Act)，这一法案给包括小麦、玉米、肉、羊毛和糖等在内的一系列农产品施加了关税。[30] 1922年，共和党通过了《福德尼-麦坎伯法案》(Fordney-McCumber Act)，使得这些对农产品施加的新关税成为永久性的关税，并且提高了一系列制造业商品的关税。针对这一议案的投票表决显示出，在关税问题上的党派团结程度与前几年的高水平相比已经有大幅度下降（众议院下降到81.3，参议院下降到84.4）（见表4.6）。

表 4.6　关于贸易议案的国会投票情况,1919—1939 年

	法规	党派	参议院					众议院				
			同意	反对	凝聚力[a]	平均凝聚力[b]	总体凝聚力[c]	同意	反对	凝聚力[a]	平均凝聚力[b]	总体凝聚力[c]
1922 年	福德尼-麦坎伯关税法案	民主党	3	33	83.3			7	88	85.3		
		共和党	54	6	80	81.3	71.6	220	19	84.1	84.4	74.5
1930 年	斯穆特-霍利关税法案	民主党	5	34	74.4			17	148	79.4		
		共和党	44	13	54.4	62.5	52.1	228	27	78.8	79	67.9
1934 年	互惠贸易协定法案(Reciprocal Trade Agreement Act-RATT)	民主党	51	5	82.1			279	12	91.8		
		共和党	7	30	62.2	74.2	55.1	4	111	93	92.1	68.8
1937 年	互惠贸易协定法案延长(RATT Extension)	民主党	56	8	75			286	11	92.6		
		共和党	1	15	87.5	77.5	47.9	3	87	93.3	92.8	59.2

资料来源:*Congressional Record* and Rosenthal and Poole(2000)。

a. 每个政党的赖斯凝聚力指数。

b. 政党凝聚力指数的加权平均数。

c. 国会同一次会议所有投票的政党凝聚力指数加权平均数。

95

59 共和党内的持不同政见者不仅包括来自中西部谷物生产州的议员，还有的是来自于东部的工业和金融中心，那里集中了包括汽车、农业机械和特种钢行业在内的资本密集型行业，他们也支持自由贸易。[31]为了取悦这些利益集团，1922 年的法案赋予了总统签订以互惠为原则的贸易协定的权力。但是事实上 20 世纪 20 年代只有很少一些作用很有限的协定得以签署（Verdier，1994，p. 194）。[32]

到 1928 年，农产品价格持续下跌，很明显农业危机没有避免。主要的传统出口商品——谷物、棉花和烟草业面临着更加激烈的国际竞争，同时包括羊毛在内的许多农产品进口额增长，使得美国在 1923 年出现了历史上第一次农产品贸易逆差，1925—1939 年之间再次出现逆差。[33]在 1928 年的竞选中，胡佛保证要通过新的关税来解决农业问题，并且共和党的纲领中又加入了新的一条：“保护性关税对于美国农业和制造业来说都是同样至关重要的”。[34]

现在关税对于农民来说更具吸引力了，这给民主党带来了难题。方向不定的劳工投票也让他们很为
60 难。美国劳工联合会虽然在选举中保持中立，但是他们强烈支持保护主义。在 1928 年的美国劳工联合会大会上，占据领导地位的就是一个支持保护主义的核心小组（他们自称为“工薪阶层保护联合会”）(Eichengreen，1989，p. 44)。民主党候选人艾尔弗

雷德·史密斯（Alfred Smith）在纽约的少数种族和城市工人之中建立起了他的主要支持阵营，其他许多民主党党员也是如此——在他们所在的城市中劳工问题越来越成为政治局势的焦点（Key，1964，p. 530 -531）。但是民主党的自由贸易立场却成为了其扩大城市选民基础的一个障碍，可是这一立场仍旧得到了其西部和南部农村选民的广泛支持。最终，民主党采取了模糊的立场。[35]

共和党获得了 1928 年总统选举的胜利，并且增加了他们在众议院和参议院的多数议席。刚刚上任的时候，他们信誉良好地遵守了胡佛的竞选承诺，要通过新的贸易法规来解决农业问题。但是这一新的关税议案很快扩张起来，提高了一系列制造业行业的关税。两个政党在贸易保护问题上的内部分歧都更加激化了：1930 年众议院投票的平均党派凝聚力指数是 79.0，而参议院则仅有 62.5（参见表 4.6）。与 1922 年时一样，共和党中的主要反叛者是那些代表中西部农业各州利益的党员。而民主党中的主要反叛者则是那些与糖和肉类等进口竞争行业生产者联系密切的党员，以及像史密斯那样与东北部城市利益联系密切的人，他们转而支持提高关税。

谈到《斯穆特-霍利关税法案》的通过，最令人难忘的还是行业集团进行的游说。出现在国会前试图影响政策制定的行业集团史无前例的多。针对 1930

年议案举行听证会的时候，在众议院筹款委员会前作证的行业集团数量之多是自南北战争以来任何贸易法规所无法比拟的（参见表 4.7）。

61 **表 4.7　对众议院筹款委员会进行游说的行业集团，1919—1939 年**

		支持每一立场的行业集团数量		
	法规	自由贸易	保护主义	总计
1922 年	福德尼-麦坎伯关税法案	5	43	48
1930 年	斯穆特-霍利关税法案	9	69	78
1934 年	互惠贸易协定法案	1	3	4
1937 年	互惠贸易协定法案延长	1	4	5

资料来源：See appendix C.

《斯穆特-霍利关税法案》在获得通过之前就已经被视为“美国历史上最糟糕的关税议案”[36]。美国的贸易伙伴们迅速采取了强有力的报复措施。一个月之内，加拿大、法国、意大利、西班牙、澳大利亚、新西兰、墨西哥和古巴纷纷提高了美国产品的进口关税；一年之内，总计有 26 个国家给来自美国的进口产品制定了新的数量限制（Pastor，1980，p. 79）。更加恶化的经济危机加速了在 20 世纪 20 年代开始出现的政治重新结盟：工人们开始背离共和党，因为事实证明，共和党没有能力改进工人的困境（Burnham，1970，p. 55－58）。1932 年，民主党承诺要积极推行创造就业机会的项目并给工人提供社会保险，同时承诺给农民提供价格支持体系。最终民主党在大选中大获全胜。

在1932年的大选中，罗斯福拒绝明确说出民主党在贸易问题上的确切立场。罗斯福与赫尔（Cordell Hull）共同起草——在竞选纲领中加入了要引领民主党回到威尔逊关于竞争性关税的观点，并且倡导互惠贸易协定（Cole，1983，p. 96）。但是他也公开支持平衡成本的观念，并承认“这和共和党人所提倡的没有太大差别。”[37]选举成功之后，罗斯福认命赫尔为国务卿。实践证明，在经济衰退期间单边降低关税在政治上是行不通的，不得不面对现实的赫尔开始倡导与贸易伙伴们建立双边贸易协定作为“退而求其次”的改革方案(Hull,1948,p. 356)。1933年，他起草了一项议案——授予总统签订双边贸易协定的权力。这一议案是1934年通过的《互惠贸易协定法案》（Reciprocal Trade Agreements Act，RATT）的基础，该法案授予总统（3年)通过谈判可以修改50%以内现有进口关税的权力。

1934—1939年间，总统依据《互惠贸易协定法案》签署了22项不同的协定（Tasca，1938)。但是实际上只有很小范围的产品包括在协定之内，并且关税目录中的产品经常重新分类，或者更改进口配额，以避免协议带来的负面影响（Haggard，1988，p. 92)。

同样，1934 年通过的《琼斯-科斯蒂根法案》（Jones-Costigan Act）规定了糖、小麦、黑麦、大麦、奶制品、棉花、燕麦和一系列其他农产品的进口配额。1937 年又规定了奶制品、牛肉、马铃薯和木材的进口配额，有效地抵消了通过谈判达成的对加拿大上述商品的关税削减。下一年规定了烟草、棉花和原油的新进口配额。截至 1939 年，约有 1/4 的缴税进口产品被施加了进口数量限制（Diebold，1941，p. 19）。

62 考虑到民主党方向不定的选民基础以及党内在贸易问题上的分歧，这种政策方向上的含糊不清也就很容易理解了。虽然民主党依然受到传统的南部和西部农村支持者的影响，但是在 1932 年的选举中，民主党实际是因为大城市地区的支持才获得了国会大多数席位。1936 年大选中，民主党获得了超过 70%的大城市地区的支持（Turner and Schneier，1970，p. 119）。一方面农村选民对贸易政策有新的不满，另一方面又要巩固新获得的工人选民的支持，这造成了民主党的骑虎难下。结果民主党采取了折中的做法，强调要在不提升进口竞争威胁的情况下增加出口。[38]由贸易问题引发的新的社会分化以及新的选举联盟开始改变贸易政治。

1934 年和 1937 年，在讨论《互惠贸易协定法案》的过程中，只有很少数行业集团在众议院筹款委员会前作证（参见表 4.7）。但是如果这样就得出行业集团游说活动大幅度下降的结论则是错误的。这些听政会只是针对《互惠贸易协定法案》及其补充的，而不像以前的听证会那样分别讨论某种特定产品的关税问题。与赫尔的初衷相左的是，《互惠贸易协定法案》的修正案规定，要通知公众即将进行的贸易协商，并且要举行不同的听证会给感兴趣的集团发表意见的机会；一个跨部门的“互惠信息委员会”（Committee for Reciprocity Information）负责履行这些责任。20 世纪 30 年代，一旦要进行贸易协商，这一委员会就会面临来自进口竞争集团和出口导向集团的强烈游说压力（Kottman，1968，p. 222）。[39]

4.4 战后美国的贸易政治

第二次世界大战以及随后发生的冷战给贸易问题赋予了安全方面的考虑，并且把它嵌入了西方盟国友好合作的新框架中。在罗斯福于 1945 年向国会做的最后几次演讲中，其中有一次就是要求新的领袖在商讨贸易条约时要考虑到美国作为一个繁荣和强大的世界领袖的责任。他呼吁要“为我们所期待的国际合作的新世界建成一套可行的工具”。[40] 虽然当年针对《互惠贸易协定法案延长》的投票还是很具有党派性（参见表 4.8），但是它的通过为今后美国领导人进行新的多边贸易谈判以至最终关贸总协定于1947年诞 63

102

表 4.8　关于贸易议案的国会投票情况，1945—1994 年

	法规	党派	参议院					众议院				
			同意	反对	凝聚力[a]	平均凝聚力[b]	总体凝聚力[c]	同意	反对	凝聚力[a]	平均凝聚力[b]	总体凝聚力[c]
1945 年	互惠贸易协定法案延长	民主党	44	7	72.5			216	13	88.6		
		共和党	15	21	16.7	49.4	54.8	33	159	65.6	78.1	66.6
1955 年	互惠贸易协定法案延长	民主党	40	6	73.9			190	38	66.7		
		共和党	40	8	66.7	70.2	62.5	113	80	17.1	43.9	65.2
1962 年	贸易扩张法案（Trade Expansion Act）	民主党	61	0	100			215	36	71.3		
		共和党	23	14	24.3	71.4	57.1	85	91	3.4	43.3	69.7
1970 年	米尔斯议案	民主党						143	90	22.7		
		共和党						85	88	1.7	13.8	64.6
1974 年	贸易改革法案	民主党	47	3	88			115	124	3.8		
		共和党	38	1	94.9	91	58.9	163	19	79.1	36.3	62.2
1974 年	麦金太尔修正案（McIntyre Amendment）	民主党	26	23	6.1							
		共和党	9	26	48.6	58.9	58.9					

续前表

	法规	党派	参议院					众议院				
			同意	反对	凝聚力[a]	平均凝聚力[b]	总体凝聚力[c]	同意	反对	凝聚力[a]	平均凝聚力[b]	总体凝聚力[c]
1984 年	贸易补偿改革法案(Trade Remedies Reform Act)	民主党						194	25	77.2		
		共和党						66	72	4.3	49	68.4
1991 年	反对快速立法(Disapproval of Fast-Track)	民主党	32	25	12.3			172	91	30.8		
		共和党	6	37	72.1	38	59.8	21	143	74.4	47.5	53.4
1993 年	北美自由贸易协定	民主党	27	28	1.8			102	156	20.9		
		共和党	34	10	54.5	25.3	59.8	132	43	50.9	33	53.4
1994 年	乌拉圭回合协定	民主党	41	14	49.1			167	89	30.5		
		共和党	35	10	55.6	52	65.2	121	56	36.7	33	57

资料来源:*Congressional Record* and Rosenthal and Poole(2000).

a. 每个政党的赖斯凝聚力指数。

b. 政党凝聚力指数的加权平均数。

c. 国会同一次会议所有投票的政党凝聚力指数加权平均数。

生铺平了道路。

在1946年的选举中，共和党重新控制了众议院和参议院，并于1947年给杜鲁门政府施加压力要求在新的贸易协定中加入一个“例外条款”，允许中止那些严重损害国内生产者的事件（Pastor，1980，p. 99－100）。[41] 1948年，共和党改变了他们的纲领，不再反对互惠贸易协定，并且许诺“在保护国内工业和农业的同时”“支持互惠贸易体系并且鼓励国际贸易”。[42]但是，在那年旨在扩大总统协商权威的议案中，共和党加入了一个“危险程度”条款（peril point provision），要求关税委员会关于“哪些可行的让步不会给国内行业带来严重的损害或威胁”给政府提出建议。1951年，他们又通过了新的条款来帮助那些因为贸易协定受到损害的行业。

一个更加明显的转变出现在1953年：艾森豪威尔在他致国会的国情咨文中要求延长总统的协商权威，并倡导应该把贸易自由化作为美国外交政策的一个关键组成部分。国会在1953年和1954年分别把总统的协商权力延长了一年。1955年的时候转为民主党掌权，两党联合以大多数赞同通过了延长权力3年。[43]这段时期，两个主要政党在贸易问题上的立场以及国会投票情况变化不断。以至众议院关于贸易议案进行投票时的平均党派凝聚力指数在1955年仅为43.9，1962年为43.3，1974年为36.3。[44]

有些资本密集型行业以出口为导向，而另外一些行业则在 20 世纪 50—60 年代开始面临严峻的进口竞
争，比如纺织和钢铁行业，这使得共和党内部的分歧 65
越来越严重。两个综合性的商业联盟——美国制造商协会和商会（Chamber of Commerce）只能对多边贸易协定表示谨慎的支持，并且因为受到内部利益冲突的限制，他们很少在更加有争议的贸易问题或法规上表明立场（Friman，1990，p. 65 - 66；Bauer，de Sola Pool，and Dexter，1972，p. 334 - 336）。[45]

民主党也有他们自己的问题。当民主党在战后极力宣传互惠贸易协定计划的时候，美国全国总工会对此表示了冷淡的支持。但是，当廉价的进口商品开始严重威胁到几个主要行业的工资和就业机会的时候，他们撤回了对互惠贸易协定计划的支持（Rogowski，1989，p. 120）。在强有力的钢铁和纺织行业工会的带领下，美国全国总工会从 20 世纪 60 年代后期开始倡导对这些行业进行保护，随后公开支持 1970 年和 1971 年的保护主义议案——《米尔斯议案》（Mills bill）和《伯克-哈特基议案》（Burke-Hartke Bill），这在民主党内部造成了很大的分歧（Hughes，1979，p. 23）。同时，民主党的农村支持者们也根据生产商品的不同而产生了越来越严重的分歧。美国农业局（American Farm Bureau）只对一些范围宽泛的贸易措施表明了立场，整体上支持关贸总协定的谈判——

其中不包括农业壁垒，但是反对优先从发展中国家进口商品。不过，美国农业局把最重要的游说活动都留给了生产不同商品的农业集团（Destler and Odell，1987，p. 42）。

行业集团的不断施压加剧了党派内部的分裂。[46]大量行业集团在国会委员会前进行游说，赞成或反对新的贸易协定：1955 年讨论授予总统协商权威的新法规时，42 个集团在众议院筹款委员会前作证；1962 年商讨《贸易扩张法案》（Trade Expansion Act）的时候，63 个集团参与作证；1974 年，有 46 个集团公开发表了他们对于《贸易改革议案》（Trade Reform bill）的立场。[47]表 4.9 总结了这段时期内关于游说活动的统计数字。

66 **表 4.9　对众议院筹款委员会进行游说的行业集团，1945—1994 年**

	法规	支持每一立场的行业集团数量		
		自由贸易	保护主义	总计
1945 年	互惠贸易协定法案延长	1	9	10
1955 年	互惠贸易协定法案延长	9	33	42
1962 年	贸易扩张法案	18	45	63
1974 年	贸易改革法案	12	44	56
1984 年	贸易补偿改革法案	7	33	40
1991 年	反对快速立法	9	33	42
1993 年	北美自由贸易协定	7	32	39
1994 年	乌拉圭回合协议	16	38	54

资料来源：See appendix C.

这些游说活动导致国会制定了大量的特别条款，以及一系列旨在保护弱小行业的非关税贸易壁垒。比如在1956年，为了回应纺织行业从去年就开始进行的强烈游说活动，白宫通过自愿出口限制来限制日本廉价纺织品的进口（参见 Baucer et al.，1972，p. 60）。1961年，该自愿出口限制被《棉纺织品短期协定》（Short Term Agreement on Cotton Textile）所取代。一年之后，《棉纺织品国际贸易长期安排》（Long Term Arrangement Regarding International Trade in Cotton Textile）给进行数量控制的国际贸易协定设立了一个框架。1969年，美国又以自愿出口限制（Voluntary export restraint，VER）来限制欧洲和日本的钢铁进口。1973年的《多重纤维协定》（Multi-Fiber Arrangement）中，政府又给所有的纺织品进口设定了自愿出口限制。1968—1970年间，几乎有300名众议院议员提出了这样或那样的配额法规。[48] 1970年的《米尔斯议案》给纺织品和鞋类进口设定了配额，并且设定了一个机制（称为“伯恩斯篮子”（Byrnes basket））来启动对其他产品的保护。另外，1971年的《伯克-哈特基议案》则设立了一个覆盖了一系列产品的进口配额体系，并且提出了一些旨在阻碍国外直接投资的措施。这两个议案都获得了民主党和共和党的普遍支持。

介于来自行业集团的强大压力，国会给授权总统

签订国际协定的法规附加了更多的限定条件。1974 年的《贸易改革法案》创造了一个顾问委员会框架，使得相关的制造业和劳工组织有了一个发表意见的论坛。这一法案还把一系列行业列入例外条款，其中包括钢铁、纺织品、陶瓷制品、鞋类、电视、收音机和石油等行业（Baldwin，1985，p. 143）。该法规也根
67 据《301 条款》（Section 301）进行了修改，使得国内行业更容易以不公平贸易为理由获得保护。1977 年，在钢铁行业生产者抱怨竞争对手倾销之后，卡特政府建立了一个“触发价格机制”（Trigger Price Mechanism），当进口价格下降到合理程度以下的时候自动进行反倾销调查。1979 年，国会通过了针对纺织品、鞋类、奶制品和电视机行业的新的保护性措施，并且进一步加强了关于不公平贸易的法律。

1980 年的大选中，民主党和共和党都回避了贸易问题。里根对贸易开放大体表示支持，但是又做出了一些模糊的选举承诺，说要缓解生产规模大的行业（包括汽车行业）的进口竞争压力（Goldstein，1993，p. 231 - 232）。共和党在参议院的领袖们在这一问题上存在分歧。约翰·丹福斯（John Danforth）作为参议院财政委员会附属贸易委员会（Senate Finance Subcommittee on Trade）的新一届主席有很大影响力。他来自于密苏里州，那里集中了境况不佳的汽车和鞋行业。他于 1981 年提出了一项对日本汽车

施加进口配额的议案。迫于压力，白宫于同一年和日本议定了汽车出口限制。汽车问题于 1982 年和 1983 年又浮现了出来，强大的美国联合汽车工会（United Auto Worker）促使国会通过了《汽车本地零件法案》（automobile domestic content legislation）。[49]同时，在参议院财政委员会（Senate Finance Committee）中来自宾夕法尼亚州的共和党员约翰·海因茨（John Heinz）的促使之下，众议院和参议院都成立了代表钢铁行业地区利益的两党联合小组，并且开始促使国会通过针对钢铁的配额法规。钢铁行业本身提出的反倾销和补偿请求也开始让国际贸易委员会（International Trade Commission，ITC）应接不暇。里根很快就开始和欧洲商讨给钢铁进口施加新的限制。在 1984 年的大选过程中，钢铁问题又突显了出来。那时候国际贸易委员会根据反倾销法案支持国内生产者，并且建议白宫施加关税或者配额。民主党总统候选人沃尔特·蒙代尔（Walter Mondale）立即声明对严格的钢铁进口配额表示支持。[50]

美元升值及其对进口竞争行业和出口行业的影响在某种程度上促使国会在很短时间内通过了一系列贸易议案，其中最重要的就是众议院于 1984 年 7 月通过的《贸易补偿改革法案》（Trade Remedies Reform Act），该法案大大扩展了可以对其施加报复的不公平贸易行为的范围。该法案最终被写入 1984 年的综 68

合性《贸易与关税法案》(Trade and Tariff Act)。一起写入该法案的还有参众两院通过的许多其他法规，其中包括延长总统给发展中国家优惠的权力；授予总统同以色列和加拿大签订自由贸易协定的权力；承诺制定新的钢铁出口限制；还有100多项针对各种不同商品的条款（参见Destler，1992，p. 86-88）。1985年7月，国会中的民主党成员在理查德·格普哈特（Richard Gephardt）的领导下提出了一项议案，要给来自日本、韩国和巴西的商品追加25%的进口罚款，除非这些国家改革他们的贸易政策。同一年，国会通过了新的纺织品进口配额。里根否决了该议案，但是国会把驳回这一否决的投票推迟了一段时间，以给正在商讨延长《多重纤维协定》的白宫施加更多的压力。

当里根政府正在商讨给纺织品、机械工具和半导体行业制定新的自愿出口限制的时候，国会开始着手准备于1986年通过另一项综合贸易议案。该议案包含了很多不同的措施，其中包括授权总统签订贸易协定；加强对遭遇进口侵害的工人和企业的帮助；增加教育支出。但是，该项议案最值得注意的是格普哈特提出的修正案，该修正案允许对那些同美国存在大额贸易顺差的国家施行强制性制裁。该项议案在参议院遭遇了失败，但是获得了共和党参议员们的大力支持。当民主党人于1986年重新控制参议院时，他们积极争取让内容基本相同只略有增添的综合法规获得通过。这一法规中最有争议的是，有一个条款规定雇主至少要在工厂关闭或解雇雇员 60 天以前通知工人。里根否决了这一议案，参议院的驳回否决投票以 5 票之差失败。一个重组后的折中方案最终于 1988 年获得通过，称为《贸易与竞争综合法案》（Omnibus Trade and Competitiveness Act）：雇主—雇员条款没有被采纳，而格普哈特修正案则被一个更加模糊的条款所取代，该条款授权总统对那些进行不公平贸易的国家采取行动（即所谓的《超级 301 条款》）。最终，两党似乎对他们在 1988 年大选中采取的中间立场都很满意，并且该法规的通过获得了两党的共同支持。[51]

新的共和党政府继续在原则上支持开放，但是同时采用严厉的威胁来强迫贸易伙伴限制对美国的出口或者扩大关键部门对美国产品的进口。1989 年，美国的贸易代表卡拉·希尔斯（Carla Hills）依据《超级 301 条款》称巴西、印度和日本进行了不公平贸易，因此起草了一个“对结构性阻碍采取主动”（Structural Impediments Initiative）的计划来同日本进行谈判以降低日本的进口壁垒。1990 年，美国针对超型计算机、卫星、木制品和电讯同日本签订了协议。1992 年布什总统肩负着拓展市场的责任亲自出访日本，随行有 21 名商界领袖，其中包括汽车和计 69

算机行业的高层管理人员。一直以来，共和党政府都在努力推进关贸总协定乌拉圭回合中的多边贸易协商，以及关于北美自由贸易协定的三边协商。1991年，布什要求延长对他的授权来继续进行这两个方面的谈判。立法投票情况（见表4.8）清晰地显示出共和党组成了某种程度上的联盟来支持布什，而民主党则内部分歧严重。[52]

20世纪90年代，原来的阶级联盟在贸易问题上已经非常混乱，而共和党和民主党内部也因为在主要贸易法规上的意见不一致而出现分裂。1992年的大选中，两位总统候选人实际上都采取了中间立场。1993年，新当选的克林顿政府加紧推进《北美自由贸易协定》和《关贸总协定》的谈判，但是采取了一种自以为是的方式来和主要贸易伙伴谈判——这与以前里根和布什采取的在扩大出口的同时强迫别国限制向美国出口的做法几乎没什么不同。美国和日本议定了一个关于向美国产品开放某些特定市场的新的框架性协议，谈判从讨论汽车及汽车零件、电讯、医疗技术、保险和建筑等行业开始。

1993年秋天，明知道大量民主党国会议员以及美国全国总工会成员会公开反对《北美自由贸易协定》，克林顿还是接受挑战，努力促使国会通过该协定。克林顿政府试图联合两党的支持，前总统里根和布什也和克林顿一起出现在白宫以支持这一协定。但是许多国会议员迫于所在选区行业集团游说的压力都拒绝在政府给他们提供一些令人满意的交换条件之前表明他们的立场。比如，来自佛罗里达州的众议员直到政府给柑橘和蔬菜种植者提供特殊保护之后才对协定表示支持。纺织、牛肉、花生油、小麦、酒、糖、淀粉糖品、基架、洗衣机和平板玻璃行业也获得了类似的特殊对待。最后的结果就是，协定中充满了妥协与让步。[53]但是，国会投票情况还是显示出民主党和共和党内部都存在严重的分歧：平均党派凝聚力水平在参议院仅有 25.3，在众议院有 33。

1994 年，克林顿政府又面临着一场艰苦的斗 70
争——要让在关贸总协定乌拉圭回合达成的协定获得国会的通过。该议案提交到了参议院商务委员会(Commerce Committee)，10 月的时候，商务委员会主席民主党参议员欧内斯特·霍林斯（Ernest Hollings）强制延迟投票直到 11 月选举之后。[54]霍林斯来自于严重依赖纺织行业的南卡罗来纳州，因此他强烈反对这一议案，并且希望选举（使得共和党在参众两院都获得新的大多数议席）会瓦解对该议案的支持。即将成为新一任外交关系委员会（Foreign Relations Committee）主席的北卡罗来纳州参议员杰西·赫尔姆斯（Jesse Helms）也和纺织行业联系紧密，他是该议案的另一个主要反对者。赫尔姆斯向克林顿递交了一封信，威胁到——如果不把投票推延到新一任

国会于1月交接之后进行，那么将来他就会在外交政策方面同白宫采取不合作的态度。[55] 为了安抚反对派，克林顿政府改变了对服装的关税规定以限制亚洲廉价服装的进口（亚洲服装的原产地是根据服装的缝纫地点而不是剪裁地点而定的）。另外，政府还根据霍林斯的建议更改了反倾销法规，使得判决更有可能偏袒国内行业，并且还更新了《超级301条款》。关贸总协定乌拉圭回合达成的协定最终获得了通过，但是最后的投票情况显示出两党在贸易问题上都存在严重的内部分歧。20世纪90年代的贸易政治与100年前的贸易政治之间的对比是如此之鲜明。

4.5 总结

考虑到美国要素流动程度的跨时差异，我们所预测到的要素流动程度对贸易政治的影响与实际情况相当吻合。19世纪初期，关税问题主要是以地区和行业为基础的。政党内部根据所属地区的不同在关税问题上存在分歧，而贸易法规则主要反应了有大量地区性集团竞相向国会施压。但是在南北战争以后的时期里，贸易在美国变成了党派之间的争斗。主要获得商界和工人支持的共和党支持保护性关税，而主要获得农村支持的民主党则强烈地支持自由贸易。20世纪50年代以来，两党内部以及主要组织内部都出现了明显的分歧，而行业集团则在政策制定上起到了强有力的影响作用。

[注释]

[1] 罗戈夫斯基采用了工业化程度、人口和土地面积方面的数据来根据相对要素禀赋区分不同的国家。至于 1945—1994 时间段，我还参考了近期测量要素禀赋的更加复杂的经验性研究——特别是 Bowen, Leamer and Sveikauskas (1987)。

[2] 因为各时期变差系数平均数的中位数在 12.4～16.1 之间，所以这是最简单的方法。这里采用了工资方面的数据，因为可以获得大部分时期的工资数据。

[3] 纺织行业厂商在罗得岛的请愿书是由塞缪尔·斯莱特（Samuel Slater）起草的，他早已因为于 1790 年把阿克赖特（Arkwright）的纺纱机引入美国而闻名，他还在波塔基特（Pawtucket）建立了第一家成功的纺纱工厂。

[4] 赫齐卡亚·奈尔斯（Hezekiah Niles）在巴尔的摩出版发行了《奈尔斯每周记录》，并于 1815 年开始以制造业厂商的名义宣传保护主义。在那些年，还有其他一些出版商和宣传册作者变得出名起来，其中包括马修·凯里（Mathew Carey），他在其事业后期指出，制造业厂商们应该因为他为他们的利益所付出的努力而对他有所补偿（参见 Stanwood, 1903, p. 248n)。关于被派遣到华盛顿的游说者，请参见 Stanwood, 1903, p. 237。

[5] 引自 Stanwood, 1903, p. 237。

[6] *Annals of Congress*, 5 March, 1828。

[7] 陶西格（Taussig, 1931, p. 82 - 83）指出，这一大

会并不是制造业厂商的广泛联盟，而仅仅是由羊毛生产者和毛线制造者组织的。在 1827 年的《毛制品议案》（Woollens Bill）失败之后，他们只不过是想从其他赞成保护主义的行业那里获得支持。

[8] 几个依赖进口原材料的行业也支持自由贸易。这些行业包括五金器具制造商联合会（Union of Hardware Manufacturer）的成员以及各种铁路公司，他们为了降低或免除铁的进口关税而进行游说。另外还有服装制造商，他们抱怨对布料的保护增加了他们的生产成本。参见 *American State Papers*：*Finance* V，968，1036，1040。

[9] 在北部联邦同盟与杰弗逊的共和党进行竞争的时期，选举还主要是个人之间的竞赛。但是到了 19 世纪 20 年代末，国内不同党派之间的划分就发展的比较清晰了：分为主要得到城市利益支持的亚当斯的共和党/辉格党，和主要得到农村利益支持的杰克逊的民主党。参见 Stanwood，1903，p. 240-243。

[10] 委员会起草的议案给几种产品施加了非常高的关税（包括羊毛和大麻制品），但是并没有提高毛纺制品的进口关税——毛纺业制造商煽动了 1827 年和 1828 年大部分的保护主义浪潮，并且是亚当斯在北方的主要支持者。1828 年，尽管亚当斯阵营人士极力反对，但是制造业委员会还是获得了选择证人的权力（实际上他们选择的证人中有 7 人是杰克逊在众议院的支持者）。参见 Stanwood，1903，p. 269。据说微笑着的范布伦一直“潜伏”在委员会工作室外面，不断地把委员会成员叫出去进行私下讨论（Remini，1958，p. 907）。

[11] 引自 Stanwood，1903，p. 302。

[12] 泰勒曾经支持过 1841 年的《分配法案》(Distribution Act) 中的一个限制性条款，该条款规定当关税提高时，出售公地获得的收益将不再需要分配给各州一部分。这使得获得分配所得的收益不能够再作为支持保护主义法规的合理理由。他于 1842 年连续否决了两个不顾这一限制性条款的关税议案。参见 Stanwood，1903，p. 1-25。

[13] 正如詹姆斯和莱克 (James and Lake，1989) 指出的那样，美国西部农业转向支持自由贸易无疑受到了 1846 年英国废除《谷物法案》的影响，因为谷物出口的潜在市场大大扩张了。

[14] Commons，1909，p. 487。

[15] 一份来自于宾夕法尼亚州约克郡一群男孩的请愿书颇引人注意，他们要求对所有进口商品施加高关税，那么"当他们长大的时候，就可能不会再看到像现在这样的情况了"(*Congressional Globe*，21 April，1842)。

[16] 但是共和党还一直想要保留西部那些并不从事受到保护的羊毛生产的农场主们的支持 (参见 Stanwood，1903，p. 151-153)。在那些年，共和党尝试了各种方式来安抚西部人，其中包括贸易法案中的互惠条款，这些条款旨在扩大某些农产品的出口，以及直接对西部农民进行补贴。

[17] *Congressional Record*，15 August，1949，12902。19 世纪 80 年代早期，民主党的关税改革者们遇到了一个意料之外的障碍——由宾夕法尼亚州的塞缪尔·兰德尔 (Samuel Randall) 领导的党内强大的北部势力 (参见 Verdier，1994，p. 73)。

[18] 事实上，韦迪尔 (Verdier，1994) 曾经对比了 1894

年《关税法案》中批准的关税与当时贸易组织向筹款委员会提出的各种特殊要求。他发现，以行业为基础的游说不论是对自由贸易来说，还是对保护来说都没有产生什么明显的影响（p. 114）。

[19] S. D. 费尔普斯（S. D. Phelps）（代表精细棉纱生产者）1883 年与筹款委员会中民主党人希拉里·赫伯特（Hilary Herbert）之间的一场对话特别值得一提。费尔普斯透露他们使用的大部分纺织机械并不是进口的，而是购于洛厄尔机械厂（Lowell machine shop）：

赫伯特先生：那么把机械的关税从 35%提升到 45%有什么用呢?

费尔普斯先生：这我不好说。

赫伯特先生：关税提升难道不会直接伤害到西部和南部正在崛起的纺织品制造业吗?

费尔普斯先生：这一问题太宽泛了。

赫伯特先生：我希望听到你的答案。

费尔普斯先生：我们现在在机械上的花费要比几年前的少。

赫伯特先生：但是在关税为 45%的时候，我们在机械上的花费不是会比在关税为 25%的时候多吗?

费尔普斯先生：我对此表示怀疑。

赫伯特先生：你不这么认为?

费尔普斯先生：不，先生……

赫伯特先生：如果把关税提升到 45%的结果是让国内的机械制造商控制了市场，那么难道他们没有能力把国内价格提高到接近进口产品的价格吗？比起关税为 35%的时候，他们不是可以要价更高吗?

费尔普斯先生：不是这样的。

赫伯特先生：为什么?

费尔普斯先生：根据我自己的经验，我发现，如果国内有某个行业因为受到保护而很容易赚钱，那么就会有其他人看到这一行业容易赚钱，因而进入这一行业。国内制造商之间的激烈竞争不仅仅使得价格无法提高，还会令其明显下降。我还没有遇到过任何例外。(U. S. House，Committee on Ways and Means，1884，p. 173)。

[20] 同时，制造业厂商和那些支持保护主义的农场主之间的合作中止了；最明显的例子就是毛纺织业制造商和羊毛生产者之间的协议解除了。参见 Verdier，1994，p. 77。

[21] 该法案还包括两项旨在帮助解决党内西部问题的措施：给国内甜菜糖的生产者提供补贴；在同拉美国家签订的互惠贸易协定中加入限制性条款，以增加谷物出口。后一项措施经实践证明根本无法起到保护作用，因为任何有用的条约都会给国内主要行业带来明显的成本。参见 Stanwood，1903，p. 280。

[22] 引自 Johnson and Porter，1973，p. 87。

[23]《谢尔曼购银法案》(Sherman Silver Purchase Act) 于 1890 年通过，规定财政部购买银的同时发行金和银支持的国库券。共和党人希望这一举动可以帮助他们保住西部的支持。他们也希望同一年通过的《谢尔曼反托拉斯法案》(Sherman Antitrust Act) 也会有相同的效果。而克利夫兰于 1893 年表示支持废除《谢尔曼购银法案》。参见 Tarbell，1911，p. 201。

[24] 对这一议案的一个修正案是收所得税（这是对平民党的收买），这引起了很多争议。参议院的修正案恢复了对糖、煤和铁矿石行业的保护（Stanwood，1903，p. 326 - 327）。来自路易斯安那州的民主党议员抓住机会促成了糖修正案；来自西弗吉尼亚州和马里兰州的民主党议员则争取到了针对采矿业的特殊条款。比这些党内背叛更糟糕的是，来自宾夕法尼亚州的共和党议员马修·奎伊（Matthew Quay）阻挠议案通过长达 12 天，直到得到保证会提高一系列产品的关税。参见 Tarbell，1911，p. 228 - 229.

[25] 主要的工会成员都是强烈的保护主义者和共和党员。比如：钢铁工人联合会（Amalgamated Association of Iron and Steel Workers）的官员在退休之后经常在共和党任职（参见 Ware，1935，p. 268）。曾任过工会主席的约翰·亚雷（John Jarret）1886 年退休之后在美国钢铁联合会（American Iron and Steel Association）的资助下前往伊利诺伊州为共和党人助选。他的对手是莫里森（Morrison），此人能言善辩，是民主党在众议院的贸易政策领袖，并且起草了克利夫兰 1884 年和 1886 年的改革议案。亚雷等人争取到了当地工会的支持来组织联合抵制和抗议。莫里森最后被迫出局。

[26] 引自 Schattschneider，1935，p. 8n.

[27] 具有讽刺性意味的是，在几个密集程度最高的行业，企业反而倾向于自由贸易。其中比较突出的就是钢铁企业。参见 Terrill，1973，ch. 8。美国钢铁联合会事实上在 1908 年就分崩离析了，其中最重要的一些企业，包括美国钢公司（U. S. Steel）、伯利恒钢铁公司（Bethlehem）和坎布里亚公司（Cambria），成立了新的美国钢铁协会（American Iron

and Steel Institute)。他们是反对保护主义的。

[28] 民主党的政治纲领要求立刻降低关税，并给所有与“垄断产品”进行竞争的进口产品免税（*Congressional Record*，15 August，1949，12902）。

[29] 这一法案大大增多了免税的产品，并大幅度削减了关税。它还采用联邦所得税来代替海关关税，作为国家的收入。

[30] 哈丁在他的竞选演说中强调了关税问题的重要。他在共和党全国大会期间的住宿费实际上是由美国保护性关税联盟（American Protective Tariff League）支付的（Lake，1988，p. 173n）。

[31] 这些行业于1914年成立了全美对外贸易委员会（National Foreign Trade Council），该委员会主要为促进出口和对关税进行灵活的协商而进行游说，并且是促成关税委员会（Tariff Commission）于1916年成立的一支强大力量。参见Dobson，1976，p. 83－93。

[32] 1922年法案还允许总统在关税委员会的建议下在50%范围以内提高或降低关税。但是委员会接到严格的指示说关税变更只能以平衡成本为目的，并且哈丁任命了3位著名的保护主义者作为新的委员。参见Dobson，1976，p. 87。委员会在20世纪20年代进行的调查产生了33项提高关税的建议，而削减关税的建议只有5项。参见Lake，1988，p. 169。

[33] 艾兴格林（Eichengreen，1989）指出，从邻国加拿大进口高质量的小麦、马铃薯、蛋类和奶制品，受威胁的主要是北部农场主，而内陆和南部地区的大部分农场主则不受

国际竞争的影响。

[34] 引自 *Congressional Record*，15 August，1949，12899。

[35] 史密斯本人支持对制造业进行保护。党纲声明“每项关税的税率应该严格等于国内和国外生产成本的实际差额再加上对美国工人工资的合理保障”。但是纲领同时提出，要支持那些“允许有效的竞争，反对垄断，同时创造明显的收益”的政策。还明确的把垄断和“特殊关税偏好”联系到了一起。参见 Schattschneider，1935，p. 8。

[36] 这一评价是由来自威斯康星州的改革党参议员罗伯特·拉·福利特（Robert La Follette）提出的（*New York Times*，25 March，1930）。

[37] 引自 Haggard，1988，p. 106。

[38] 对《互惠贸易协定法案》最典型的一个现有解释就是认为，这种权威的授予是因为国会立法人员通过“学习”意识到——在关税议案上互投赞成票并不能产生最佳政策（参见 Baldwin，1985；Goldstein，1986；Lohmann and O'Halloran，1994）。像施尼茨（Schnietz，1994）指出的那样，这种看法的一个主要的弱点就是投票记录显示出立法人员根本没有学习到什么：几乎所有在 1930 年给《斯穆特-霍利关税法案》投了赞成票的人在 1934 年都给《互惠贸易协定法案》投了反对票。另外一个观点指出，民主党进行了这样一个制度性的变革，目的在于通过把美国的削减关税与贸易伙伴的互惠性削减关税联系到一起来促进关税削减（参见 Bailey，Goldstein，and Weingast，1997）。这种解释的一个缺点是，它并没有合理的解释那时候党派政策立场的模糊性。关于不同观

点之间的争论，详见 Hiscox (1999)。

[39] 比如当 1934 年后半年宣布要和比利时进行贸易协商之后，总共有 86 个集团对委员会进行游说：48 个反对在一些商品上做出让步，21 个争取比利时的让步，还有 11 个仅仅是催促美国削减关税（Haggard，1988，p. 116）。

[40] 引自 Ratner，1972，p. 155。

[41] 政府还保证美国农业，特别是农产品的进口配额，不会受到协定的影响。

[42] 引自 *Congressional Record*，15 August，1949，12901。

[43] 为了在 1953 年获得共和党的支持，艾森豪威尔成立了一个由 10 名共和党国会议员和 7 名总统任命人士组成的特别委员会来讨论贸易协定问题。参见 Pastor，1980，p. 102。

[44] 1974 年的参议院投票显示出对授予总统权威有更多的两党联合的支持，可能是出于对外交政策的更多考虑。我还考察了 1974 年早些时候关于贸易法案的一个非常一般性的保护主义修正案举行的投票。该修订案规定，如果某些进口商品在前 5 年中的 3 年超过了国内该商品消费量的 33.3%，那么总统就没有权力削减对这些制造业商品进行的保护。针对这一议案的参议院投票情况看起来和众议院 1974 年针对一般性议案进行投票时的情况非常相似。

[45] 比如，美国制造商协会就对 1962 年的《贸易扩张法案》表示中立。根据对这些组织一些成员进行的采访，德斯特勒和奥德尔（Destler and Odell，1987）指出，从 20 世纪 60 年开始，他们在贸易问题上的分歧越来越严重，采取一致政治行动的效率下降了。

［46］支持和反对贸易自由化的游说活动都有所上升，参见 Destler and Odell (1987)。

［47］这一数据特别值得注意，因为听证会只涉及到是否应该授予总统签订贸易协定的权力这一问题，而在 1934 年之前，委员会只考虑对某一特定商品征收关税的问题。

［48］在这段时期（第 90 届国会），众议院筹款委员会商讨了 59 项关于钢铁进口的议案，47 项关于纺织品的议案，40 项关于牛奶和奶制品的议案，24 项关于鞋类的议案，还有 55 项议案要求总统设立全面的数量限制来帮助有困难的行业。(Pastor，1980，p. 125)

［49］该法规的支持者们（两个党派都包括）成功地把议案提交到众议院能源与商务委员会（House Energy and Commerce Committee)，该委员会的主席是来自密歇根州的民主党人约翰·丁格尔（John Dingell)，他是汽车行业的强烈支持者。参见 McGillivray and Schiller，1996，p. 17。众议院筹款委员会附属贸易委员会的主席是来自明尼苏达州的比尔·弗伦泽尔（Bill Frenzel)，他是自由贸易的忠实倡导者。

［50］蒙代尔在 20 世纪 80 年代以前一贯支持贸易开放，但是他也在美国联合汽车工会的压力之下对《汽车本地零件法案》表示支持，并且攻击里根政府没能果敢地对付日本人。在面对民主党中国际主义人士的批评时，他则是逐渐改变在竞选过程早期的强硬姿态，掠过贸易问题，强调美国经济问题的宏观经济原因的。参见 Destler，1992，p. 47。

［51］在同一次会议中，《美加自由贸易协定》获得两党联合支持而通过。该协定的最终版本中包括了足够的补偿和例外条款以平息任何真正的反对意见。最有可能因此协定受

损的行业（包括谷物、木材、石油和渔业）都包括在例外条款、延期、或新的保护之中。比如胶合板被列入例外条款；《贸易与竞争综合法案》废除了对石油征收的意外利润税，扩张了加强谷物出口的项目，并且针对一系列产品开展了不公平贸易调查。

[52] 像德斯特勒（Destler，1992，p. 178）指出的那样，民主党人在贸易问题上的摇摆不定在众议院新的多数党领袖格普哈特身上清楚地反应了出来。春天的时候他投票赞成延长快速立法权力，但是秋天的时候又重新平衡了一下他的立场，提出了针对日本的新的保护主义议案。

[53] 条款的内容详见 *New York Times*，11 and 17 November，1993。

[54] 新的预算规定要求所有减税项目都必须筹集全部资金，这一规定给该关贸总协定议案增加了障碍。克林顿政府想到一个办法，即向宽频收音机新波段的运行商们收取牌照费作为新收入的来源。不幸的是，这一举动使得该议案要经过商务委员会的裁决，而不是财政委员会。

[55] 参见 *New York Times*，16 November，1994。

第5章　英国

71 根据第1章中提出的理论以及第2章中给出的要素流动程度变化方面的数据，可以预测——两个世纪以来，英国由贸易问题引发的社会分化会和美国有着迥然不同的历史变迁模式。最重要的是，图2.1显示出19世纪上半叶英国的要素流动水平要远远高于所有其他的国家。那么我们可以预见，在其他条件相同的情况下，阶级联盟在英国的出现很可能也远远早于其他国家。我们还可以预测到联盟形式的变化：大约20世纪20年代的时候，行业间要素流动程度迅速下降，那么在贸易政治中，以阶级为基础的联盟应该会被更加强大的以行业为基础的联盟所取代。虽然根据阶级冲突来讨论英国的贸易政治是很常见的做法，特别是涉及到19世纪的时候（参见Rogowski，1989 and Verdier，1994)，但是本书中提出的理论预见了联盟形式的跨时变化。

表5.1总结了根据要素整体流动程度和对要素禀

表 5.1　　英国：理论预测与观测到的实际情况

时期	要素禀赋	流动程度	预测[a]	实际情况	
				以阶级为基础的政党和组织	行业集团
1815—1869 年	劳动力和资本充裕；土地稀缺	高	阶级联盟	自由党强烈支持自由贸易；保守党支持保护主义，但是 1846 年被皮尔派分裂	很少有独立活动；根据反谷物法案联盟联合到一起
1870—1914 年	劳动力和资本充裕；土地稀缺	高	阶级联盟	自由党和工党一致强烈支持自由贸易；保守党领袖抑制支持保护主义的成员	很少有集团在委员会前作证
1919—1939 年	劳动力和资本充裕；土地稀缺	中间持续下降	混合	保守党在鲍德温的领导下倡导提高关税，但是内部出现分歧；工党和英国劳工联合会议直到大萧条前一直支持自由贸易	大萧条开始之后，活动增加
1945—1994 年	劳动力和资本充裕；土地稀缺[b]	低	行业联盟	在关于是否加入欧共体和关贸总协定的投票过程中，保守党和工党内部出现分裂；英国工业联合会和英国劳工联合会议也存在内部分歧	积极的给规划机构施压以寻求支持

a. 如果预测为阶级联盟，则意味着以阶级为基础的组织在贸易问题上内部统一并采取一贯的立场，而行业集团并不活跃。如果预测为行业联盟，则意味着以阶级为基础的组织在贸易问题上内部分裂，采取模糊的立场（参见表 3.1）。

b. 采用 1966 年的数据，鲍恩、利默和斯维考斯卡斯（Bowen，Leamer，and Sveikauskas，1987）发现，英国各种类型的劳动力都很充裕（除了农业工人），但是各种类型的土地都很稀缺。与罗戈夫斯基的研究结果不同的是，他们发现英国资本相对稀缺。

赋的简单划分对英国进行的预测。[1]表中也简单总结了观察到的每个时期的实际情况，同样是涉及到以下几个方面：以阶级为基础的政党和活跃组织在贸易问题上的凝聚力指数，以及行业集团进行游说的程度。理论预测的结果和观察到的实际情况相当接近。从19世纪初到20世纪初，英国的要素流动程度一直很高，贸易政治中显现出稳定的阶级分化。但是从20世纪20年代开始，要素流动程度开始下降，以阶级为基础的联盟内部因为行业的不同而出现分裂，使得政党和活跃组织在贸易问题上出现了严重的内部分歧。

5.1 从拿破仑战争到1860年《英法贸易条约》

随着拿破仑战争结束之后贸易的复兴，英国国内在贸易问题上的争论主要集中在保护主义的《谷物法案》上，该法案限制了多种谷物的进口（包括小麦、
73 黑麦、大麦、燕麦、豌豆和蚕豆）。土地所有者们坚决捍卫这一法律（Toynbee，［1884］1958，p. 5）。要求进行改革的呼声主要来自于制造业厂商，特别是莱斯特和曼彻斯特的纺织行业厂商，他们急于降低劳动力成本（McCord，1958，p. 16）。这些制造业厂商成为1838年成立的反谷物法案联盟的领导阶层，其中棉花制造业厂商理查德·科布登（Richard Cobden）

是这一联盟中最著名的自由贸易倡导者。这一改革的呼声很快就得到了城市中产阶级以及工人阶级的广泛支持，并且赢得了工人阶级人民宪章改革运动（Chartist reform movement）的支持（他们在19世纪40年代组织了“更多面包”运动）（Magnus，1964，p. 65－66）。[2]

1832年颁布的《大改革法案》（Great Reform Act）改变了英国政坛，导致贸易争论的影响很快就在议会中显现了出来。[3]自由党（Liberal Party）和激进党（Radical Party）全力支持反谷物法案联盟，而保守党则强烈的反对任何支持贸易自由化的议案（McCord，1958，p. 17）。关于是否废除《谷物法案》的投票显示出非常高的平均党派凝聚力指数：1834年是78.6，1842年是84.1，而议会同一时期所有其他投票的凝聚力指数则相应的分别仅有67.9和58.4（见表5.2）。[4]科布登本人于1841年进入议会，打出了“必须给人民的面包免税！”的运动口号。反谷物法案联盟不断加强这一运动，宣传手册、请愿、公开会议和对工会的讲话铺天盖地而来，此外他们还创办了一份周报。

到19世纪40年代的时候，全国普遍的经济贫困给保守党领袖罗伯特·皮尔（Robert Peel）造成了很大冲击。他关于贸易政策的声明显示出他的保护主义信仰正在动摇（McCord，1958，p. 189-192）。

74 **表 5.2　下议院关于贸易议案的投票情况，1815—1869 年**

	法规	党派	同意	反对	凝聚力	平均凝聚力	总体凝聚力
1834 年	关于谷物法案的《休谟议案》(Hume Motion)	保守党	29	221	76.8		
		自由党（改革党）	126	45	47.4	78.6	67.9
1842 年	废除谷物法案的《维利尔斯议案》(Villiers Motion)	保守党	10	209	90.9		
		自由党（改革党）	33	184	69.6	84.1	58.4
1846 年	废除谷物法案的《皮尔议案》(Peel Motion)	保守党	84	222	45.1		
		自由党（改革党）	223	4	96.4	82.5	58.4
1860 年	支持与法国签订条约的演讲	保守党	22	44	33.3		
		自由党	260	12	91.2	88.9	58.5

资料来源：*Hansard Parliamentary Debates*, McCalmont (1895), and Dod (1834—1860).

1842 年，皮尔给谷物进口设定了滑准税。1844 年，为了试图缓解粮食危机，皮尔略微降低了滑准税税率，这一举动引起了土地所有阶级和保守党内部的强烈反对。[5] 但是，保守党支持者们的内部分歧也越来越严重，一些人完全依赖于农业生产，一些人则还投资了制造业和铁路，他们之间产生了冲突（Schonhardt-
75 Bailey，1991；Aydelotte，1962，p. 290 - 307）。皮尔自己在棉纺织业有所投资，因此反谷物法案联盟挖苦地说他“体内留着商人的血”。[6] 1844 年，反谷物法案联盟组织了一场新的反谷物法案请愿活动，请愿书上有 200 多万人签名。他们还在科芬园（Covent Garden）组织了一系列公开会议，并且创办了一份新的周刊——《经济学家》（*The Economist*），以增强改革的呼声。[7]

1845 年 3 月，科布登在下议院进行了一次具有历史意义的演讲，这一时刻似乎对皮尔来说具有决定性意义。[8] 1845 年马铃薯的歉收以及随后发生的粮食危机给了皮尔行动的理由。由于很多地方发生了饥荒，在这种情况下皮尔首相于 10 月召开了紧急内阁会议，提议停止对进口的限制。在内阁拒绝支持他的情况下，皮尔辞去了首相的职位。反对党领袖约翰·罗素勋爵（Lord John Russell）声明他支持废除《谷物法案》，但是他没能组成新的政府。因此皮尔再次出任首相，召开议会来商讨他的议案。

下议院议员们的投票模式反应出了在贸易问题上所形成的联盟。在关于是否废除《谷物法案》的投票中，平均党派凝聚力水平是 82.5。自由党内部非常团结，但是保守党内部却出现了分歧：一方是支持皮尔的保守党党员，一方是反对任何改革的保守党党员（保守派土地所有者）。是否废除《谷物法案》——分裂了保守党。皮尔的竞争对手本杰明·迪斯累里（Benjamin Disraeli）谴责皮尔是保守党的背叛者。遭受驱逐的皮尔派保守党成员（包括年轻的格来斯顿

(Gladstone)）最终投向了自由党（Bradford，1984，p. 159）。

英国党派政治的新格局对 19 世纪下半叶的国际贸易体系有着深远的影响。“纯洁化”的保守党（一直支持保护主义）在贸易问题上越来越遭到孤立，特别是在选举权更加普及之后。而自由党和他们的自由贸易纲领则获得了资本和劳动所有者们的广泛支持，处于优势地位。格来斯顿 1859 年正式加入了自由党，并于 1860 年出任英国首相。他的首项预算中就包括了《英法贸易条约》（Anglo-French Commercial Treaty），即《科布登-希瓦利埃条约》（Cobden-Chevalier Treaty），该条约废除了英国当时所有的保护性关税。

5.2 自由贸易与大英帝国时代

76 1867 年颁布的第二个《改革法案》（Reform Act）使选民人数增加了 2 倍。有更多的城市工人和中产阶级获得了选举权，因此支持自由贸易的阵营大大扩张（参见 Cox，1987，p. 10）。格来斯顿的自由党坚持倡导自由贸易，因此获得了选民的广泛支持。而保守党既不能忽视那些支持保护主义的农村力量，公开支持关税又等于是政治自杀。这是因为——与其他国家不同的是，英国从事农业生产的人数实在太少了，以至他们根本无法影响选举结果。[9]另外，保守党开始获得正在扩张的维多利亚中产阶级的支持，该阶级在劳工和社会问题上采取防御姿态，但是倾向于贸易开放（Ostrogorski，1902，p. 267－268）。

保守党领袖所做出的应对措施是在关税问题上采取模糊的立场。索尔兹伯里勋爵（Lord Salisbury）在1885年的大选中获得胜利之后，继续回避关税问题，只是非常试探性的支持对有不公平贸易行为的国家进行报复（Zebel，1940，p. 173）。1886年之后，又出现了另外一个理由促使保守党搁置贸易问题：当时，因为在爱尔兰自治问题上的意见分歧，自由联合主义者（Liberal Unionists Party）从格来斯顿的自由党中分离了出来加入了保守党，但他们持有强烈的自由贸易观点（Lubenow，1988）。保守党领袖禁止下议院的普通议员讨论贸易问题，并且避免任何关于改变现有贸易政策的讨论（Brown，1943，p. 65）。下议院关于贸易法规的投票只局限在那些对政策进行微调的议案，并且显示出极高的凝聚力指数：1881年是91.1，1894年是94.6，1897年是95.2，1906年是92.6（见表5.3）。

虽然有一些行业集团会为“公平贸易”进行游说，但是总体上来说政党所面临的行业集团的游说压力相当的少（Verdier，1994，p. 84－85；Zebel，1940，p. 161-185）。[10]当皇家贸易与工业委员会

77 **表 5.3　下议院关于贸易议案的投票情况，1870—1914 年**

	法规	党派	同意	反对	凝聚力	平均凝聚力	总体凝聚力
1881 年	里奇议案 (Ritchie Motion)	保守党（联合主义者）	6	69	84.3		
		自由党（工党）	142	7	90.9	91.1	82.5
1894 年	进口商品议案 (Foreign Goods (Mark of Origin) Bill)	保守党（联合主义者）	154	5	93.9		
		自由党（工党）	3	178	96.3	94.6	90.3
1897 年	外国监狱制造商品议案 (Foreign Prison Made Goods Bill)	保守党	219	5	95.8		
		自由党（工党）	2	78	95	95.2	91.2
1906 年	基特森议案 (Kitson Motion)	保守党	6	84	86.5		
		自由党（工党）	462	14	94.1	92.6	88.9
1911 年	关税改革修正案 (Tariff Reform Amendment)	保守党	209	8	92.7		
		自由党—工党	5	305	96.9	94.2	88.5

资料来源：*Hansard Parliamentary Debates*, and McCalmont (1895).

(Royal Commission on Trade and Industry) 在 1886 年进行调查的时候，仅有 11 个贸易组织做出了反应，并且其中 4 个并没有发表什么特别的意见（Verdier，1994，

p. 84－88）。但是保守党不能永远搁置贸易问题以掩饰他们内部的分歧。1903 年，下议院普通议员中有 27 名联合主义者支持鲍德温的关税改革计划（Tariff Reform Program），在贸易问题上挑战了保守党领袖。该计划遭到了农业地区的反对，但是联合主义者越来越关心帝国纽带（imperial ties）并且要求实行特惠贸易政策，因此他们努力推动这一计划（Verdier，1994，p. 140）。[11] 贝尔福（Balfour）内阁中的争论激化了党内原有的矛盾，分裂了保守党领导层。

但贝尔福避免正面回答这一问题并且尽量拖延时 78
间。1906 年大选的时候，他最终表示支持进行某些改革来提高农产品进口关税，但并没有详细说明是什么改革。保守党在那一年的大选中落败，并且在第一次世界大战之前又失败了两次。而自由党则与新成立的工党建立了良好的关系，获得了新的支持。在大卫·劳埃德·乔治（David Lloyd George）的领导下，自由党支配了英国的政治舞台。他们引入了养老金、疾病保险和失业津贴制度，并因其支持自由贸易和社会改革的政治纲领而获得了巨大的成功。[12]

1906 年以后保守党成为在野党，贝尔福继续在关税改革问题上含糊其辞。他逐渐倾向于保护主义立场，但是仍然拒绝制定政策计划，甚至在 1910 年的竞选过程中保证对粮食进口施加任何关税都要经过全民公投。1911 年，他辞去了保守党领袖职位，著名的关税改革

者博纳·劳（Bonar Law）取代了他的位置。虽然保守党党内两派（分别被称为“粮食自由者”和“极端主义者”）之间还存在分歧，但是据说博纳·劳1912年支持关税改革的声明赢得了出席全国大会的12 000名代表的欢呼喝彩（Peel，1913，p.165）。

5.3 两次世界大战期间的贸易政治

第一次世界大战结束之后，劳埃德·乔治领导下形成的战时同盟于1922年解散了，关税问题再次成为了争论的焦点，引发了自由党—工党联盟与保守党之间的激烈竞争。1923年大选过程中，鲍德温使得保守党对保护主义的坚持成为大选的焦点。虽然他忍痛保证不会对粮食进口施加新的关税（为了避免遭到“给胃征税”的恶名），但是保守党的政治纲领还是令他们损失惨重。在拉姆齐·麦克唐纳（Ramsay McDonald）的领导下，工党获得了胜利。[13]

79 1924年，新一届工党政府取消了保守党制定的帝国优惠制，废除了战时的《麦克纳关税》（McKenna Duties），并且中止了许多涉及到国防项目的安全性关税（Verdier，1994，p.175n）。工党—自由党联盟继续坚定地支持自由贸易，英国劳工联合会议也是如此（Lowe，1942，p.82-83）。遭受到失败的打击之后，保守党再次在贸易保护问题上畏首畏尾，并且在随后的几年里只支持对贸易政策进行的微调。当保守党 1925 年重新上台的时候，他们的首项行动就是恢复《麦克纳关税》，在国防安全性关税中又加入了几项商品，并且将帝国优惠制应用于这些关税。在 1929 年的大选中，鲍德温又将注意力聚焦于关税问题，他保证保守党将支持原来的关税改革计划，保证对制造业商品施加新的关税，并且加强帝国优惠制。在麦克唐纳的领导下，工党—自由党联盟再次取得了巨大的胜利。

经济萧条的来临使人们开始怀疑麦克唐纳的政策，自由党—工党联盟也因国有化问题而分崩离析。保守党于 1931 年开始执政，并获得了中产阶级的广泛支持。在商业集团中间，原来的一致意见开始消失，越来越多的行业集团开始进行游说活动以获得行业"租"(Turner 1984, p. 48; Verdier, 1994, p. 176)。分裂了的英国产业联盟（Federation of British Industry）开始支持关税。而英国劳工联合会议还是一致的支持自由贸易（Carr and Taplin, 1962, p. 341; Boyce, 1987, p. 124 - 125)。但是 1930 年之后，毛纺织业和钢铁行业的主要联盟开始寻求特别的保护（Verdier, 1994, p. 174)。

1932 年，新一届保守党政府通过了《进口关税法案》（Import Duty Act)，该法案给众多关键商品施加了 33.3%的关税，同时给所有其他进口商品施

加了10%的关税，只有很少例外。与这一时期其他关于贸易法规的投票一样，关于1932年议案的议会投票显示了党派凝聚力水平明显下降：1921年平均凝聚力指数为66.3，1924年为58.0，1932年为67.8（见表5.4）。

80 **表5.4　下议院关于贸易议案的投票情况，1919—1939年**

	法规	党派	同意	反对	凝聚力	平均凝聚力	总体凝聚力
1921年	产业安全法案（Safeguarding of Industries Act）	保守党	221	87	43.7		
		自由党—工党	91	5	89.8	66.3	87.2
1924年	麦克纳关税修正案（McKenna Duties Amendment）	保守党	68	180	45.6		
		自由党—工党	210	41	67.5	58	88.6
1932年	进口关税议案	保守党	341	12	93.6		
		自由党—工党	101	50	33.8	67.8	90
1937年	英美贸易协定（Anglo-American Trade Agreement）	保守党	30	184	72		
		自由党—工党	88	41	36.2	56.5	88.1

资料来源：*Hansard Parliamentary Debates*.

5.4　战后时期

20世纪60年代，保守党和工党都支持一项规划项目，其中就包括给受到贸易影响的主要行业进行补贴，这一措施是为了平衡关贸总协定所带来的关税削减（Blank，1978；Verdier，1994，p. 265）。这一措施迎合了个别行业所进行的游说活动，同时也掩盖了两党内部的深刻分歧。事实上，主要行业的贸易组织和工会被赋予了接近规划部门的特殊权力，以确保他们的要求能够得以满足。[14]

在哈罗德·威尔逊（Harold Wilson）的领导下，工党 1964 年从保守党手中夺回了领导权，此后他们通过有选择性的补贴，给英国的主要行业注入了大量资金。工党在英国政府中成立了一个新的经济部（Department of Economic Affairs）作为规划权威，取代了由保守党 1961 年成立的独立的全国经济发展委员会（National Economic Development Council）。1966 年的《产业发展法案》（Industrial Development Act）以投资税收鼓励政策取代了行业补贴，并且在判断如何分配政府优惠政策上增强了部级部门所发挥的作用（Ganz，1977，p. 25－36）。同时，工党创立了工业改组公司（Industrial Reorganization Corporation，IRC），旨在鼓励通过国家参股和咨询进行合并（Hayward，1974，p. 142）。

日益严重的党内分歧把工党分为了两派，即工党温和派和比万（Bevanite）领导的左派，后者和强大的采矿、钢铁以及纺织业工会有所联系，呼吁不顾关贸

总协定单方面提高关税，并且强烈反对英国加入欧共体。英国劳工联合会议内部的不同行业之间也存在明显的分歧，因此在贸易问题上犹豫不决（Rose，1980，p. 233；Hall，1986，p. 60）。威尔逊1967年申请加入欧共体，但是当左翼力量在党内壮大之后，他却对希思（Heath）政府1971年要求加入欧共体的申请表示了反对（Nairn，1972）。当1971年下议院针对加入欧共体问题进行投票表决的时候（见表5.5），工党的党派凝聚力指数仅有46.5（69票赞成，189票反对），保守党的凝聚力指数是75.7（282票赞成，39票反对）。

81 **表5.5　下议院关于英国加入欧共体问题的投票情况，1971年**

	法规	党派	同意	反对	凝聚力	平均凝聚力	总体凝聚力
1971年	加入欧洲共同体	保守党	282	39	75.7		
		工党	69	189	46.5	66.5	91.3

资料来源：*Hansard Parliamentary Debates*.

另一方面，保守党内部在贸易政策上也出现了逐步紧张的局势。当希思政府为了应付20世纪70年代早期的工业衰退而对主要行业进行有选择性的保护时（Ganz，1977，p. 40；Young and Lowe，1974），却在政党会议上遭到了强烈的批评（特别是来自于小行业的批评）（Gamble and Walkland，1974，78 - 81；Grant，1980）。由于控制了英国工业联合会（Confederation of British Industry，CBI）的许多大行业在积极寻求进口壁垒和产业干预，因此这种有选择性的保护得到了那些和大行业联系紧密的党员们的支持。但是那些与出口行业和小行业联系密切的保守党党员则公开反对这样的选择性保护。1973 年，一些保守党下议院议员在党内成立了小行业局(Small Business Bureau)呼吁减少干预。

威尔逊领导工党于 1974 年再度掌权，他知道，在是否加入欧共体问题上产生的内部分歧只能通过举行全民公投来解决。公投之后(67%赞成加入欧共体)，工党逐步提升了他们的中央统筹管理。工党创立了全国企业管理委员会(National Enterprise Board)，新组建的工业改组公司迅速地把英国莱兰(British Leyland)、劳斯莱斯、弗伦蒂(Ferranti)和艾尔弗雷德·赫伯特有限公司(Alfred Herbert Ltd.)从破产的危险中挽救了出来(Young，1978)，并且开始建立国家和企业之间的规划协议，使得遵循国家发展目标的企业可以获得补贴和税收补助(Wilks，1981)。根据卡拉汉(Callaghan)的"新产业战略"，英国劳工联合会议和英国工业联合会负责在各个主要行业中成立由贸易组织、工会和政府代表组成的工作小组。这一措施给行业集团提供了一个直接的游说渠道来寻求非关税形式的保护。很快就对电子消费品、针织品，纺织品和鞋类施加了新的进口配额。

当保守党在撒切尔的领导下于 1979 年重新掌权

的时候，党内代表小行业的派别倾向于政府采取放任自由的贸易政策。他们开始施行一个私有化计划——降低地方性补贴，裁减那些贸易与工业部(Department of Trade and Industry)中负责规划的部门(Shepherd，1987，p. 169 - 174)。但是同时他们增加了对关键高科技行业的选择性补贴，指导政府采购计划支持这些行业，并且签订了针对汽车和电子设备的自愿出口限制。新任命的信息技术部部长负责促进微电子、光纤和卫星领域的出口(Hall，1986，p. 113)。[15] 由于保守党右
82 翼势力的声音越来越强大，因此保守党内部在欧洲一体化问题上的分歧持续扩大。1994 年，豪勋爵(Lord Howe)在党内成立了一个支持欧洲一体化的小组，以对抗日益膨胀的反欧洲情绪。[16]

工党的支持者们在贸易政策上的分歧持续扩大。当左翼势力成功的在 20 世纪 80 年代使得党派政治纲领激进化之后，他们再次提出要退出欧共体并且建立进口壁垒(参见 King，1977)。80 年代后期左翼势力渐渐得到了控制，工党在温和派的尼尔·金诺克(Neil Kinnock)的领导下放弃了极端的立场，但是深刻的分歧依然存在。90 年代的时候，热切盼望深化欧洲合作和国际一体化的右翼“现代化主义者”与左翼的“传统主义者”之间展开了争夺党内领导权的激烈竞争，使得工党内部在贸易政策上的深刻分歧再次浮现出来。

5.5 结论

对英国贸易政治的研究显示出——实际情况和我们根据要素流动程度所预测的结果非常吻合。19 世纪 30—40 年代的废除《谷物法案》之争，促使英国在 19 世纪早期——根据不同要素所有阶级之间的分化——形成了新的政治格局。19 世纪下半叶（直到 1914 年），贸易政策之争的主要特点是高度团结的政党和活跃组织——有一个问题需要注意：保守党内部产生了分歧并不是因为他们的政治立场不同，而是在争论——在提高关税几乎必然会导致选举失败的情况下是否还应该在竞选过程中提及关税问题。

20 世纪 20—30 年代发生了政治上的重新结盟，此后保守党和工党在贸易问题上的内部分歧都日益严重，都经历了党内不同派别之间在欧洲一体化问题上的争论。英国工业联合会和英国劳工联合会议也都存在严重的内部分歧。在“新的集团政治”中，行业集团越来越有影响力，而对立政党的领袖在贸易政策问题上都采取了类似的模糊立场：支持有选择性的干预和非关税手段。

[注释]

[1] 这里采用了同前一章一样的方法来区分要素流动程度的“高”（工资的变差系数低于 12）和“低”（变差系数高于

16)。对要素禀赋的分类也主要根据 Rogowski (1989)。

[2] 人民宪章运动(Chartist movement)支持选举改革,他们担心反谷物法案联盟会吸引走一部分他们的支持者,因此人民宪章运动领袖和反谷物法案联盟组织者之间存在激烈的竞争。参见 Longmate,1984,p. 81－95。人民宪章运动中比较激进的那部分人非常不信任制造业厂商。

[3] 改革法案废除了小且无用的自治市镇,增加了新的郡,使之囊括了西区(West Riding)的大工业城市,并且使选民总人数增加了 50%～80%。参见 Cox,1987,p. 10。选民人数的增加是政党走向联合的主要促进因素,而人民宪章运动和反谷物法案联盟则是英国具有广泛群众基础的政党之先驱。参见 McKenzie,1963,p. 13。

[4] 投票数据和政党从属信息的资料来源是 *Hansard Parliamentary Debates* (1834－1971), *McCalmont's Parliamentary Poll Book of All Elections* 1832－1895(1895), 以及 *The Parliamentary Companion* (Dod 1834－1860)。笔者随机抽取了相关年份所有投票的 10%作为样本得出总体凝聚力水平。

[5] 滑准税规定,当国内谷物价格低的时候收取高关税,允许当国内价格超过某一设定水平时降低关税。这一调整略微降低了关税率,并且规定制造业商品的最高关税率为 20%。

[6] 引自 McCord,1958,p. 194。

[7] 应该提一下的是,行业集团在这些重大的政策辩论中很少或者根本没有发挥什么作用。19 世纪 30—40 年代,大部分比较引人注意的集团仍旧是地区性的贸易组织,他们的作用仅限于给反谷物法案联盟提供资金以及给他们的请愿活动扩

张声势。参见 Kirby,1977,p. 11。

[8] 根据一项记录:

首相聚精会神地倾听每一句话;随着论述的进行,他的面部表情变得越来越严肃。据附近的旁观者说,最后首相攥紧了自己记下的笔记,对他旁边的西德尼·赫伯特(Sidney Herbert)说:"你必须回答这个问题,我做不到。"(Morley,1881,p. 318)。

[9] 像德贝勋爵(Lord Derby)所说的那样,工人阶级"如果愿意,票数能够胜过其他所有阶级的总和"(引自 McKenzie,1963,p. 147)。

[10] 在争取公平贸易的斗争中,糖业是孤单的领导者:国内糖业因为国外对甜菜糖进行补贴而遭受到损害,英国糖提炼者协会(British Sugar Refiners Association)(依赖于来自西印度群岛的蔗糖)及其工人(他们成立了废除国外糖业补贴全国工人联合会)在 19 世纪 80 年代要求实行反补贴税。虽然保守党在执政期间提出了反补贴议案,但是为了在选举中不冒风险,他们最终撤销了该议案。参见 Brown,1943,p. 29 - 57。

[11] 关于行业集团游说在关税改革运动中发挥的微弱力量,请参见莫里森(Marrison, 1983)对赛弥(Semmel,1960)和伦佩尔(Rempel,1972)做出的回应。当关税改革计划的支持者们 1904 年成立了一个由私人资助的非官方委员会来讨论关税改革的时候,响应他们的集团数量非常少。只有 9 个贸易组织和 8 个农业集团在委员会的要求下作证。而在委员会选择研究的 13 个制造业行业中,有 8 个行业根本就没有派代表出席听证会。参见 Verdier,1994,p. 140。

[12] 进行社会改革的资金来自于增加的财产和收入所得

税,这一改革加速了资本家们从支持自由党到支持保守党的转变。虽然他们倾向于自由贸易,但是反对提高税收。关于在那几年开始的党派支持者的重新结盟,请参见 Belwett (1972)。

[13] 事实上,在 1921 年,在世界农产品价格开始下降的情况下,作为原联合政府一部分的保守党却帮助废除了农产品价格保证;参见 Whetham,1974,p. 36 - 49。到 1923 年,全国农民联盟(National Farmers Union)从要求施加关税转为要求保守党支持对农产品进行补贴的计划。

[14] 参见 Hall,1986,p. 56;Grant,1980;Shonfield,1965,p. 151 - 152;Hayward,1974,p. 401。这就是比尔(Beer,1965)所称的英国的"新集团政治"的一个主要特点。

[15] 贸易与产业部(Ministry of Trade and Industry)部长迈克尔·赫塞尔廷(Michael Heseltine)把他的部门划分成负责帮助不同行业的几个部门,并且成立了一个新的产业竞争力部门。在 1992 年的党内会议上,他保证"在早饭前、午饭前、下午茶前和晚饭前都进行干预"(引自 *The Economist*,30 January,1993)。

[16] 参见 *Financial Times*, 5 December,1994。

第 6 章　法国

根据理论预测，上两个世纪法国由贸易问题引发 83
的社会分化与前两个国家迥然不同。第 2 章中提供的资料显示，在上两个世纪的几乎全部时间里，法国的行业间要素流动程度都远低于其他 5 个国家。那么根据本书中提出的理论，在把其他视为常量的情况下，法国会比其他国家都更容易在贸易问题上出现以行业为基础的社会分化，如果不出所料的话在贸易政治的舞台上应该不会出现什么强健的阶级联盟。资料显示，只是在两次世界大战期间法国的行业间要素流动程度才略微有所提高，可能只有在这段时期内法国的贸易政治中才会出现阶级联盟。但是就大部分时间来说，法国都与众不同，是一片孕育行业联盟的沃土。

研究证明，法国的实际情况和我前面对法国贸易政治的推测非常吻合——游说集团在不同历史时期都发挥了重要的作用（Smith，1980；Milner，1988；Verdier，1994）。表 6.1 总结了预测的情况和实际观

148

表 6.1　　法国:理论预测与观测到的实际情况

时期	要素禀赋	流动程度	预测[a]	实际情况	
				以阶级为基础的政党和组织	行业集团
1815—1869 年	劳动力和资本充裕;土地稀缺	低	行业联盟	无法获得	活动积极;各种行业集团向议会递交了大量请愿书
1870—1914 年	劳动力和资本充裕;土地稀缺	低	行业联盟	共和党、拿破仑主义者、君主制主义者以及激进党都存在内部分歧;社会党支持自由贸易	活动积极;行业集团游说成为影响议院关税听证会结果的主要力量
1919—1939 年	劳动力和资本充裕;土地稀缺	中等	混合	党派忠诚度有所上升;社会党倾向于进行贸易自由化改革;激进党表示反对,并且结束了人民阵线	行业集团积极进行游说活动给委员会施加压力要求进行关税改革和条约交涉
1945—1994 年	劳动力和资本充裕;土地稀缺[b]	低	行业联盟	戴高乐主义者和社会党在贸易和加入欧共体问题上存在内部分歧,法国农业经营者工会联盟和法国全国雇主理事会也是如此;法国总工会比法国民主工联更支持保护主义	密集的行业游说主导了规划过程

a. 如果预测为阶级联盟,则意味着以阶级为基础的组织在贸易问题上内部统一并采取一贯的立场,而行业集团并不活跃。如果预测为行业联盟,则意味着以阶级为基础的组织在贸易问题上内部分裂,采取模糊的立场(参见表 3.1)。

b. 采用 1966 年的数据,鲍恩、利默和斯维考斯卡斯(Bowen, Leamer, and Sveikauskas, 1987)发现,法国各种类型的劳动力都很充裕(虽然农业工人相对来说最不充裕),但是可耕土地稀缺。与罗戈夫斯基的研究结果不同的是,他们发现法国资本相对稀缺。

察到的情况，重点还是关注以阶级为基础的政党和社会组织在贸易问题上的凝聚力程度，以及行业集团进行游说的程度。经过这样简单的总结，我们可以看到理论预测与实际情况的确非常吻合。整体上来说，要素流动程度低与法国贸易政治中存在大量强大而活跃的行业联盟相一致。即便政党特意迎合某个阶级的选民时，他们在贸易问题上也通常存在内部分歧。代表商业、劳工和农业利益的社会组织在贸易问题上也存在类似的内部分歧。

6.1 从 1815 年到拿破仑时期

1815 年之后的一段时期里法国社会动荡不安，缺乏民主制度和党派竞争，这使得检验 19 世纪上半叶法国的政治情况是否符合理论预测变得很困难。但是可以清楚地看到，不论政治制度如何变化，行业集团的游说活动一直都很活跃。路易十八统治时期，在一组代表农业利益的人士（由酿酒商和丝绸生产者所领导）努力争取贸易自由化的情况下，谷物行业还是赢得了更高的关税（Caron，1979，p. 95 - 97；Brogan，1967，p. 405）。资本家们在贸易问题上也存在分歧。在要求保护的呼声中，最强烈的来自于圣艾蒂安技术与制造业咨询会（Chambre consultative des arts et manufactures of Saint-Etienne），其成员主要 85

是钢铁生产者（Caron，1979，p. 94）。而另一方面，里昂的丝绸业、波尔多（Bordeaux）和勒阿弗尔（Le Havre）的商人则公开支持贸易自由化（Smith，1980，p. 18）。尽管路易十八倾向于低关税，但是在1814—1826年间，法国议会还是投票支持禁止制造业商品的进口，并且给谷物和其他粮食施加了进口关税（Clough，1939，p. 60）。

七月王朝（July Monarchy）统治时期，各种请愿书涌入议会，行业集团还直接派代表去巴黎（Gille，1964，p. 209 - 249；Verdier，1994，p. 98）。1834年关于贸易的一项全国调查发现，许多贸易委员会都非常支持保护主义（其中包括那些代表纺织工人和铁生产者的委员会），但是商界和出口行业（比如精细纺织品和金属商品行业）则坚决支持更加自由的贸易（Caron，1979，p. 96；Smith，1980，p. 90）。整体上来看，相对于地方性小城市的制造商来说，巴黎、里昂和马赛等国际化大都市的制造商们更加支持贸易自由化改革（Ratcliffe，1978，p. 65）。

继英国1846年发生废除《谷物法案》的巨大变革之后，波尔多的酿酒商们首先在法国创立了自由贸易组织。另一个以巴黎为基地的自由贸易组织很快就在经济学家弗雷德里克·巴师夏（Frédéric Bastiat）的领导下也加入到了这场争取自由贸易的斗争中。巴师夏1844年创作了一系列优秀的散文来宣扬贸易自由化，发表于《经济学家学报》（*Journal des économistes*）。[1]该组织开始效仿英国的反谷物法案联盟：发起请愿活动，主持公开会议，发放宣传手册和报纸（*Le libre échange*）。但是，与反谷物法案联盟不同的是，该组织从来没能调动一整个阶级来支持它（Russell，1969，p. 97 - 98）。[2]

1847 年初，要求改革的呼声促使基佐（Guizot）大臣向议会提交了一份降低关税的议案。但是审查这一议案的委员会是由著名的保护主义者阿道夫·梯也尔（Adolphe Thiers）所领导的，这一对自由贸易持极度敌对态度的委员会摒弃了这一改革议案。[3]显著的贸易政策改革只有在拿破仑统治时期才得以实现。1860 年以前，拿破仑曾经几次试图在他的改革方案中加入通过选举产生立法团（Corps législatif），但是 86
保护主义者们（特别是那些纺织、煤和铁行业的代表以及大庄园所有者）对他的主要提议表示反对（Dunham，1930，p. 18 - 38）。在希瓦利埃的建议下，拿破仑转为在 19 世纪 60 年代签订一系列双边贸易协定，其中最初的标志性协定就是 1860 年与英国签订的《英法贸易条约》。[4]但是抗议活动最终迫使政府采取一系列措施来帮助那些因为这些协定而受到侵害的特殊利益集团，其中包括对土地所有者进行补贴以及给工业提供贷款（Fohlen，1956，p. 293；Dunham，1930，p. 150）。

6.2 第三共和国时期的贸易政治

第二共和国瓦解之后，复杂的多党体系于19世纪70年代开始在法国形成。到1872年，有8个主要党派参与选举竞争。在关税问题上，党派立场模糊，下议院（Chamber of Deputies ）的投票情况反映出了党派内部存在的分歧（Gourevitch，1986，p.104；Elwitt，1975，p.270－272）。右翼势力中，大部分拿破仑主义者继续坚定地支持自由贸易；而各种不同派别的君主制主义者则倾向于给农产品施加保护性关税——内部分歧也会因为贸易对不同的土地所有者有不同的影响而出现。左翼势力中，社会党整体上来说支持更加自由的贸易，而激进党则立场相对模糊（Verdier，1994，p.101）。获得城市商业和中产阶级大力支持的共和党是议会中处于主导地位的中间派，他们在关税问题上的内部分歧尤为严重。在关于贸易问题的投票中，平均党派凝聚力指数在1872年只有24.5，1878年是29.7，1892年是47.1（见表6.2）。[5]

1878年，当法国要与英国和比利时更新贸易协
87 定的时候，这种意见分歧更加严重了。议会召开听证会的时候简直淹没在游说者的游说之中。[6]要求保护的行业不仅单独进行游说，同时也在法国工业协会（Association de l’industrie française，AIF）的领导下联合进行游说。法国工业协会中最主要的成员是纺织行

表 6.2　关于贸易法规的国民议会下议院投票情况，1870—1914 年 88

	法规	党派	同意	反对	凝聚力	平均凝聚力	总体凝聚力
1870 年	布拉梅质询 (Brame Interpellation)	拿破仑主义者	13	155	84.5		
		中间偏左(Center Left)	12	31	44.2		
		温和共和党 (Moderate Republican)	3	18	71.4	58.1	70.1
1872 年	原材料税	极端右(Extreme Right)	8	20	42.9		
		拿破仑主义者	2	14	75		
		右翼	61	67	4.7		
		中间偏右	67	59	6.3		
		中间偏左	55	45	10		
		温和共和党	75	27	47.1		
		联盟共和党 (Union Republican)	24	21	6.7	24.5	65.8
1878 年	同意大利的协定	拿破仑主义者	20	54	45.9		
		右翼	45	3	87.9		
		中间偏左	23	28	9.8		
		温和共和党	94	87	1.6		
		联盟共和党	20	26	13		
		激进党	16	19	8.6	29.7	64
1892 年	梅利纳关税 (Meline Tariff)	极端右	16	18	5.9		
		右翼	117	5	91.8		
		温和共和党	183	27	74.3		
		激进党	52	48	5.5	47.1	66.2

（续前表）

	法规	党派	同意	反对	凝聚力	平均凝聚力	总体凝聚力
1910年	关税	无党派人士（Independent）	24	1	92		
		自由同盟（Liberal Alliance）	50	4	85		
		国民共和党（National Republican）	5	5	0		
		进步共和党（Progress Republican）	17	7	41.7		
		共和党联盟（Republican Union）	26	4	73.3		
		民主共和党	30	7	62.2		
		民主党左翼	26	3	79.3		
		激进党	83	7	84.4		
		社会党—激进党（Socialist-Radical）	117	11	82.8		
		议会社会党（Parliamentary Socialist）	19	4	65.2		
		革命社会党（Revolutionary Socialist）	11	35	52.2	62.5	83.9

资料来源：Verdier（1894），*Annales de la chambre des députés*（1871—1910），and Jolly（1977）.

业厂商：特别是棉花、亚麻生产者以及黄麻和粗麻布生产者。钢铁行业和煤矿行业也是法国工业协会的主要参与者。[7]另一方面，支持自由贸易的呼声大部分都来自于主要的贸易、金融和运输中心：包括巴黎、里昂、马赛、波尔多、勒阿弗尔和南特。一些主要工业部门也参与其中——包括羊毛和丝绸行业以及酿酒商。在他们的共同努力之下一个自由贸易协会（Association pour la défense de la liberté commerciale）于1878年成立，以对抗法国工业协会。[8]大约有73个不同的行业集团提供了证词，其中包括法国工业协会和自由贸易协会的几乎每一个成员集团。

当委员会于1879年提交议案时，游说活动就又活跃了起来。法国工业协会、自由贸易协会以及主要行业集团一起给准备投票的部长和代表们施压。主要行业的管理者和工人组成了委员会来联系代表和散发请愿书（Smith，1980，p. 160－163）。来自里昂、波尔多和圣艾蒂安的自由贸易协会代表团在议案审议期间一直居住在巴黎；纺织行业代表和铁行业代表每天在法国工业协会的巴黎总部进行会晤。据《北方回声报》（*Echo du Nord*）报道："所有对这一议案感兴趣的人现在都有代表在巴黎，全都摩拳擦掌、蓄势待发"。[9]议会中来自城市的保护主义者与农业集团达成了协议，通过支持对农产品施加更高的关税来换取农业集团对工业保护政策的支持。但是，自由贸易者们成功地阻止了这一计划的顺利实施，最终促成了一项折中的法律。该法案最终于1882年获得通过——对关税进行了微调，并且允许继续签订贸易协定。[10]

19世纪80年代晚期，各种双边贸易协定又即将到期了，而此时长期的农业衰退促使更多的农民以及法国农业协会（Société des agriculteurs de France，SAF）支持保护主义（Golob，1944，p. 43）。1888

年，法国工业协会和法国农业协会因为 1889 年议会选举的迫近而同意进行诚挚的合作。正陷入同君主制主义者和教权主义者（clericalist）的竞争中的共和党正是通过迎合这一新的城乡联盟而把农村选民从保守派右翼势力那里吸引了过来。在这一时期的法国政坛中，最严峻的挑战就是把不同的集团联合到一起组成庞大的选举支持阵营。因为这些不同的集团都要求对他们自己所处的行业进行保护，而不希望对其他的行业有所保护。1889 年选举之后，由梅利纳（Méline）领导的新一届共和党政府设计了一个妥协方案，向主要工业行业保证——免征关键原材料的进口关税，同时给一系列农业生产者和制造业厂商提供新的支持措施（Verdier，1994，p. 126；Smith，1980，p. 151 - 181）。这一妥协方案不仅考虑到了要平衡各方利益使得工业和农业的保护主义者们都满意，而且还照顾到了那些依赖贸易和出口的工商业团体，他们的人数也不可忽视。[11]

90 这一妥协方案使得贸易问题不再是政治争论的焦点，并且帮助共和党支配法国议会直到第一次世界大战。这一妥协方案的成功还激励了行业集团单独进行寻“租”活动。1892 年之后，游说活动成功地促使一系列修正案获得通过——每次修改某一种商品或一些类似商品的关税。1892—1910 年间，大约总共有 30 多次这样的修改（Golob，1944，p. 234 - 235）。

6.3 两次世界大战期间

1919年后，议会延长了战时法规，规定政府有权根据汇率的波动来调整关税，并且行业集团能够在很大程度上影响负责设定关税税率的顾问委员会（Verdier，1994，p. 164）。[12]执政的共和党和激进党试图维持梅利纳关税所实现的不同利益之间的平衡。但是，劳工代表们却开始表现出日益明显的阶级情绪：社会党、共产党、工会组织，以及法国总工会（Confédération générale du travail，CGT）都倾向于增强开放程度（Verdier，1994，p. 162）。

对原有的妥协方案的首次重大挑战出现在1924年——那一年工业利益成功地争取到——对一系列初级商品和半成品进行出口控制的政策，以应付货币贬值带来的通货膨胀。[13]受到侵害的出口行业很快组织起来进行反抗，其中共和党和激进党中的农业支持者首当其冲。1926年法郎的稳定以及随后对出口控制的解除结束了这场不分输赢的争斗。1928年议会通过了与德国签订的新的工农业关税。议会投票情况显示出大部分党派都支持这种平息纷争的妥协方案，并且党内凝聚力水平与前几年相比有所上升（见表6.3）。

91 **表 6.3　　关于 1928 年关税的下议院投票情况**

	法规	党派	同意	反对	凝聚力	平均凝聚力	总体凝聚力
1928 年	关税	革新与民主同盟(URD)	114	7	88.4		
		左翼共和党	76	7	83.1		
		激进党	16	6	45.5		
		社会主义激进党 (Socialist Radical)	117	5	91.8		
		共和社会党 (Republican Socialist)	19	6	52		
		社会党	26	6	62.5		
		共产党	0	21	100	72.5	81.5

资料来源：*Annales de la chambre des députés* (1871—1910), and Jolly (1977).

1930 年商品价格的大幅度下降动摇了共和党的统治地位。施特格政府（Steeg government）因为不愿意在城乡利益之间做出抉择而处于瘫痪境地，最终于 1931 年垮台。新的激进党政府对一系列农产品施加了进口配额（以避免违反条约中关于关税税率的条款），并且在 1933 年进一步加强了进口配额，但是仍旧没有能够挽回经济危机。1936 年，激进党和社会党（由布卢姆（Blum）领导）以及共产党联合起来成立了一个新的联盟——人民阵线（Front Populaire）（Wright，1964，p. 64；Dupeux，1959）。

这一联盟表面上使得工业和农业联合起来同商界

（以及法西斯主义者）相对立，但是事实上内部冲突一直不断。当时政府的经济政策以一个简单的协定为中心：工人接受农业价格支持，相应的农民则接受社会福利和工会权力条款。马提翁协定（Matignon Accord）的确确立了工会权力、限制了工作周数，并引入了退休金和带薪休假制度，但是紧张局势很快就浮现了出来。共产党拒绝同意法郎贬值，除非取消农产品的进口配额并且削减进口关税（Verdier，1994，p. 162－163）。而激进党则拖延了社会党关于对小麦价格进行国家宏观调控并根据货币贬值情况调整了小麦保证价的计划（Wright，1964）。社会党还提出了另外一项改革计划，旨在使农业劳动者和佃户们在与土地所有者打交道时能够获得更多的好处，这一计划使得冲突愈演愈烈。1936 年底，农场主们在巴黎举行抗议活动，农业集团也反对激进党对人民战线的支持。

1937 年初，布卢姆要求议会授予其广泛的应对紧急情况的权力以制定经济政策。上议院的激进党预料到这会降低对农业的保护程度，因此放弃了人民战线，否决了这一法规。布卢姆于 7 月又尝试了一次但又遭到了同样的反对，随后辞职。新一届激进党政府在肖当（Chautemps）的领导下接管政权，恢复了原来的关税和配额，并且设法获得了共和党和商业利益的支持（Sauvy，1984，p. 151）。[14]

6.4 第五共和国时期的贸易政治

在右翼和中间偏右势力的连续统治之下，20 世纪 50—60 年代贸易政治几乎没有什么党派味道。在法国，一个旨在优先发展重工业并实行进口替代战略的国家计划经济体系从琼·莫内（Jean Monnet）设计的战后重建项目中发展了出来。1958 年创立的欧洲经济共同体限制了对关税的随意更改，使得贸易政策的焦点转移到了产业政策上。1958 年宪法改革之后获得商界大力支持的戴高乐主义者（Gaullist）稳固地控制了政权。在此之后，贸易政策越发明显地反映了来自行业集团的游说压力，或是要求保护，或是要求促进出口。

各种官僚机构很快就开始成为不同行业“雇主”的内部说客，使得行业集团强有力的影响着经济计划制定过程（Hall，1986）。的确，事实上，20 世纪 60—70 年代许多贸易协会和那些为了监管他们而创建的政府部门合并到了一起（参见 Mytelka 1982）。[15] 20 世纪 70 年代，鞋、手表、钟表和电视行业的发展计划，是由贸易协会制定的，贸易协会甚至能够直接和外国生产者及政府商讨建立自愿进口限制（Milner，1988，p. 198）。

1957 年关于创建欧洲经济共同体的投票中，各

160

党派虽然很好地团结在了一起，但是它们之间的分歧很快就在政府干预程度和欧洲一体化问题上显现了出来（见表6.4）。同时，各个阶级的内部分歧也越来越严重。虽然商业组织法国全国雇主理事会（Conseil national du patronat français，CNPF）坚决支持戴高乐主义者，但是商界在贸易和产业政策问题上存在分歧。像英国一样，密集程度高的大工业倾向于通过游说获得租金，而小商业则不是，它们两者之间存在明显的分歧（Hall，1986，p. 169－170）。负责管理补贴的法国财政部（Ministry of Finance）20世纪60年代之前就已经接收到了大量请求帮助的申请，而拥有足够政治影响力的企业和集团则绕过了这些过程，直接向内阁或总统寻求帮助（Verdier，1994，p. 248）。在小商业者的努力之下，法国全国雇主理事会1965年通过了公然抨击计划体制的自由宣言（liberal manifesto）。大工业很快起来反对这一宣言，使得全国雇主理事会于1968年解散。1970年，原法国全国雇主理事会在大企业的控制下进行了改革，以参与第六计划（Six Plan）的商讨。

农民们在贸易政策问题上也存在严重的内部分歧。组成全国农业经营者工会联合会（Fédération nationale des syndicats des exploitants agricoles，FNSEA）的40来个农业集团在贸易问题上就有很多不同的立场（Safran，1985，p. 107－118）。虽然其

中包括谷物和奶制品生产者在内的许多集团支持保护主义并游说政府顶住国际压力，维持价格支持，但是以出口为导向的酿酒商和油种子种植者在政治游说上也毫不示弱。为避免冲突，全国农业经营者工会联合会一直试图避免在贸易问题上表明立场。

93 **表 6.4　　关于《罗马条约》的下议院投票情况，1957 年**

	法规	党派	同意	反对	凝聚力	平均凝聚力	总体凝聚力
1957 年	罗马条约（Treaty of Rome）	布热德派（Poujadist）	35	1	94.4		
		戴高乐主义者	16	0	100		
		农民	4	10	42.9		
		无党派人士	2	81	95.2		
		海外人士	0	6	100		
		人民共和运动（MRP）	0	74	100		
		共和左翼联盟-激进党（RGR-Radical）	2	23	84		
		激进党	19	25	13.6		
		UDSR-RDA	1	20	90.5		
		社会党	0	100	100		
		共产党	149	0	100	81.2	84.8

资料来源：Verdier(1894) and Jolly (1977).

商界和农业团体的内部分歧使得 20 世纪 70—80

年代戴高乐主义者和共和党成员在贸易和产业政策问题上的内部分歧越来越严重（Gourevitch，1986，p. 186）。面对 70 年代的经济危机，在名义上追求"消除计划经济"的戴高乐主义者反而增加了给工业的政府拨款（Hall，1986，p. 189）。面临激烈的国际竞争，钢铁、造船和纺织行业获得了大量的补贴，鞋、皮革商品、钟表和机床生产也得到了政府的慷慨解囊。[16]为了帮助那些在资金上陷入困境的企业，工业结构管理部际委员会（Comité interminsteriel pour d'amènagement des structures industrielles，CIASI）于 1974 年成立。20 世纪 70 年代末，吉斯卡尔（Giscard）还宣布了一项旨在给高科技企业提供特别支持的新政策。[17]

持续的工业衰退使得社会党获得了更多的支持。为帮助密特朗（Mitterrand）在 1981 年的总统选举中获胜，社会党和共产党在莫鲁瓦（Mauroy）的领
导下联合组成了新一届政府。社会党的纲领强调要维 94
护法国传统工业的生存，并且保证保护造船、采矿和金属工艺领域的就业率——这几个行业当时的境况非常糟糕（Verdier，1994，p. 246）。新一届政府开始关注最大的国有化工业集团和投资银行；扩大经济政策的影响范围；给包括钢铁、化学药品、纺织、皮革制品、汽车、机床、电子产品和家具在内的一系列行业提供救助。

社会党统治初期，经济情况的急剧恶化迫使他们于1983年对宏观经济政策进行了重大调整，这使得左翼人士在是否有必要实行紧缩型经济政策的问题上发生了分歧——体现出了他们在贸易和产业政策上的更深刻的分歧。社会党中“次左派”（second left）的一些主要人物强烈支持欧洲一体化和贸易自由化，他们同法国民主工联（Confédération française démocratique de travail，CFDT）有比较紧密的联系。而党内左派势力则和蓝领工人工会的关系更为紧密，当时法国总工会强烈拥护保护主义和政府干预，并且争辩道——可以通过大幅度提高进口壁垒、退出欧洲货币体系同时使法郎贬值来解决经济问题。有一些社会党部长也反对欧洲一体化，同时共产党也呼吁法国完全退出欧共体。但是密特朗最终还是坚定地支持欧洲一体化。[18]

中间偏右派于1986年在国民议会获得多数席位，并在希拉克的领导下组成了新一届政府。在同密特朗“同朝为官”的那段不自在的时期里，他们把注意力主要集中在私有化和放松金融管制上。社会党于1988年重新执政，先后由罗卡尔（Rocard）和贝雷戈瓦（Bérégovoy）领导，在此期间贸易和产业政策几乎没有什么改变。但新政治工业政策（nouvelle politique industrielle）再次关注对国家大型企业的扶助——帮助它们在世界市场上扩张到“足够大”的规模（Verdier，1994，p. 254）。虽然政府没有制定新的产业计划，但是继续有大量政府资金被用于保护主要经济部门不受国际竞争的侵害。同时政府还竭尽全力来满足一些强大的农业集团的要求，因为欧共体与美国于 1992 年签订的“布莱尔宫协定”（Blair House accord）要求减少出口那些得到补贴的农产品，以致愤怒的农民阻塞了巴黎的交通。

在 1993 年的大选过程中，保守党派在贸易问题上特别是在“布莱尔宫协定”问题上都采取了类似的立场。那段时期，法国面临了自第二次世界大战以来最严重的经济衰退，因此保守党派和社会党都倾向于有选择的运用进口壁垒，并且都保证要保护那些可能受到欧共体改革或多边贸易协定侵害的农民的利益。 95

6.5 结论

对法国上两个世纪贸易政治演化的简单叙述可以看出，法国社会分化模式的重大转变比英国和美国少。这正是我们意料之中的，因为资料显示，在上两个世纪的大部分时间里，法国的行业间要素流动程度整体上都很低。在美国和英国，由贸易问题引发的以阶级为基础的冲突在 19 世纪晚期达到高潮，但是证据显示，在法国政治中这种以阶级为基础的冲突从没达到如此激烈的程度。1892 年梅利纳妥协关税的成

功，以及随后共和党对法国政坛的主导，成功地使贸易问题不再是党派竞争的焦点，同时行业集团游说活动在贸易政策制定过程中相当活跃。第二次世界大战之后，这些行业集团同官僚机构建立了紧密的联系，强有力地影响着经济规划过程。主要政党因为内部分歧而分裂为不同的派别，但是都采取了非常类似的贸易和产业政策——对主要行业进行有选择性的政府支持。

[注释]

[1] 反证法大师巴师夏最著名的作品是他的《代表蜡烛制造者及同盟行业的请愿书》(Petition on behalf of the candlemakers and allied industries)。在这篇讽刺性文章中，他以蜡烛制造者的口气呼吁——为了对付来自太阳的不公平竞争应该施行保护主义。在文章中，他构思巧妙地向我们展现了保护主义者的逻辑——要求法律规定封住所有的窗子和天窗，以及所有其他使太阳光能够自由进入房间的窗口。

[2] 科布登敏锐地洞察到了法国的政治情况与英国迥然不同，并对他的朋友巴师夏说："在英国，自由贸易运动是在广泛的群众基础之上形成的，然后影响到立法机构。但是在法国，这场运动必须是从立法者开始，然后再施加于人民身上。"(引自 Russell，1969，p. 84)

[3] 经济学家米歇尔·希瓦利埃（Michel Chevalier）称这一报告为"私人利益自己冥想的独白"；参见 Dunham，1930，p. 10。

[4] 该协定取消了法国对进口的禁止，并且大幅度削减了关税。1868 年，拿破仑与比利时、德国、意大利、瑞士、瑞典、挪威、西班牙、荷兰、奥地利和葡萄牙签订了类似的双边协定；参见 Dunham (1930)。

[5] 投票数据来源是 Verdier (1994)，以及 Assemblee nationale, *Annales de la chambre des députés*, (1871—1910)。政党从属资料来源是 *Dictionnaire des Parliamentaires français* (Jolly，1977)。笔者随机抽取了相关年份所有投票的 10%作为样本得出总体凝聚力水平。

[6] 详情参见 Smith，1980，p. 90 - 140。

[7] 各个行业都有他们自己的组织来代表本行业的利益，比如煤矿业委员会（Comité des houilleres du nord et du Pas-de-Calais，该委员会的官员是法国工业协会的领袖）和冶金工业工会（Comité des forges)，同时这些行业密集城市的商务委员会也会代表这些行业的利益——来自棉花工业中心（包括鲁昂、里尔和鲁贝）的委员会就是法国工业协会的主要游说力量和参与成员。

[8] 突出支持自由贸易协会的主要有毛纺织业中心的商务部门（包括兰斯（Reims)、马扎梅（Mazamet）和卡尔卡松（Carcassone))，还有位于罗纳河、卢瓦尔河特别是里昂的丝绸业中心（其中里昂制造协会（Association de fabrique lyonnaise）的呼声特别强烈)。另外，支持自由贸易的主要力量还包括波尔多的酿酒商。一些化学药品、精糖和奢侈品的制造商们——特别是那些处在港口城市和巴黎的——也加入到了支持自由贸易的游说活动中。

[9] 引自 Smith，1980，p. 171。

［10］自由贸易者们通过把该议案分成四个不同部分分别进行投票实现了这一结果。也就是说，如果农业集团在对工业关税的投票过程中没有支持工业保护主义者的话，工业保护主义者们也不会有机会进行报复了。结果是，工业保护主义者们首先背叛了他们的同伴，投票反对给粮食施加关税。参见 Smith，1980，p. 174。

［11］像史密斯（Smith，1980，p. 21）指出的那样，1892年的关税“是做出明确的政府保证来建立一个混合、平衡、多样化的经济体使得所有主要利益集团都能够获得某种程度的保障，从而缓解了不同行业和不同部门资本家之间的冲突。”

［12］事实上，1919—1922 年间，负责计算关税乘数的是一个主要由贸易协会代表组成的委员会（Naudin，1928，p. 89 - 91）。

［13］该项出口控制涉及到了木材、种子、木炭、皮革、毛、棉布，以及纱。参见 Guillen，1978，p. 64。

［14］1937 年针对是否授予肖当政府调整关税权力的投票中，平均党派凝聚力指数是 84.9。社会党和共产党全体一致地反对这一议案，而共和党则出现内部分歧。

［15］比如财政部为了监督纺织行业而创立的部门（Centre interprofessionnel de rénovation des structures industrielles et commerciales de l'industrie textile，CIRIT）就是由一个纺织业贸易协会主导的董事会所控制。

［16］事实上到 1972 年为止，法国预算的 30%以上是用于工业补贴；1953 年，补贴金额占预算比例的 2 倍（参见 Caron，1979，p. 346）。

[17] 首先规定了六个需要支持的高科技行业，包括电子消费品、机器人技术、生物技术、合成纺织品、办公自动化和水下勘探。参见 Green (1984)。该政策给航空和计算机领域专门设计了不同的发展计划，另外纺织行业也被添加到政府要给予帮助的范围之内。

[18] 密特朗继续把高科技企业作为支持的主要目标，他选择扶助的部门实际上和吉斯卡尔的相一致。对于被密特朗称为“我们未来的武器”的电子行业——政府采购计划，在扭转贸易逆差和创造 8 万个新就业机会的目标指导下进行 (参见 Hall，1986，p. 207)。

第7章 瑞典

96 第2章中讨论过的证据显示出瑞典的行业间要素流动程度在19世纪末20世纪初有大幅度上升，并且在此之后一直维持在非常高的水平之上。根据第1章中提出的理论，我们可以预测——瑞典的贸易政治在19世纪晚期发生了快速的变革，形成了以阶级为基础的社会分化。与美国、英国和法国不同的是，瑞典的要素流动水平1930年之后一直维持在很高的程度上，因此，这段时期就不太可能出现以行业为基础的联盟。虽然前人以阶级分化为基础对瑞典贸易政治进行的研究与瑞典1930年之后的发展情况非常吻合(Rogowski，1989)，但是我在本书中提出的理论有助于我们预测政治分化模式的跨时变化。

表7.1总结了根据理论得出的预测和观察到的基本实际情况。理论预测到的情况和实际情况非常吻合。瑞典的情况和法国的情况正好相反：在瑞典，由贸易问题引发的政治冲突在近代大部分时期的主要特

表 7.1　瑞典：理论预测与观测到的实际情况

时期	要素禀赋	流动程度	预测[a]	实际情况	
				以阶级为基础的政党和组织	行业集团
1815—1869 年	劳动力充裕；土地和资本稀缺	中间?	混合?	无法获得	资料显示，有集团向国会施加压力；手工业行会反对自由化改革
1870—1914 年	劳动力充裕；土地和资本稀缺	高	阶级联盟	农党(Ruralist)和保守党支持保护主义；社会民主党支持自由贸易	很少有集团在贸易问题上积极进行游说
1919—1939 年	资本充裕；劳动力和土地稀缺[b]	高	阶级联盟	各政党坚持原来的纲领；瑞典工会联盟和雇主联盟支持自由贸易；社会民主党和农民党(Agrarian)之间出现"选票交易"	政党和社会组织之间达成的和解使得行业集团几乎没有机会进行游说
1945—1994 年	劳动力和资本充裕；土地稀缺[c]	高	阶级联盟	处于支配地位的社会民主党、在野党派和活跃组织都坚持自由贸易	很少有活动；20 世纪 80 年代游说活动开始增多

a. 如果预测为阶级联盟，则意味着以阶级为基础的组织在贸易问题上内部统一并采取一贯的立场，而行业集团并不活跃。如果预测为行业联盟，则意味着以阶级为基础的组织在贸易问题上内部分裂，采取模糊的立场（参见表 3.1）。

b. 这里罗戈夫斯基的分类出现了些问题。他认为，虽然要素禀赋方面的证据显示出瑞典劳动力充裕，但是这掩盖了瑞典的"家族式生产"所造成的劳动力稀缺的实际情况。要素禀赋方面的证据本身（和以后的数据相一致——见下面 c 的阐述）会引导我们预测到工人（以及那些代表他们的组织）会支持自由贸易而不是保护主义，我下面的分析也证实了这一点。

c. 采用 1966 年的数据，鲍恩、利默和斯维考斯卡斯（Bowen，Leamer，and Sveikauskas，1987）发现，瑞典的资本和所有类型的劳动力（除了农业工人）都充裕，可耕种土地稀缺。

征就是——以要素所有阶级为基础的联盟之间的讨价还价。是那些旨在直接增进经济灵活性的政策促使瑞典在 20 世纪 20 年代之后形成了极高的行业间要素流动程度。同时，内部凝聚力强的以阶级为基础的联盟主导了瑞典的政治舞台。20 世纪 30 年代之后瑞典贸易政治与众不同的特点当然就是这些阶级联盟之间成功的达成了妥协——贸易开放成为瑞典全盘经济计划的一个中心内容。

7.1 19 世纪上半叶的贸易政治

因为我们几乎没有关于 19 世纪上半叶瑞典工人工资和企业利润的数据，所以很难清楚地预测这段时期的政治情况。由于民主制度和政党的缺乏，也很难对理论进行检验。我在这里只能做一个大致的论述。但是在这段时期，瑞典国会（Riksdag）的确允许各种利益集团发表自己的意见。奥斯卡一世（Oscar Ⅰ）于 19 世纪 40 年代开始进行自由化改革，当时似乎最强烈支持这一改革的是某些特定行业的农业和商业团
98 体。其中木料、木材行业，铁矿石和生铁生产者以及商贸中心的呼声尤为强烈，他们都坚决支持改革，尤其是支持取消保护主义性质的生产公告（Produktplakat）（Rustow，1955，p. 24；Heckscher，1954，p. 218，p. 224 - 225）。[1]谷物、肉类和奶制品生产者

以及纺织业和铁行业（这两个行业当时受到严格的管制）的中产阶级们则积极反对改革（Montgomery，1939，p. 114；Heckscher，1954，p. 233）。和铁行业相关的手工业行会大部分都位于独立的社区，他们也强烈的反对自由化改革。

奥斯卡最激进的改革是由他的财政部长约翰·格里彭斯泰特（Johan Gripenstedt）来实施的，格里彭斯泰特是自由贸易观点的积极拥护者。19 世纪 50—60 年代他废除了所有对进出口的禁止；取消了出口关税；大幅度削减了制造业商品的关税；并且确立了农产品的自由贸易（Heckscher，1954，p. 237）。为了避免征求国会的意见，格里彭斯泰特采取了拿破仑的方法——让瑞典成为一个条约体系的成员，使得瑞典在国际义务的约束下不得不进行贸易改革。这一自由化贸易改革遭遇了国会的敌视，并且削弱了旧君主政体的支持基础。1866 年，瑞典国会转变为两院制，有了选举出来的代表，真正的政党开始形成。

7.2 从奥斯卡一世到第一次世界大战

19 世纪 70 年代，持续的经济衰退引发了农业人口对保护主义的广泛要求，特别是斯韦阿兰（Svealand）和约塔兰（Götaland）北部地区的谷物种植区。而获得城市选民和商界大力支持的自由党滕普坦德政

府（Themptander government）却于 1882 年同法国签订了新的贸易自由化条约，使得由贸易问题引发的政治冲突迅速升级。瑞典当时先后诞生了一个保护主义联盟和一个与之对立的反食品关税协会（Association Against a Tariff on Foodstuff），并且 1887 年国会下议院的两次选举都是以关税问题为争论焦点。在第一次选举中，自由贸易者获得了大多数席位。但是在第二次选举中，他们却因为一个竞选失误而与胜利失之交臂。[2]

奥斯卡二世引发了保护主义者和自由贸易者之间的一场冲突——他设立了一个由自由贸易者和保护主义者共同组成的混合部门。但是国会的反对最终迫使自由贸易者被遣散，古斯塔夫·博斯特伦（Gustav Boström）被任命为新一届农党政府（Ruralist government）的领袖，他给农产品施加了很高的关税，并且在与法国签订的条约于 1892 年到期之后，再次
99 提高了关税（Verney，1957，p. 108－109）。反对保护主义的呼声不仅来自于自由党，还来自于社会民主俱乐部和那些代表工人阶级的工会（当时工人阶级仍然没有选举权）。1889 年，他们一起成立了社会民主党（Social Democratic Party），该党坚决地反对保护主义。这样，正在深化的阶级分裂转变成了明显的党派竞争（Rustow，1955，p. 42）。1898 年，瑞典工会联盟这一全国性劳工组织在经过了近 20 年的工会

活动之后最终正式成立。1902 年，瑞典商界成立了雇主联盟（Svenska Arbetsgivarföreningen，SAF）这一全国性雇主联盟。[3]这两个组织都坚定地反对农党的关税政策。

到了 19 世纪末 20 世纪初，农党和同样依赖于农业力量支持的新成立的保守党联合起来支持保护主义，但是他们面临着政策改革和普及选举权的巨大压力。保守党—农党联盟最终采取了折中的方法，在 1907 年进行了基于比例代表制的选举改革，这在很大程度上减慢了社会民主党和自由党政治声望的攀升。社会民主党和自由党的联盟最终于 1917 年获得了政权，之后他们立刻改革了瑞典的贸易政策使之更加自由化。

7.3 经济大萧条与萨尔特舍巴登协定

1920 年，社会民主党和自由党之间的联盟因为在关税改革问题上的分歧而解散了，随后出现了一系列短期的少数党政府，其中自由党掌控着保守党—农民党与社会民主党之间的力量平衡。自由党在 1920、1923 和 1926 年削弱了社会民主党政府，他们在税收和失业津贴问题上背弃了社会民主党而与右翼势力结成同盟；而在国防花费问题上，自由党则转为支持左翼势力于 1924 年挫败了保守党政府（Rustow，1955，

p. 96 - 97)。自由党本身几乎并不算是一个团结的集体，他们的支持者中既有城市选民也有农村选民。

1929 年和 1930 年农业危机加剧，保守党—农民党（由阿尔维德·林德曼（Arvid Lindman）所领导）联合政府试图通过新的保护主义法规，但是因为社会民主党和城市自由党的强烈反对而遭到失败。[4] 1931 年秋，范围不断扩大的经济衰退迫使瑞典政府随英国之后放弃了金本位以停止通货紧缩政策。在这场经济
100 危机中，损失最严重的是工人和农民，因此在 1932 年的大选中，代表工人和农民利益的政党获得了巨大成功。社会民主党和农民党成为了国会中两个最大的政党。社会民主党领袖佩尔·阿尔宾·汉松（Per Albin Hansson）组成了少数党政府，并且提出了一个旨在通过公共工程支出抗击失业和通过价格支持缓解农业衰退的项目。这是第一次有大量农民党党员愿意接受扩张型的财政政策。在阿克塞尔·佩尔松（Axel Pehrsson i Bramstorp）的领导下，他们同汉松结成了非正式同盟。政府在自由党和大量农民党成员的支持下于 1932 年通过了关税削减法案。

1934 年，农民党对公共工程支出项目的大力支持巩固了工人和农民之间的“红—绿”联盟（“red-green” coalition）。但是 1936 年，劳资纠纷政策和退休金问题引发了紧张局势。农民党对政府的支持出现了动摇，最后汉松辞职。那一年晚些时候举行的选举

使得汉松领导的社会民主党首次在国会下议院获得多数席位。但是社会民主党在上议院仍然需要农民党的支持，因此汉松更加努力地进行“投票交易”——扩展给农业提供的农产品价格支持，以换取农民党对加强工人在劳资纠纷中的权力以及提高退休金和失业保险政策的支持（Sainsbury，1980，p. 33）。社会民主党在 20 世纪 30 年代还准备批准一系列特殊关税和补贴来支持农业。社会民主党明确地指出了工人们为了保护农业而做出的牺牲，以强调这两个阶级之间达成的协议：1936 年社会民主党的党派宣言向农民党保证“瑞典的工人阶级会为了保障农业工人和小农场主的适当生活水平而做出必要的牺牲”（Mabbett，1995，p. 87）。[5]

1938 年，商业组织为了融入到正在进行的和解进程当中会见了劳工和农业组织，缔结了著名的《萨尔特舍巴登协定》（Pact of Saltsjöbaden）。商业协会签署了政府的劳工和社会福利政策，以及一项旨在提高就业率的财政政策，交换条件是工人许诺和平的劳资关系并继续坚持财产私人所有。这一各阶级之间达成的和解还包括了坚持自由贸易政策，使得行业集团很难影响贸易政策制定过程。

7.4　社会民主党执政时期的瑞典贸易政治

1945 年之后，处于支配地位的社会民主党和保 101

守党都支持自由化的贸易政策，强调在有力的培训和调整辅助政策的帮助下，根据国际市场的需要进行平稳的调节（Jones，1976，p. 22－25；Katzenstein，1985，p. 65）。各个政党以及包括瑞典工会联盟和雇主联盟在内的社会组织继续保持在贸易问题上的内部统一（支持促进贸易的措施），在其他经济问题上也大都如此，使得集团游说受到严重的限制（Sjoblom，1985，p. 24－25，p. 51）。

由于贸易对不同部门的工资有不同的影响，而社会民主党的均衡工资政策最小化了这种工资变化情况的差异，因此在很大程度上促使贸易问题离开了瑞典政治舞台。范围广泛的旨在加强要素流动性的政策使得这种高度的团结能够得以实现——加强要素流动性的政策是战后时期瑞典政策一个最主要的特点（Jones，1976，p. 39－42）。全国劳工市场委员会（National Labor Market Board）执行的再培训项目在很多情况下都会给工人提供慷慨的生活补贴：当他们参加培训课程时、当他们离开家去学习时、当他们去外地寻找就业机会时、当他们永久性更换工作时，以及当他们忍受与家人的分离时。法律还规定，所有退休金权益在更换工作时完全可以随着工人转移，因此更换工作并不会带来什么不利影响。

当经济学家约斯塔·雷恩（Gösta Rehn）和鲁道夫·迈德纳（Rudolf Meidner）1951年设计出这些政

策后，瑞典工会联盟领袖就开始进行宣传活动以倡导主要工会组织的支持（Heclo and Madsen，1987，p. 49－50）。以至倾向于保护主义的纺织行业在略加犹豫之后也同意支持再培训和再就业津贴计划，而不再坚持保护正在衰落的纺织行业（Milner，1989，p. 109）。像雷恩描述的那样，这正是这项计划的目标："当世界贸易环境或其他贸易情况的变化给某些集团带来困难的时候，让保护主义者们没有理由要求保护"（Rehn，1985，p. 1）。

战后瑞典政策的另外一个核心部分是投资储备金政策，这一政策是在20世纪50年代与雇主联盟一起发展起来的。[6]该储备金政策旨在使商界的调整更加容易，并平滑商业周期波动。在成长时期，企业可以把一部分利润设为储备基金以避免纳税。等到有需要的时候，就可以把这些资金从储备基金里取出用于劳工市场委员会批准的特定投资项目。另外，那些为了适应国际竞争而进行现代化改革或转产到其他行业的企业还可以获得政府慷慨的资金支持（Jones，1976，p. 22－25；Katzenstein，1985，p. 65）。在1961年的第十六届联邦代表大会上，瑞典工会联盟的经济学家们在他们的报告中指出"必须进一步增强生产要素的适应性"，并呼吁应进一步扩展所有旨在增强企业和工人流动性的项目（Johnston，1963，p. 42）。 102

瑞典随后出现的政策制定体系被视为是"阶级合

作”的典范（Wilensky，1976，p. 53）。这一体系的核心特点是社会组织之间的讨价还价——这种政策制定过程中的讨价还价已经被制度化了，它代表了广泛的“社会合作”，限制了资本与劳动力之间的冲突（Korpi，1978）。瑞典贸易政治的特点就是卡岑施泰因（Katzenstein）所称的“跨部门合作”，而不是像法国等国家那样，是利益集团对政府机构进行“部门渗透”（1985，p. 92）。因此在瑞典，行业集团的活动受到很大限制。大部分贸易和经济政策的制定都由暂时的调查委员会负责，委员会由政府机关、国会和社会组织任命的代表组成（Premfors，1983）。常设机构全国贸易委员会（National Board of Trade）也由类似的人员组成；委员会是商务部（Ministry of Commerce）的下属机构，负责研究贸易政策问题并提出政策建议。

在塔格·厄兰（Tage Erlander）和奥洛夫·帕尔梅（Olof Palme）的先后领导下，社会民主党一直负责主持社会组织之间的讨价还价，到 20 世纪 70 年代经济衰退之前一直在瑞典政坛处于统治地位。为了应付 70 年代的危机，政府施行了暂时进口限制以帮助缓解纺织行业和鞋业面临的压力，同时给处于困境的行业提供有选择性的帮助，特别是钢铁和造船业（这些行业一旦破产会对当地造成巨大的冲击）（Lawrence and Bosworth，1987，p. 73－74）。但是这些干预措施很快就被废除，因为政府的目的是为调整争取时间，而不是改变其在贸易问题上的整体立场（Pontusson，1991，p. 176）。更具政治影响力的是1975年的迈德纳计划（Meidner Plan），该计划试图在应对经济衰退和劳工不满的同时避免国有化（国有化会促使商界退出政治和解）。该计划建议把主要企业的一部分利润拿出来组成由工会管理的基金，而这些基金的所有权在长期将转移到工人手中（Gourevitch，1986，p. 202）。但这项计划遭到了商业团体和白领工人工会的反对，致使社会民主党在1976年遭遇了战后第一次选举失败。

1976年，中间和右翼党派联盟在托尔比约恩·法拉丁（Torbjörn Fälladin）的领导下组成了新一届政府，保证通过削减税收和社会服务开支来改革经济政策。农民党—保守党—自由党联盟在1976—1982年间只对经济政策进行了微调。[7]政府易主之后，政策还如此稳定显示出了社会组织之间达成的协议对政府的有力限制（Gourevitch，1986，p. 199）。尽管瑞典的生产者们面临着严峻的经济形势，但是新的中间—右翼联合政府继续坚定地坚持市场开放，继续支持调整辅助措施和再培训项目。 103

社会民主党在帕尔梅的领导下于1982年再度获得政权。新一届政府避开了迈德纳计划中富有争议的提议，主要关注于帮助劳工和商界进行平稳的调整以

应对市场的变化。不同于英国和法国在20世纪70—80年代的极左政府，社会民主党并没有采取大规模的工业国有化，也没有通过产业政策对生产进行干预。并且与大部分经济发达国家明显不同的是，瑞典政府并没有广泛采取非关税壁垒来限制进口。80年代末，当瑞典工会联盟和雇主联盟开始面临来自成员集团日益严重的压力时，才出现了变化的迹象（Weaver，1987，p. 305）。[8]

7.5 结论

瑞典贸易政治在上两个世纪的演化方式与众不同，这与根据第1章中得出的理论和第2章中提供的行业间要素流动程度变化情况得出的预测非常吻合。19世纪下半叶和20世纪初，贸易是阶级冲突的焦点，处于瑞典政治舞台的中心位置。代表城市阶级的社会民主党和自由党强烈支持自由贸易；保守党和农民党则支持保护主义，并呼吁保留皇权和宗教正统。在两次世界大战期间，著名的萨尔特舍巴登协定促使工农商之间形成了广泛的和解，并且一致支持自由贸易。社会民主党和保守党在战后都把维护这种和解作为政策制定的指导性方针，强调在有力的再培训和调整辅助政策的帮助下，根据国际市场的需要进行平稳的调整。根据第1章中提出的理论可以很清楚地看到——只有在行业间要素流动程度维持在足够高的水平的情况下（这样对行业租的争夺就不会分裂以要素所有为基础的联盟），瑞典所独有的这种情况才可能实现。

[注释]

[1] 生产公告禁止任何外国船只向瑞典进口任何非本国生产的商品，并将外国船只运输的进出口货物的关税提高了40%～50%。该法案于1857年正式废除，但是该法案早在1857年之前就因为瑞典和其主要贸易伙伴签订的一系列协定而显得多余了。

[2] 在斯德哥尔摩这一支持自由贸易的主要阵地，保护主义者发现，有一位候选人的税务记录存在违法行为；他们还成功地使得其他所有支持自由贸易的代表都丧失了选举资格（Rustow，1955，p. 36）。

[3] 1910年，商界还成立了瑞典工业同盟（Federation of Swedish Industries，SI），由26个贸易协会组成，其构成几乎和雇主联盟的构成一样，但是其政治活动主要集中在政策问题上。

[4] 虽然没有记录，但是在这段时期瑞典国会的立法投票情况明显地显现出很高的党派凝聚力水平，特别是保守党和社会民主党。参见 Sternquist and Bjurulf (1970)。

[5] 罗戈夫斯基试图只根据贸易政治来解释这种联盟，他提出瑞典当时的劳动力可以像土地一样被视为是稀缺要素（因为“家族式生产”），所以他们才会和农场主们联合起来支持保护主义（1989，p. 84-86）。这种解释方法的问题在于那

段时期瑞典劳工和社会民主党还是继续支持自由贸易，而只是为了维持这种联盟才向农场主做出了一些特定的让步。这种联盟的更深一层的形成原因可能是像卡岑施泰因（Katzenstein，1985，p. 167）所提出的那样，是工业生产在小城镇的扩散造成了农业人口和工业人口的混合。

[6] 详情参见 Lindbeck，1974，773，p. 97－104；Jones，1976，p. 16－17，p. 151－162。

[7] 因为农业人口的下降，20 世纪 50 年代农民党在冈纳·赫德伦（Gunnar Hedlund）的领导下转为“中间”党派。而保守党则改名为“温和党”。为了简单起见，我在这里采用了他们原来的名字。

[8] 出口导向型工程行业的工会越来越不满意集中化的工资协商体系。类似地，雇主联盟的成员开始更加强烈的要求获得更多的自由来独立的与他们的工人进行谈判（参见 Pontusson and Swenson，1993）。

第 8 章 加拿大

相对于美国、英国和法国来说，大部分读者可能 104
并不太熟悉加拿大的贸易政治情况。关于加拿大贸易政治的现有文献倾向于强调行业集团的作用，它们在各个历史时期不断给加拿大政府施压以改变关税政策（McDiarmid，1946；Forster，1986）。第 2 章给出的证据显示出在上两个世纪的大部分时期里，加拿大的行业间要素流动程度都维持在相对很低的水平上，所以根据本书中提出的理论，加拿大整体上来说比较容易出现以行业集团为基础的联盟。根据理论可以预测到加拿大的贸易政治中存在着强大的行业分化，可能只有在两次世界大战期间才有所不同，因为数据显示在这段时期行业间要素流动程度略微有所提高。

表 8.1 总结了对加拿大的预测以及观察到的实际情况，考察的还是政党和组织的凝聚力水平，以及行业集团进行游说的程度。理论预测和观察到的实际情况依然吻合得很好。在加拿大，由贸易引发的政治冲

表 8.1　　加拿大:理论预测与观测到的实际情况

时期	要素禀赋	流动程度	预测[a]	实际情况	
				以阶级为基础的政党和组织	行业集团
1815—1869 年	土地充裕;资本和劳动力稀缺	低	行业联盟	保守党支持高关税,自由党表示反对,但是两党内部不同地区的代表之间存在分歧	非常活跃;各种集团向国会提出了大量请求
1870—1914 年	土地充裕;资本和劳动力稀缺	低	行业联盟	自由党内部存在分歧;保守党更加团结的支持保护主义性质的全国政策	行业集团向下议院请愿,同时游说贸易自治委员会
1919—1939 年	土地和资本充裕;劳动力稀缺	中间;上升	混合	自由党和保守党支持全国政策,但是因为西部的农民运动而出现分歧	几乎没有证据显示集团进行游说活动
1945—1994 年	土地和资本充裕;劳动力稀缺[b]	低	行业联盟	两个主要政党都支持关贸总协定,但是在《美加自由贸易协定》和《北美自由贸易协定》上出现分歧	行业集团积极要求获得特别待遇

a. 如果预测为阶级联盟，则意味着以阶级为基础的组织在贸易问题上内部统一并采取一贯的立场，而行业集团并不活跃。如果预测为行业联盟，则意味着以阶级为基础的组织在贸易问题上内部分裂，采取模糊的立场（参见表 3.1）。

b. 采用 1966 年的数据，鲍恩、利默和斯维考斯卡斯（Bowen，Leamer，and Sveikauskas，1987）发现，加拿大资本和所有类型的土地都充裕，除了农业工人以外所有类型的劳动力都稀缺。

突和法国的情况非常相似：相对低的要素流动程度促进了行业联盟的形成，这些行业集团通常集中于某一特定地区，使得政党和社会组织都很难解决在贸易问题上的内部分歧。

8.1 从 1841 年的《统一法案》到 1867 年加拿大联邦的贸易政治

1840 年的《统一法案》（Act of Union）把加拿大的上院与下院合并到了一起，此后加拿大开始出现政党体系，并根据英国的传统简单地划分为保守党和自由党。19 世纪上半叶，麦克唐纳（MacDonald）领导的保守党在加拿大政坛处于支配地位，行业集团游说在很大程度上影响着贸易政策的制定（Coleman，1988，p. 19；Forster，1986，p. 17 - 18；Ethier，1988，p. 224）。支持自由贸易的主要是西部省份的谷物种植者和木材生产者，而东部省份的农民和铁及纺织行业则强烈支持保护主义。[1]行业和地域分歧似乎割裂了广泛的要素所有阶级（Palmer，1983，p. 20）。

1842 年，西部的谷物种植者急于把产品出口到 106
英国市场并意识到英国的粮食危机还在继续，他们请求英国政府允许加拿大小麦自由进入英国市场。英国政府否决了这一请求，并对谷物进口采取了滑准税，以缓解国内粮食价格上涨的压力。英国辅政司

(British Colonial Secretary) 建议说，如果加拿大给美国小麦进口施加关税的话，那么英国就可能给加拿大出口商特惠贸易政策。因此，保守党于 1842 年末设定了首项保护主义性质的农产品关税（McDiarmid，1946，p. 54－55）。结果导致 19 世纪 40 年代有大量行业集团请愿书涌入下议院，要求提高制造业商品的关税。其中的很多要求都在 1845 年的关税中得以实现。[2]

自 1846 年英国废除《谷物法案》之后，英国的贸易自由化使得加拿大的谷物和木材生产者们丧失了所有的贸易特惠待遇，然而以前正是因为这些特惠待遇的存在，加拿大的生产者们才能够与波罗的海国家的生产者们竞争进入英国市场。现在这些生产者越来越寄希望于转而出口到美国市场。加拿大东部因为小麦减产而转产的农民们也开始越来越多的向美国出口燕麦、大麦、家禽和奶制品（Easterbrook and Aitken，1956，p. 291）。在这些行业集团日趋升温的压力之下，特别是在强有力的木材业的影响之下，保守党结束了给予英国的特惠贸易政策，转而争取同美国建立新的贸易关系。加拿大于 1854 年同美国签订了互惠贸易协定，允许包括谷物、鱼、木料和煤在内的一部分农业和矿业商品进行自由贸易。

1857 年的经济衰退大幅度削减了政府收入，促使保守党通过了 1858 年的《凯利-高尔特关税》

(Cayley-Galt Tariff)，提高了关税税率。[3] 在多伦多和汉密尔顿地区制造业厂商的领导之下，支持保护主义的行业成立了加拿大工业促进协会（Association for the Promotion of Canadian Industry）以组织和协调他们的游说活动。另一方面，以依靠进口原材料的生产者为主的一些行业则成立了关税改革协会（Tariff Reform Association）——通过游说活动反对增加保护以及反对任何破坏互惠贸易协定的行为（Easterbrook and Aitken，1956，p. 372；Forster，1986，p. 35，p. 47）。但是这两个组织 1858 年之前就都解散了，主导政治舞台的仍旧是地区性的行业组织，他们通常有不同的宗教和种族背景，独立进行游说以影响政策制定。

1867 年通过了《英属北美法案》（British North America Act），除了原有的加拿大各省之外，还加入了新不伦瑞克（New Brunswick）和新斯科舍（Nova Scotia）两省，成立了一个统一的联邦，并设定了统一的关税。1866 年，美国宣布将废除互惠贸易条约，但是加拿大自由党和保守党都声明他们依然支持互惠条约，并且在 1867 年之后两党都立场一致地一直争取和美国签订新的条约。1868 年的《自治关税》（Dominion Tariff）是加拿大的首项联邦关税，它体现了保护主义者和自由贸易者之间的妥协，但是更倾向于保护主义（Pinchin，1978，p. 3）。 107

8.2 全国政策和自治关税

加拿大联邦建成之后，在关税问题上的争论越来越具有党派性：获得农业势力（特别是西部省份）大力支持的自由党呼吁大幅度削减关税，但是他们并不是得到东部地区和城市力量支持的保守党的对手。在麦克唐纳的领导下，保守党从刚刚开始的工人运动中获得了支持，于1872年通过了《工会议案》（Trades Union Bill），第一位工人议员在保守党的支持下被选入联邦议会。[4]在1872年的大选过程中，麦克唐纳把保护主义作为中心问题，结果大获全胜。

在1867年之后的30年里，保守党在大选中只失败过一次。那是在1874年，保守党党员从铁路承包商那里收取回扣（即"太平洋丑闻"）被曝光，致使自由党获得了政权。在麦肯齐（Mackenzie）的领导下，自由党最初对关税问题避而不谈。但是随着1873年之后经济衰退的加剧，行业集团开始为了争取获得新的保护而努力进行游说，并向下议院提交了大量请愿书（McLean，1895，p. 19；Forster，1986，p. 114；Coleman，1988，p. 20）。当贸易自治委员会（Dominion Board of Trade）在渥太华召开会议时，行业集团还派代表去游说。当1878年大选临近的时候，他们还给政党提供了大量的选举赞助，希望能够影响关税。[5]

麦肯齐提倡只征收以国家收入为惟一目标的关税，并严厉地抨击了保护主义。但是关税问题造成了自由党内部的严重分裂，许多党员一起退出了选举，或者在选举过程中继续坚持他们原有的保护主义观点（Forster，1986，p. 175）。结果保守党再次轻松获胜，随后很快开始建立他们的“国家政策”——增强制造业，吸引稀缺资本和移民，并通过向西扩展来拓宽国内市场。高关税是该项计划的一部分，新的关税于1879年通过。表8.2总结了下议院关于这一议案的投票情况。[6]结果显示，两个政党都存在内部分歧，特别是自由党。最强烈反对高关税的是来自滨海诸省的代表。最支持这项政策的是来自多伦多、蒙特利尔和魁北克的代表，以及那些来自钢铁、纺织、机械、家具、鞋和玻璃等行业中心的代表（这些行业受到高度的保护）（Easterbrook and Aitken，1956，p. 393－394）。

表 8.2　下议院关于贸易议案的投票情况，1870—1914年 108

	法规	党派	同意	反对	凝聚力	平均凝聚力	总体凝聚力
1879年	国家政策	保守党	81	22	57		
		自由党	19	35	30	45.2	52.5
1897年	自治关税	保守党	10	46	64		
		自由党	73	58	12	35.3	58.6

资料来源：*Hansard Parliamentary Debates and Canadian Parliamentary Companion and Annual Register*.

在野10多年之后，自由党于1893年提倡“只征收以国家收入为目的的关税”的纲领，但是在贸易问题上采取了模糊的公开立场，使得他们能够在并没真正保证进行重大关税改革的情况下就获得了农民的支持（McDiarmid，1946，p. 204）。[7] 1896年，自由党在威尔弗雷德·劳里埃（Wilfred Laurier）的领导下重新执政，他们保证不会对关税进行重大改革。劳里埃重新确立了自由党的立场，努力寻求安大略省和魁北克省的制造商们的支持，并接受了保守党制定的国家计划。在执政期间，劳里埃只对贸易政策进行了微调，略微降低了钢铁行业的关税，但是给这些行业提供了新的补贴作为补偿。为了解决西部出口导向型农业的抱怨，劳里埃表示会积极同美国签订新的互惠贸易协定。1896年，他向美国政府提出要签订新的条约，但是遭到断然拒绝。随后劳里埃于1897年提出了“自治关税”，宣称“不会再去华盛顿朝圣”。这一新的议案提高了很多关税，并且给来自美国的商品设定了单独的关税率（对美国于同一年通过的《丁利关税》进行报复），并且给予来自英国的进口商品非互惠性特惠待遇（Thorburn，1985，p. 4－5）。

109 但是到了1910年，加拿大西部的谷物种植者们再次要求政府积极同美国建立互惠贸易条约。新的互惠协定于1911年商定，允许大部分初级产品和一小部分制造业商品进行自由贸易，并且互惠性地削减了许多商品的关税。国会针对这一议案进行了冗长的辩论，迫使自由党于9月进行选举。在随后的竞选过程中，保守党通过强调和英国维持帝国关系的重要性而轻松的获得了胜利，随后否决了这一互惠协定。

8.3 两次世界大战期间

自由党在第一次世界大战之后很快进行了重组，在1919年的自由党大会上，领导权转交给了麦肯齐·金（Mackenzie King）。自由党在东部省份的法裔加拿大人和西部的农民、工人之中获得了更加广泛的支持，在随后的很长一段时间里主导了加拿大政坛。自由党自1921年在大选中获得政权之后面临的一个最主要的问题就是西部草原地区农民日趋严重的不满（为了缓解这些不满，劳里埃曾经于1911年保证会签订互惠贸易协定）。20世纪20年代初小麦和其他谷物的国际价格大跌，给已经负债累累的农民增添了巨大的困难，加剧了这一问题。到1921年，西部农民成立了他们自己的政党——进步党（Progressive Party），该党很快主导了草原地区的省级政府，并且在安大略省组成了政府。进步党严厉抨击自由党和保守党所支持的国家政策和他们的保护主义传统。

金对此做出回应，在20年代初对农业机械进行了一系列适度的关税削减，并且废除了所有农业生产

投入品的销售税（McDiarmid，1946，p. 264）。1925年，金在竞选纲领中声明关税的作用是获得政府收入，而不是进行保护，并且抨击了保守党提高关税的建议（Neatby，1963，p. 69）。但是保守党在选举中获得成功，迫使金在进步党的帮助下组成了少数党政府。保守党试图通过关于关税问题的投票来击倒自由党政府，但是进步党在投票中支持了金。进步党在1925、1926和1930年的大选中都同自由党进行了合作，并且稳步地融入了自由党。

1929和1930年，由理查德·贝内特（Richard Bennett）领导的保守党持续向金施压，要求他利用关税把同美国的贸易转移到英国，因为那时候美国国会的共和党正在试图通过新的保护主义贸易议案（即《斯穆特-霍利法案》）。到1930年，在美国的关税即将提升之即，金先发制人的提高了对美国商品的关税（参见 McDonald，O'Brien，and Callahan，1997，p. 807－809）。但是保守党指控金说他的力度不够，并于该年晚些时候控制了政府。但是后来事实证明，保守党为了应对逐渐严重的经济危机而进行的尝试是没有效果的。在1932年的渥太华会议上，重新入主政府的自由党欣然同意了旨在增强英联邦国家之间贸易的帝国优惠体系（Imperial Preference）。该法规在两党联合支持之下获得通过（见表8.3）。1935年，自由党政府最终同美国达成协议来延长给加拿大的最惠国待遇。

表 8.3　下议院关于渥太华协定的投票情况，1932 年 *110*

	法规	党派	同意	反对	凝聚力	平均凝聚力	总体凝聚力
1932 年	渥太华协定	保守党	114	20	70.2		
		自由党	75	10	76.5		
		进步党—国民合作联盟(CCF)	4	8	33.3	69.4	82.5

资料来源：*Hansard Parliamentary Debates*, *and Canadian Parliamentary Guide*.

同时，一场新的激进运动——国民合作联盟（Cooperative Commonwealth Federation，CCF）已经在西部的工人团体、农民组织和社会主义者中形成。国民合作联盟成立于 1932 年，目标为通过国有化在加拿大消除资本主义。[8] 该运动兴盛于萨斯喀彻温省（Saskatchewan），那里主要生产小麦，所以 20 世纪 30 年代的干旱给当地带来了灾难性的后果。[9] 面对这一新的挑战，金采取了与过去类似的方法：给农民提供强有力的补贴和资金支持。

到了 20 世纪 30 年代，主要政党在贸易问题上的分歧几乎都消失了（McDiarmid，1946，p. 8）。在这段时期，虽然政策改革的主要推动力量是城乡冲突（进步党和国民合作联盟对现有政策的挑战），但是行

业集团的游说活动看起来仍旧在贸易政策制定过程中发挥了主导作用。金政府谨慎的管理和妥协政策维持了原有的政治体系。

8.4　战后贸易政治与北美自由贸易协定

在东部省份特别是魁北克省的法语人口以及西部农民的支持之下，自由党对加拿大政坛的统治一直持续到 20 世纪 50 年代。而主要获得城市商业利益支持的保守党在选举中一直存在的主要障碍就是，他们不能获得法裔天主教社区的支持，而该社区构成了魁北
111 克省 4/5 的人口。自由党和保守党在许多经济政策问题上都采取了中间路线，其中包括关税政策。虽然自由党相对于保守党来说略微更加倾向于自由贸易，但是两党在战前都接受了高度保护的贸易政策，在战后也都接受了贸易逐渐自由化的国际要求（Winn，1976，p. 234）。

在新民主党（New Democratic Party，NDP）于 1961 年成立之前，加拿大劳工对政策的影响力一直很小。虽然新民主党回避了国民合作联盟的教条社会主义，而倾向于更加温和的措施，但是这一新生政党并没能获得广泛的支持（Palmer，1983，p. 289）。1969 年，新民主党被迫开除了党内最富侵略性的极左派，因为他们写了一份社会主义加拿大宣言，其中

包括在经济上独立于美国之外（通过严格的贸易和资本控制）以及施行国有化。新民主党 1974 年遭遇了又一次巨大冲击，那时保守党大力倡导为了应对通货膨胀而采取工资和价格管制措施，而特鲁多（Trudeau）领导的自由党则在竞选过程中对此坚决表示反对。在这一问题上的意见分歧把新民主党分为了两派：西部和农村的党员支持管制，而东部和工业的党员则强烈反对管制（Palmer，1983，p. 291）。

由于自由党和保守党的党员来自于不同的地区、种族和经济阶层，因此不同成分的党员之间的讨价还价左右了政策制定的结果（参见 Thorburn，1985，p. 17）。在这种环境下，集团游说和竞选资助发挥了重大的作用，而且这种作用还在逐渐提升（参见 Underhill，1961）。特别是，影响贸易政策制定的其实是各种细节问题，而不是党派之间的阶级或意识形态差异（Thorburn，1985，p. 338）。政策制定是一项一项完成的，受行业集团游说压力的左右；行业集团直接向官僚们提出要求，而不是向国会成员寻求帮助。[10]

行业的区域集中和行业集团与当地机关之间的紧密联系增强了行业集团在政策制定过程中的重要作用。农业生产者们在贸易问题上一直存在内部分歧：草原地区谷物和牛肉的生产者们依赖于出口，而魁北克省和安大略省的奶制品、水果和蔬菜生产者们则受

到进口产品的威胁，他们之间一直存在争执（Protheroe，1980，p. 36）。制造商们在贸易问题上也存在分歧：相对于安大略的进口竞争型纺织和鞋业生产者来说，通讯设备、汽车、纸浆和纸，以及农业机械的生产者更容易接受贸易自由化。事实上，虽然加拿大制造商协会（Canadian Manufacturers Association）代表了大约75%的国内企业，但是在贸易问题上它也极力避免表明立场。最值得注意的是，该协会反对在国际谈判中采取整体性削减关税的方式，而支持分别处理各个行业。加拿大劳工协会（Canadian Labor Con-
112 gress）对贸易自由化表示谨慎的支持，但是许多工会公开谴责这一立场（Protheroe，1980，p. 39－41）。

早在1978年，加拿大国内就有关于同美国签订自由贸易协定的讨论。那一年上议院外交事务常务委员会（Senate Standing Committee on Foreign Affairs）提交的一份报告（即范·罗根报告（Van Roggen Report））建议政府——认真考虑同美国建立双边自由贸易协定。1984年，保守党在马尔罗尼（Mulroney）的领导下再次执政。此后加拿大同美国的一系列争端导致美国不断威胁要对加拿大的违规行为进行报复，引起了加拿大许多依赖于美国出口市场的大企业的警觉。1984年美国国会授予总统同以色列签订自由贸易协定的权力，利用这一权力，美国和加拿大的政府官员于1986年开始商讨旨在增强美国对加拿大开放程度的协定（Cameron and Tomlin, 2000, p. 6）。东部省份特别是魁北克省的制造商和农业集团强烈反对保守党这一举动。

1988 年的大选中，自由贸易协定成为了一个重大问题。保守党支持该协定的最终版本，最后以很大优势在选举中获胜。在野的自由党在特纳（Turner）的领导下称这一协定为“出售加拿大法案”，并警告说这会造成纺织、鞋和服装行业的严重失业。尽管特纳言词激烈，但是下议院关于这一法规的投票情况显示出各个政党在贸易问题上依然存在内部分歧（见表 8.4）。

表 8.4　下议院关于北美自由贸易协定的投票情况，1988 年，1993 年

	法规	党派	同意	反对	凝聚力	平均凝聚力	总体凝聚力
1988 年	美加自由贸易协定	保守党	152	30	67		
		自由党	22	18	10		
		新民主党	12	16	14.2	40.4	88.9
1993 年	北美自由贸易	保守党	143	41	55.4		
		自由党	8	15	30.4		
		新民主党	11	14	12	42.6	88.3

资料来源：*Hansard Parliamentary Debates and Canadian Parliamentary Guide*.

马尔罗尼和他的保守党最终于 1991 年加入了关于《北美自由贸易协定》的谈判，但是他们是谈判桌上

最不情愿的成员(Cameron and Tomlin, 2000, p. 63-66)。1993年5月在大选即将来临之际,马尔罗尼不顾许多党内成员以及自由党成员的反对,促使国会通过了《北美自由贸易协定》议案。在持续的经济衰退的影响之下,马尔罗尼在10月大选之前把首相之职转交给了金·坎贝尔(Kim Campbell),试图淡化贸易问题。大选结果是,琼·克雷蒂安(Jean Chrétien)领导的自由党在下议院获得了99个席位,使得只有两名保
113 守党党员进入下议院。在竞选过程中,克雷蒂安曾经保证在选举获胜之后重新进行《北美自由贸易协定》谈判。他的确很快就协定中的一些条款邀请美国和墨西哥重新进行谈判,但遭到了回绝。最终他对这一协定表示支持,甚至进一步提议建立宏大的北美—欧盟自由贸易协定,并且向南扩张《北美自由贸易协定》到包括智力等国家。

8.5 结论

加拿大由贸易问题引发的政治冲突在上两个世纪的演化情况和法国很相似,尽管经济和政治中地区性分歧的重要地位可能是加拿大所独有的。在加拿大彼此分割的经济体中,行业间要素流动程度相对较低,使得加拿大的贸易冲突中很少出现明显的以阶级为基础的分化,而是被行业集团的游说活动所主导。不同行

业和地区在贸易问题上的分歧割裂了广泛的要素所有阶级,使得加拿大的政党和社会组织在关税问题上也存在内部分歧。虽然阶级联盟在20世纪20—30年代更加明显一些,那时西部省份的激进农民运动开始攻击主要政党所支持的保护主义政策,但是金政府所做出的一系列让步阻止了这一冲突的激化。1945年之后,政党(以及活跃社会组织)依赖于来自不同宗教信仰、种族和经济集团的支持,因此,政策制定更多是受行业集团游说和细节问题的影响,而不受阶级分化的影响。

[注释]

[1] 关于游说模式,参见Easterbrook and Aitken,1956,p. 224。

[2] 类似于这段时期美国的情况,通常是同一城市或城镇的农民和手工艺者代表联合起来递交请愿书,呼吁给某项商品提高(或削减)关税。参见Forster,1986,p. 17-18。

[3] 那时候关税仍旧占政府收入的2/3。参见Ethier,1988,p. 224。

[4] 这位工人名叫H. B. 威滕(H. B. Witten),被称作是"保守党技工"(Forster,1986,p. 93)。

[5] 虽然福斯特(Forster, 1986)已经列举了许多这样的集团,但是他最终总结到——他们的"数量和坚持还远不止于此"(189)。

[6] 投票数据和党派从属资料来源是*Hansard Parlia-*

mentary Debates, *Canadian Parliamentary Companion*, *Annual Register* 以及 *Canadian Parliamentary Guide*（1879－1993）。笔者是随机抽取相关年份所有投票的 10%作为样本得出总体凝聚力水平的。

[7] 值得注意的是，在这段时期不同地区和行业的制造商、工人和农民之间的分歧相当严重，因此阻碍了以阶级为基础的组织的发展。关于新生的劳工组织在这段时期所面临的困难，参见 Palmer (1983)。关于加拿大制造商协会（Canadian Manufacturers' Association），参见 Coleman，1988，p. 22。

[8] 虽然国民合作联盟反对国家政策，但是它的注意力主要集中在打破私人垄断势力对交通和谷物市场的控制。

[9] 这一组织并没能获得安大略省中心工业地带的广泛支持；参见 Palmer，1983，p. 228。

[10] 该结论是普雷斯图斯（Presthus，1973）得出的，他研究了战后加拿大经济政策制定中复杂核心势力的融合过程。

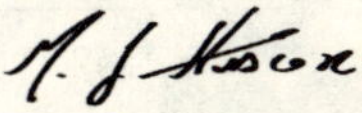

第9章　澳大利亚

澳大利亚的情况格外有意思。从第2章的论述中 114
我们可以看到——19世纪末20世纪初澳大利亚的行业间要素流动程度骤然上升，并且在此之后一直维持在相对很高的水平之上，和瑞典的情况很相似。因此，我们可以预测到——19世纪末以后澳大利亚贸易政治的主要特点就是非常强健的阶级分化，以至土地所有者和城市利益之间彼此对立。

表9.1总结了对澳大利亚的预测以及观察到的实际情况。整体上来说，澳大利亚的实际情况趋向于肯定我们的预测，并且和先前文献以阶级为基础进行的描述很吻合（Rogowski，1989；Tsokhas，1984）。但是，先前的文献并没有解释澳大利亚明显的跨时变化模式，而这种变化模式与本书中提出的理论相当吻合。明显的以阶级为基础的分化直到19世纪末才在澳大利亚贸易政治中出现，那时行业间要素流动程度上升到了很高的水平。1901年联邦政府建成之后，

表 9.1　　澳大利亚：理论预测与观测到的实际情况

时期	要素禀赋	流动程度	预测[a]	实际情况	
				以阶级为基础的政党和组织	行业集团
1815—1869 年	土地充裕；资本和劳动力稀缺	低	行业联盟	无法获得	非常活跃；许多集团在贸易政策委员会前作证，以及向州议会请愿
1870—1914 年	土地充裕；资本和劳动力稀缺	高	阶级联盟	保护主义党和自由贸易党在贸易问题上一直斗争，直到 1909 年两党合并；工党支持保护主义	积极游说贸易委员会的行业集团数量减少
1919—1939 年	土地和资本充裕；劳动力稀缺[b]	高	阶级联盟	自由党一乡村党联盟和工党都支持保护主义	几乎没有证据显示——有关于贸易问题进行的游说
1945—1994 年	土地和资本充裕；劳动力稀缺[b,c]	高	阶级联盟	自由党-乡村党联盟和工党以及 AFB 和澳大利亚工会委员会（ACTU）都坚持保护主义；某些乡村党成员在 20 世纪 80 年代持不同意见	主要行业集团游说关税委员会要求改革关税税率

a. 如果预测为阶级联盟，则意味着以阶级为基础的组织在贸易问题上内部统一并采取一贯的立场，而行业集团并不活跃。如果预测为行业联盟，则意味着以阶级为基础的组织在贸易问题上内部分裂，采取模糊的立场（参见表 3.1）。

b. 这里罗戈夫斯基的分类存在一些问题。罗戈夫斯基采用的要素禀赋方面的资料是把每个国家同世界平均水平相比较。但是，无法抗拒的事实是澳大利亚在贸易上对英国的依赖（基于政治和历史原因），以及 1945 年之后对美国的依赖使得更加合理的方法是把澳大利亚视为资本相对稀缺的国家（相对于它的主要贸易伙伴来说）。关于以后年份的数据也和这一观点相一致，参见 c。这使我们可以预测到商界（以及代表他们的组织）会支持保护主义，本章中的讨论看起来确认了这一点。

c. 采用 1966 年的数据，鲍恩、利默和斯维考斯卡斯（Bowen，Leamer，and Sveikauskas，1987）发现，澳大利亚资本相当稀缺，所有类型的劳工也都很稀缺（除了农业工人），但可耕种土地充裕，这与罗戈夫斯基的研究结果相反。

政党开始采取一贯的阶级立场：农业利益集团支持自由贸易党（Free Trade Party），商业和城市中产阶级支持保护主义党（Protectionist Party），同时工党逐渐内部一致地采取了支持关税的立场。但是农业利益集团最终选择了妥协，同保护主义党联合在一起以制约工党，这有效地使得贸易问题在 20 世纪的大部分时间里都离开了澳大利亚选举政治的舞台。

9.1 殖民地时期的贸易政治

澳大利亚殖民地 19 世纪 50—60 年代开始自治。当时由贸易问题引发的政治冲突的主要特点就是，各种当地的行业集团都在每个州的立法机关里进行猛烈的游说——不同的制造商和工人团体在关税问题上采取不同的立场（Serle，1971，p. 31 - 32；Atkins，1958）。虽然单个团体依照英国的传统通常会被视为“自由派”或“保守派”，但是直到很久之后澳大利亚才出现有广泛群众基础的党派。只关注于自身利益的地方性团体主导了澳大利亚的政治舞台，而不断变化的联盟和个人忠诚是这一政治舞台的核心特点。

澳大利亚刚获得自治的时候，关税只是为了获得国家收入而征收的，并且进口关税是到那时为止每个殖民地最重要的税收项目。19 世纪 50—60 年代的经济压力迅速改变着关税政策的制定。那时候，维多利 116

亚和新南威尔士这两个最大的殖民地——黄金热吸引来了大量移民，使得这股热潮衰落之后失业率剧增。在维多利亚，压力尤为严重。因为需要进行基础设施建设以适应人口的增长，所以政府急需获得新的收入，这时保护主义者们抓住了这一机会。1860 年，当一个特别委员会被任命研究关税问题时，大量行业集团递交了请愿书要求施加新的关税。

当时，代表公共汽车制造、靴子制造、马鞍马具制造、面粉磨制和家具等新生制造业行业利益的集团积极进行游说以要求新的保护（Patterson，1968，p. 12－14）。农业集团和商界（包括烟草商）对此表示反对。宣传手册的作者们积极倡导新的关税，保护主义集团成立了一个松散的关税同盟（Tariff League）来宣扬他们的观点（Whitfeld，1950，p. 52－59）。政治生涯短暂的希尔斯政府（Heales government）于 1862 年提高了关税，但是此后经济情况并没有转机，所以 1865 年政府又任命了另外一个制造业特别委员会，新一轮的请愿活动开始了。[1]

新南威尔士面临的问题相对要轻一些，但是城市失业率在 19 世纪 50 年代晚期明显上升，为此帕克斯政府（Parkes government）在 1860 年建立了一个特别委员会来调查工人阶级的情况。像维多利亚的特别委员会一样，该委员会也收到了来自于悉尼等地的大量行业集团的请愿书，促使该委员会提议提高关税以增进制造业的发展（Patterson，1968，p. 24）。但是这一提议遭到了州立法机关的敌视，因为那里农业的势力更加强大。澳大利亚的农场主们所关心的是贸易壁垒是否会导致他们以及他们的雇员生活成本上升，因此他们强烈反对新的保护主义措施。

但是要求提高关税的呼声在 19 世纪 60 年代变得更加强烈了，那时帕克斯政府收到了来自于地区性行业集团的大量请愿书（Patterson，1968，p. 25）。1862 年，政府成立了一个新的制造业和农业状态委员会（Committee on the State of Manufactures and Agriculture），有大量集团在该委员会前作证。[2] 1863 年考珀政府（Cowper government）提议设立新的保护主义关税，但是没有在下议院获得通过。农业集团和城市商业利益强烈地反对保护主义关税，他们担心新的关税（没有退税条款）会破坏悉尼同新西兰和昆士兰的贸易关系。在这次提高关税的要求失败之后，下议院再次遭到大量请愿书的“狂轰滥炸”——有支持新关税的，也有表示反对的。1863 和 1864 年的暂时性法规提高了一些商品的关税（酒和烟草）来阻止财政危机。在此期间各种政治联盟分分合合。最终，温和的保护主义措施于 1866 年获得通过，成为法律（Loveday，Martin，and Parker，1977，p. 38－40）。 117

9.2 贸易政治与联邦

19 世纪 80 年代晚期的经济衰退使得贸易成为殖民地的核心政治问题。不同的殖民地以不同的方法来应对经济问题。在新南威尔士，帕克斯领导的自由贸易党成立了一个联盟来维持市场的开放，利用拍卖公共土地和收取财产税获得的收入来给工人进行补贴，以实现从土地所有者到工人的收入再分配（Anderson and Garnaut，1987，p. 42）。类似地，在由农民和牧人主导政坛的西澳大利亚和昆士兰，政府也坚持实施自由贸易政策。而另一方面，在拥有大量移民人口的维多利亚，众多失业工人激烈的要求施行保护主义措施来提高制造业行业的就业率（Loveday，Martin，and Parker，1977，p. 28）。[3]像南澳大利亚和塔斯马尼亚（Tasmania）的情况一样，维多利亚政府为了响应城市工人的要求而变成了强烈的保护主义者，给新生制造业行业提供了高关税。

到了 19 世纪 80 年代，维多利亚政坛开始形成明显的阶级联盟——大量属于保护主义联盟的工人同制造商联合在一起反对自由贸易联盟（Free Trade League）。墨尔本势力强大的贸易厅委员会（Trades Hall Council）由制造业工会所主导，他们也强烈支持保护主义。并且工人运动同支持保护主义的自由党政府结成了良好的联盟关系，帮助自由党在 19 世纪

80—90 年代一直主导了维多利亚政坛。

19 世纪 80 年代行业集团游说强度明显下降，同时阶级联盟开始兴盛，这一特点在这段时期官方委员会面临的游说情况中反应了出来。由于维多利亚的关税委员会在 19 世纪 60 年代吸引了大量的行业集团，以至在 90 年代所面临的行业集团压力就小得多了。而对 1883 年成立的皇家关税委员会（Royal Commission on the Tariff）进行游说的行业集团数量则更少。1895 年被任命调查维多利亚财政系统的调查委员会也遇到了类似的情况。[4]

在新南威尔士，帕克斯的收入再分派政策抵消了贸易对工资造成的负面影响，使得工人们要求保护的呼声要小的多。帕克斯在 19 世纪 70 年代通过增加土地出售甚至取消了 60 年代施加的许多非保护性关税，结果获得了一枚科布登俱乐部（Cobden Club）的金牌！在悉尼，自由贸易倡导者与保护主义者之间进行了激烈的竞争——为了左右贸易与劳工委员会（Trades and Labour Council）的立场，但是该委员会一直在贸易问题上采取模糊的立场（Nairn，1957，p. 435）。1885 年 5 月，该委员会针对是否应该支持新成立的保护与政治改革联盟（Protection and Political Reform League，PPRL）进行了激烈的辩论，最后以 12 人支持 10 人反对告终。1887 年该委员会内部也出现了类似的分歧，但是这次对自由贸易者们有利。19 118

世纪 80 年代，许多工党候选人继续同保护主义党或者自由贸易协会（Free Trade Association）保持紧密的联系（Nairn，1957，p. 436）。

随着 19 世纪 80 年代晚期工商业衰退的加剧，贸易问题开始在新南威尔士的选举中引发争议。保护与政治改革联盟在有“疯狂禁酒主义者”之称的理查德·查尔斯·勒斯科姆（Richard Charles Luscombe）的领导下于 1886 年实现了它历史上最伟大的成功——搁置了它例行的宣传册子和辩论工作而在悉尼举行了一次大型的游行示威活动。[5]大约有6 000人出来观看支持保护主义的议员、制造商和工会会员在悉尼的游行，并且聆听诸如“科布登的诅咒”之类的演讲。[6]贸易与劳工委员会的主席称之为“一场伟大的婚礼——资本与劳动力之间的婚礼”（Loveday and Martin，1966，p. 135）。1886 年的财政危机给予了保护主义党足够的理由和机会在詹宁斯（Jennings）的领导下成立了内阁，并且通过了新的关税。但是，当詹宁斯政府在后一年垮台后，帕克斯继续接管了政权并且取消了这些措施。1889 年，新的保护主义内阁执政，并于 1891 年当他们获得议院大多数席位的时候提高了关税。新的关税又很快再一次于 1895 年被取消，那时自由贸易者们在里德（Reid）的领导下控制了政权。

19 世纪 90 年代持续的经济衰退变革着澳大利亚

政坛。国际羊毛价格的下降使得牧场主们降低了剪羊毛者的工资，导致组织纪律良好的剪羊毛者工会对此进行抵抗。随后的1890和1891年，其他一些行业也举行了一系列罢工活动，使得劳资关系混乱。新成立的工业工会组织了大量欠熟练工人，他们更加富有攻击性且更具阶级意识，倡导要建立劳工的中央领导核心，要有自己的政治代表（Gollan，1955，p. 18）。但是，当沿海省份罢工结束的时候，大部分的目标都没有实现，因此他们转而谋求通过选举获得实质性进展。他们创建了劳工选举联盟（Labor Electoral Leagues）来资助候选人，在选举获得成功之后，这些劳工选举联盟很快发展为各个州议会中的工党。[7] 1899年，联邦工党（Federal Labor Party）成立。

但是，工人在贸易问题上因为地区不同而产生的分歧依然存在。工党在1900年的第一次大会上起草了简单的纲领，把注意力主要集中在移民限制和养老金问题上而回避了贸易问题。在1901年的第一次联邦选举中，工党领导人决定贸易政策由候选人自行决定（Loveday，Martin，and Parker，1977，p. 388）。在沃森（Watson）的领导之下，在第一届和第二届议会中工党在贸易问题上没有实际上确定的政策立场，允许党员在下议院关于贸易的投票中自由选择。[8]但是，随着时间的推移，越来越多的工党成员联合起来支持进口壁垒。工党成员的内部分歧在新南

威尔士 19 世纪 90 年代的议会（工党成员有的支持自由贸易党，有的支持保护主义党，同时这两个政党的内部凝聚力都有所提高）以及 1901 年之后新的联邦议会上都很明显地显现了出来（见表 9.2）。[9]

120 **表 9.2　新南威尔士议会和下议院关于贸易议案的投票情况，1870—1914 年**

	法规	党派	同意	反对	凝聚力	平均凝聚力	总体凝聚力
1892 年	进口关税议案（Customs Duty Bill-新南威尔士）	自由贸易党	2	37	89.7		
		保护主义党	56	6	96.5		
		工党	8	5	23.2	84.1	82.5
1895 年	进口税议案（Customs Bill-新南威尔士）	自由贸易党	44	5	79.6		
		保护主义党	0	28	100		
		工党	7	3	40	88.2	83.4
1906 年	消费税法案（Excise Tariff Act）	自由贸易党	0	29	100		
		保护主义党	28	0	100		
		工党	12	6	33.3	96.5	86
1908 年	莱姆关税（Lyme Tariff）	自由贸易党	1	24	92		
		保护主义党	32	1	93.9		
		工党	19	2	81	91	88.3

资料来源：New South Wales Legislative Assembly（1892，1895），Parliament of the Commonwealth of Australia（1906，1908），Martin（1959），and Rydon（1975）.

支持自由贸易的利益集团对组成澳大利亚联邦可

能对贸易政策造成的影响表示极度的关注，因此 1900 年的宪法大会（Constitution Convention）就激烈地讨论了关税问题，为联邦政府的成立做了准备。高度依赖于出口的西澳大利亚直到最后关头都一直坚持如果没有关税自由的话就反对组成联邦（Warhurst，1981，p. 191）。他们的担心的确不是多余的，在 1901 年的首次联邦选举中，支持自由贸易党的农业和矿业投票就根本无法同埃德蒙·巴顿（Edmund Barton）领导的保护主义党城市选举势力相抗衡，结果一项高度保护的全国关税计划很快获得了通过。1903 年大选之后，工党获得了更多的席位，新的保护主义党少数党政府在艾尔弗雷德·迪金（Alfred Deakin）的领导下建成，他们针对一项称为“新保护主义”（New Protection）的政策寻求工党的帮助。该政策包括在 1906 年的《消费税法案》（Excise Tariff Act）之中，给进口商品施加了更高的关税，并且对国内制造业商品也施加了同样的消费税，给予那些提供“公平且合理工资”的企业消费税退税政策，由调节与仲裁法庭（Court of Conciliation and Arbitration）来判断企业是否满足退税要求（Alexander，1980，p. 26－27）。该项政策促成了资本家和工人之间的联盟，根据希金斯法官（Justice Higgins）的话来说，回避了“要求面包的工人和要求利润的资本家”之间的斗争。[10] 1908 年的莱姆关税（Lyme Tariff）再

次提高了进口关税。

121 但是，商业利益和劳工之间的城市同盟并不稳定。当保护主义党于 1903 年丧失了多数席位之后，迪金以及保护主义党领导阶层就在到底应该同工党还是自由贸易党进行合作的问题上犹豫不决。他们在很大程度上受到了商业组织的影响，其中包括势力强大的雇主协会以及全国制造商理事会（Chamber of Manufacture）。其中全国制造商理事会通过了决议要反对国有化（Loveday，Martin，and Parker，1977，p. 402 - 426）。工党在 1906 年选举中的成功以及它的逐步激进化最终促使自由贸易党和保护主义党联合到了一起。1909 年，自由贸易党和保护主义党在迪金的领导下成立了统一的反工党政党——自由党（Liberal Party），它的主要支持者是土地所有者和商业利益。[11]

但是，这一新的联盟力量还是不够强大，没能阻止工党于 1910 年首次获得政权。在安德鲁·费希尔（Andrew Fisher）的领导下，工党最终采取了支持保护主义的明确立场。现在没有任何党派倡导自由贸易了，自此保护主义正式成为了澳大利亚政治经济领域中一项没有争议的政策。行业组织和工会被劳资纠纷占据了主要精力，因此在“新保护主义”和随后的第一次世界大战之前的关税提升中都几乎没有发挥什么作用。即使是强大的剪羊毛者联合工会（Amalgamated Shearers' Union，出口羊毛行业历史最悠久且最强大的工会）也为了工人阶级的整体福利而接受了保护主义。商界的政治活动由商务委员会（Chamber of Commerce）和制造商委员会（Chamber of Manufacturer）负责受理，它们也都一致坚持保护主义（Loveday，Martin，and Parker，1977，p. 17－18）。

9.3　两次世界大战期间的澳大利亚

自由党在战争结束之后为了保护制造商不受进口竞争的侵害迅速做出了反应，于1921年通过了《格林关税》（Green Tariff），大幅度提高了工业商品的关税。表9.3总结了关于这一议案以及其他战时法规的投票情况。工党强烈支持保护主义（1901年时党内的明显分歧已经消失了），并且自由党和新成立的乡村党也几乎没有什么反对意见。

表9.3　下议院关于贸易议案的投票情况，1919—1939年 122

	法规	党派	同意	反对	凝聚力	平均凝聚力	总体凝聚力
1921年	格林关税	自由党	32	0	100		
		工党	23	1	92		
		乡村党	4	2	33.3	88.2	87
1930年	特别关税议案 (Special Duties Bill)	自由党	25	2	85.2		
		工党	31	0	100		
		乡村党	2	1	33.3	90.7	89.4

资料来源：Parliament of the Commonwealth of Australia (1921, 1930), and Rydon (1975).

乡村党成立于1920年，在支持反工党联盟的名义下接受了保护主义观点。这在许多地区并没有伤害到农民的利益，特别是新南威尔士北部以及昆士兰地区劳动密集型的水果、糖和奶制品行业，它们受到了来自拉丁美洲、菲律宾和新西兰的廉价进口商品的威胁。20世纪20年代农民们的忧虑日益严重，担心他们在进口机械和化学药品上的花费会上升，特别是当谷物和肉类价格在全世界范围下降的时候。自由党政府的应对措施是，直接给农业生产者提供购买农业机械和化学农药的补贴。

自由党首相斯坦利·布鲁斯（Stanley Bruce）也试图转移农民们的不满，他于1927年成立了一个由经济学家组成的委员会来研究关税问题。布里格登委员会（Brigden Commission）做出了一个支持保护主义的全面性报告，但是指出，现有的关税水平已经足够高了，这给向制造商提供的慷慨保护提供了合理的理由。据布里格登所说，相对于自由贸易政策，这种保护主义政策能够维持更高的实际工资。[12]该报告是“澳大利亚保护主义”的最初版本，正是后者启发了斯托尔珀和萨缪尔森后来对贸易的分配效果所进行的研究。

布鲁斯在1929年的大选中落败，新的工党政府在詹姆斯·斯卡林（James Scullin）的领导下开始执政。工党政府很快就面临着史无前例的高失业率和国际收支平衡失调，因此他们不顾布里格登报告，于1930年大规模提高了关税。但是政府还是没能解决经济危机，于1931年12月垮台。到那时为止，农民和进口商之中已经出现了反对高关税的骚动，并且许多州都成立了关税改革同盟（Tariff Reform League）。当时，由于广泛存在的对国有化的恐惧情绪，自由党在选举过程中非常明智的保证会让关税委员会（Tariff Board）重新审查1930年所实施的保护主义政策（虽然后来并没有做出任何修改）。[13] 在西 123
澳大利亚，出口导向型的谷物种植者和矿业对关税提升最为愤怒，他们已经开始讨论脱离联邦。追溯到1900年的不满，他们把高外部关税和内部自由贸易称为“西澳大利亚在联邦体制下最沉重的负担”（Warhurst，1981，p.191）。

1932年，在渥太华会议上澳大利亚加入了与英国商定的帝国优惠体系中，使得农村地区的忧虑有所缓解。英国市场当时仍旧占据澳大利亚出口额的一半，因此，英国所给予的特惠条件多少帮助苦难的澳大利亚农民减轻了一些负担，虽然相对于来自加拿大的竞争来说他们并没有什么优势。而澳大利亚则在给予英国进口商品特惠条件之前骤然提高了关税（渥太华协定（Ottawa commitment）要求给英联邦国家施加的进口关税比给其他国家施加的关税低大约15%）。

9.4 战后时期澳大利亚的贸易政治

在第二次世界大战之后的 20 多年里自由党和乡村党联盟主导了澳大利亚政坛，从 1949 年一直执政到 1972 年。自由党的核心支持力量在于城市地区的资本所有者，他们仍然是自由党保护主义立场的主要幕后推动力量（Millar，1978，p. 39）。1948 年的时候，工党政府加入了关贸总协定，在野的自由党则强烈反对澳大利亚入关时所同意的一些条款（Glezer，1982，p. 22）。一旦掌权，自由党就引入了精心设计的高限制性进口配额制度，以有效地抵消关贸总协定所规定的贸易自由化，并且争辩到——只要农产品的出口壁垒还存在，澳大利亚就有理由保护它的制造业（Arndt，1965；Rattigan，1986，p. 5）。农业出口商和依赖于进口壁垒的工业厂商们都对这一立场表示满意。

可能最令人感到意外的就是这些年乡村党对保护主义政策的强烈支持，要知道土地充裕的澳大利亚是低成本农业产品的出口大国。乡村党与自由党联合起来反对工党，这在很大程度上解释了这一问题。在战后，农业生产者在总人口、劳动人口以及国民收入中所占的比例都有所下降，因此，如果乡村党想要对政策制定有重大影响力的话，与自由党的联盟就具有关键意义（Rattigan，1986，p. 5）。另外，还有其他一些原因促使乡村党离开了自由贸易立场。[14]澳大利亚最具有竞争力的农民是那些为世界市场生产羊毛、谷物和牛肉的农民，这些类型的农业生产土地密集程度很高，所雇佣的工人（最主要是剪羊毛者）在传统上忠于工党。而更多的农业人口则从事于糖、奶制品、水果和烟草等土地密集程度不高的行业，这些行业就严重依赖于保护主义政策。澳大利亚的气候不适宜进行大规模的奶制品生产和柑橘类植物的生长，特别是在灌溉工程没有扩展到草原地区之前，这些地区的农民依靠补贴与来自新西兰和拉丁美洲的进口商品竞争。对糖和烟草生产商的补贴在历史上就和移民政策相关：工党和保护主义党在成立联邦之后给予了这些行业大量的保护，部分原因就是作为禁止美拉尼西亚（Melanesian）工人进入澳大利亚北部地区的补偿。这些受到保护的农业行业构成了乡村党选民基础的重要组成部分。 124

乡村党 20 世纪 60 年代的领袖约翰·麦克尤恩（John McEwen）担任了贸易与工业部部长之职（而不是传统的财政大臣职务），并试图利用保护主义措施来增强乡村党的选民基础（Jupp，1982，p. 80）。他热烈地倡导他所谓的对工业和农业进行的“全面保护”，并且特别关注那些局部位于乡镇的工业，寄希望于把乡村党的选民基础扩大到这些地方。这一体系

通过给化肥提供补贴并且提供慷慨的农业机械折旧提成补偿了农民的利益。1957 年澳大利亚与日本缔结了日本贸易协定（Japanese Trade Agreement），60 年代早期又根据关贸总协定的规定取消了进口执照，为此，麦克尤恩在 20 世纪 60 年代对大量产品进行了紧急保护。[15]

麦克尤恩和联盟政府在这些年采取的方针都是整体上支持保护，但又保持具体细节的模糊，让独立的关税委员会负责建议特定商品的关税率以及对保护结构的具体调整（Glezer，1982，p. 26 - 27）。该委员会通过发放调查问卷来收集关于某一行业的信息，通常在此过程中几乎没有行业集团积极参与，也几乎没有真正的政治辩论。[16]该委员会意见一致地认为需要
125 给工业提供高度的保护，另外大家也都接受了设定关税率的常规性管理渠道，这两者的结合意味着除了少数例外以外（大部分在农业和纺织行业集中地区）绝大部分议会成员都对贸易问题不太关心，同时关税委员会的报告也很少引起争议。

阿尔夫·拉蒂根（Alf Rattigan）自 1963 年开始负责领导关税委员会，在 60 年代晚期开始公开宣传要进行改革，给联盟政府安逸的关税体系带来了挑战（Rattigan 1986；Glezer，1982，p. 78 - 109）。在弗农委员会（Vernon Committee）1965 年的建议之下，他提倡从受保护程度最高的行业开始对澳大利亚的保

护主义结构进行全面的审查，而不是像原来那样采取逐个行业解决的方式。没有任何一个行业集团或企业支持拉蒂根的提议，制造商联合会（Associated Chambers of Manufacturer，ACMA）对此也表示强烈的反对（Glezer，1982，p. 100）。[17] 虽然像羊毛生产者和放牧人之类的农业集团对此表示支持，但是麦克尤恩本人成为了主要的反对者。

同时，工党继续坚定的支持保护主义。在野 23 年之后，工党在惠特拉姆（Whitlam）的领导下于 1972 年获得了政权，到那时为止该党的官方纲领已经支持保护主义有 60 多年了，但是惠特拉姆准备要继大选大获全胜之后对此有所突破。1973 年，在几个著名经济顾问的建议之下，他促使惊讶的内阁通过了他降低 25%关税的提案，作为抗击通货膨胀的措施。结果，这一措施招致的工党成员和工会的愤怒不仅广泛而且持久。最强烈反对关税削减的是纺织、服装和鞋业的大型工会。工会领袖（以及在野的自由党）认为，这一措施要为 1974 年失业率的陡然上升负责。惠特拉姆很快放弃了这一改革，于 1974 年给服装、纺织和鞋业提供了新的进口配额，并且让货币贬值 13.5%。在 1974 和 1975 年的大选中，他采取了坚定支持保护主义的立场。但是他先前的举动已经造成了负面的政治影响，增强了人们对工党鲁莽行事、管理经济不善的印象。[18]

在弗雷泽（Fraser）的领导下，自由党在1975年的大选中把贸易保护作为主要问题，并且直接讨好那些受到进口增长侵害的行业。在1974年6月之前的12个月里，纺织、服装和鞋业的进口数量增长了75%，同时在到1974年12月前的6个月里就业率下降了22%（Anderson and Garnaut，1987，p.81）。弗雷泽保证要引入新的保护措施来提高这些行业的就业率，同时谴责工党的关税削减是造成这些问题的原因。在自由党—乡村党联盟于1975年末重新执政之后，他们于1976年给上述行业以及机动车辆和汽车零件生产者设定了更加严格的进口配额以及更高的进口关税。这些新的进口限制措施在1977年的大选之前范围再次扩大，并在1980年大选前的几个月被延长了7年。对这些行业的有效保护率本来就已经很高了，但是还是在1975—1982年间增长了2倍（参见Krause，1984，p.290；Gregory，1984）。

工党在霍克（Hawke）的领导下于1983年再度执政，那时1973年关税削减带来的阴影仍旧笼罩着工党的贸易立场。在那场政治灾难之后，工党领导阶层采取了坚定且一致的贸易政策立场，强调要避免失业。另一方面，工会领袖，包括在1973年领导了澳大利亚工会委员会（Australian Council of Trade Union）的霍克在内，都不能容忍与工党传统纲领相左的意见（Tsokhas，1984，p.26）。这段时期议会关于贸易法规的投票显示出高水平的党派凝聚力（见表9.4）。工党重获政权之后采取了谨慎的措施，把注意力集中在维持困难行业的就业率上，与先前政府采取的措施几乎没有什么不同。工党在贸易政策上惟一的主要变革就是给境况不佳的钢铁行业提供了新的补贴，并扩充了对汽车行业进行的保护。

表 9.4　　下议院关于贸易议案的投票情况，1945—1994 年 127

	法规	党派	同意	反对	凝聚力	平均凝聚力	总体凝聚力
1948 年	国际贸易组织	自由党	22	5	63		
		工党	11	2	69.2		
		乡村党	3	15	66.7	67	80.2
1957 年	反对同日本签订的条约	自由党	2	34	88.9		
		工党	13	1	85.7		
		乡村党	0	33	100	89.4	88.4
1979 年	东京回合协定	自由党	62	0	100		
		工党	24	3	77.8		
		乡村党	38	2	90	90.1	87.2

资料来源：Parliament of the Commonwealth of Australia (1948—1979), and Rydon (1975).

在野党派在 20 世纪 80 年代中期开始在保护主义问题上出现了一些不同意见。牧人和谷物出口商于 1977 年创建了全国农民联盟（National Farmers' Federation），并把削减制造业商品进口壁垒作为其

游说和宣传活动的一个核心内容（Anderson and Garnaut，1987，p. 74）。自由党的农村委员会（Rural Committee）也要求对关税进行审查并且支持拉蒂根所提出的改革。矿业部门也越来越支持贸易自由化改革（Krause，1984，p. 289；Tsokhas，1984，p. 42 - 44）。80 年代之前，大部分矿业公司在受到保护的制造业行业也有大量投资。但是 80 年代早期由于资源迅速膨胀，使得许多大公司开始集中于矿业生产，特别是集中于出口导向型的铁矿石、矾土和铅工业的生产，因此他们很快开始更多的要求贸易自由化。[19]同时，行业集团要求保护的呼声也有所加强。但是，两个主要政党都支持渐进的贸易改革（Anderson and Garnaut，1987，p. 73）。

9.5 结论

澳大利亚至少是在 20 世纪 20 年代之后，产生了阶级联盟之间富有弹性的妥协，偏向于保护主义——这至少在贸易经济学家的眼中等于瑞典的反面例子。当澳大利亚殖民地于 19 世纪 50—60 年代获得自治的时候，贸易政策争论最初以强烈的地方性行业集团游说为特征。但是，19 世纪末 20 世纪初，阶级分化日益明显，土地这一充裕要素的所有者坚持支持自由贸易，而城市工人和商界则要求施行保护主义措施。19

世纪 90 年代在各个殖民地，城市“保护主义”联盟都同农村“自由贸易”联盟相抗争，在 1901 年成立新的联邦议会之后情况也是如此，并且这两派势力在议会形成了全国性的保护主义和自由贸易政党。工党政府选举优势的日益增长以及它关于税收改革和国有化的激进政策促使保护主义党和自由贸易党最终联合到了一起，支持普遍的高关税并且有效地搁置了 1909 年的贸易问题。澳大利亚对保护主义的妥协像瑞典对自由贸易的妥协一样都是独有的，在以后的几十年里一直稳固的维持了下去，使得主要政党都统一的支持现有的贸易政策。

[注释]

[1] 参见 Victorian Legislative Assembly 1865。有 40 多个不同的行业集团在委员会前作证。

[2] 参见 New South Wales Legislative Assembly (1862)。

[3] 维多利亚同时也缺乏广阔的可耕种公共土地，所以不像新南威尔士那样可以通过拍卖公地获得大量的收入。关于当时维多利亚政治情况的详细介绍请参见 La Nauze (1948)。

[4] 参见 Victorian Legislative Assembly (1883, 1894)。1883 年有不超过 40 个集团在皇家关税委员会 (Royal Commission on the Tariff) 前作证，1894 年在调查委员会 (Board of Enquiry) 前作证的要更少 (大约有 20 个)。

[5] 勒斯科姆的绰号是由支持自由贸易的 *Sydney Morn-*

ing Herald，February 2，1889 所封的。保护与政治改革联盟在持续时间不长的土地与工业联盟中（Land and Industry Alliance）也发挥了关键的作用，后者于前一年在悉尼组织了一次会议，吸引了四十多个来自地方机构、工会的代表团以及一些小农协会和农民联盟（参见 Loveday and Martin，1966，p. 123 - 124）。该联盟决心要为了“对抗畜牧业与进口利益的支配性影响力”进行合作，但是很快就清楚地发现参与其中的农业集团反对进行整体性的保护（Loveday and Martin，1966，p. 125）。

［6］他们的广告呼吁：

工匠们和技工们，水手们和劳工们，加入这次游行用行动来说明悉尼和市郊的人民是否对现在的政策满意。这政策让我们任人摆布，让悉尼成为欧洲劣质商品的大接受器，而让成千上万熟练以及非熟练的工人失去了他们的工作。（引自 Atkins，1958，p. 242）

［7］有意思的是，维多利亚工党的诞生要比新南威尔士以及其他地方晚得多，因为那里的自由党在早期的土地、税收和保护问题上就已经获得了工人阶级的广泛支持。虽然雇主和工人之间的关系日益紧张，但是工人在 1894 年大选中为了避免分裂反自由贸易阵营而同自由党建立了选举同盟，这进一步加强了把劳工视为自由党一个分支的倾向（Gollan，1955，p. 23）。

［8］但是对糖和烟草的保护同移民问题有所联系，而工党在移民问题上的立场是比较统一的。19 世纪晚期，昆士兰的甘蔗和烟草种植者们变得严重依赖于美拉尼西亚劳工。在澳大利亚联邦，保护主义党和工党担心城市选民所要求的移

民控制会使得他们丧失昆士兰代表的支持——所以他们就把这项政策同高进口壁垒及对糖和烟草生产者的补贴结合到了一起。

[9] 投票数据资料来源是新南威尔士议会（New South Wales Legislative Assembly），*Votes and Proceedings of the Legislative Assembly*（1892，1895），以及澳大利亚联邦议会（Parliament of the Commonwealth of Australia），*Votes and Proceedings of the House of Representatives*（1906—1971）。党派从属数据来源是 *Members of the Legislative Assembly of New South Wales* 1856—1901（Martin 1959）以及 *Biographical Register of the Commonwealth Parliament* 1901—1972（Rydon，1975）。笔者随机抽取了相关年份所有投票的 10%作为样本得出总体凝聚力水平。

[10] 引自 Gollan (1955，p. 168)。该法庭著名的 1907 年“哈尔韦斯特裁决”（Harvester Judgment）定义公平工资为能够使得一名工人养活一个不工作的妻子和三个孩子。该项法规最终于 1908 年被裁决为违反宪法。

[11] 两党的这一“融合”也并不轻松。自由贸易党努力寻求对未来贸易政策的保障。当新南威尔士和维多利亚制造业委员会中支持融合的成员向他们保证只会对现有的政策进行有限调整的时候，许多保护主义党成员对此公开进行谴责。参见 Glezer (1982，p. 6)。

[12] 参见 Copland (1931)，Anderson (1938)。两篇文章都在斯托尔珀和萨缪尔森 1941 年的原文中有所引用。

[13] 该委员会在 20 世纪 30 年代后期进行的审查对保护主义观点充满同情。并且自由党首相罗伯特·孟席斯（Rob-

ert Menzies）称赞了委员会进行调查时所具有的“坚定的澳大利亚精神”。参见 Glezer（1982，p. 19）。

[14] 此论述在很大程度上借鉴了 Anderson and Garnaut（1987，p. 47 - 48）。

[15] 他还不断要求货币贬值，这一行动可以联合进口竞争行业的制造商和农业出口商；他还公然抨击 1967 年联盟内阁做出的不和先令一起贬值的决议。参见 Glezer，1982，p. 203。1962 年政府成立了特别顾问权威（Special Advisory Authority，SAA）负责关于给行业的紧急保护提出建议，前提条件是关税委员会随后会进行全面的调查。纺织和化学药品行业利用这一途径在 60 年代获得了一系列暂时性关税（Glezer，1982，p. 63）。特别顾问委员会负责人弗兰克·梅尔（Frank Meere）公开表明他的做法就是“你制造，我保护”（引自 Glezer，1982，p. 71）。

[16] 该委员会有权力召集证人，但是它从来没有使用过这一权力，即使是在 20 世纪 60 年代相关团体根本不出席并且拒绝提供生产成本信息的例子越来越多的情况下。比如，当该委员会于 1960 年调查镀层钢板条时，主要的国内生产商就没有出席，委员会也并没有提出要求（Glezer，1982，p. 55）。

[17] 事实上，在关税委员会的常规调查过程中，制造商之间已经达成了不发表反对意见的共识，来保护所有的制造商。坚持这一共识的人们通常自信地认为对原材料的保护可以通过对自己行业进行的更高的保护来解决。制造商联合会也一直坚持这样的立场：不会支持任何试图降低关税的成员（参见 Glezer，1982，p. 230）。

［18］罗戈夫斯基（1989，p. 178）认为，工党领导阶层为了讨好白领阶层要偏离保护主义立场，而这一关税削减措施正是这一计划中的一部分。但是事实上关税削减并不是什么宏伟计划的一部分，而只是一组经济学家利用他们在惠特拉姆政府执政初期在政策制定方面的特殊权力精心策划的结果。如果党内领导层有更多人了解他们的计划的话，这一计划很可能早就夭折了。参见 Hiscox (1989)。惠特拉姆说服了那些反对工党的高层政府官员，在他的任期之内给予了这些经济顾问很大的余地。参见 Whitlam（1985，p. 49－50；p. 184，p. 191）。

［19］参见 *Australian Financial Review*，19 January，1982。

第 10 章　对六国分析的总结

128 本章的目的是简单地总结到现在为止所进行的讨论，并把注意力从分析各个国家的历史变迁上转移到跨国比较上来。第 2 章中提供的证据显示出这六个西方国家的行业间要素流动程度在很大程度上都受到了伴随工业化进程出现的经济和技术变革的影响。虽然这六个经济体都感受到了这些变革，但是变革的影响（以及发生的时间）则根据各国工业化程度和要素市场规范的不同而存在很大的国别差异。比如，继承了历史遗留的严格行业规范的法国，它的行业间要素流动程度就从来没有达到英国和美国在 19 世纪末 20 世纪初达到的高水平。而澳大利亚则在工业化进程方面落在了其他国家的后面，不仅对高级人力和实物资本以及大规模生产的依赖程度较低，而且近几十年来行业间要素流动水平的下降程度也相对较不明显。瑞典在 20 世纪的情况更加特殊——旨在直接增强要素流动性的项目使得要素流动成本维持在相对较低的水平上。

10.1 各个时期的国别差异

在上两个世纪期间，这六个国家在不同的历史时期出现了迥然不同的变化模式。19 世纪上半叶，对英国和美国来说要素流动程度的上升对由贸易问题引发的政治冲突有显著的影响。以行业为基础的地方性联盟 19 世纪早期位于这两个国家政治舞台的中心，但是英国于 19 世纪 40 年代让位于以阶级为基础的联盟，而美国这种让位发生在 19 世纪 50 年代。

相反，法国则似乎没有出现这种从行业联盟向阶级联盟的转变。深深植根于法国经济中的要素流动壁垒使得以行业为基础的联盟维持了它们的实力和地位。法国在 1870 年时的贸易政治看起来与当时欠发 129
达国家的共同点（比如瑞典、加拿大和澳大利亚）要多于与英国的共同点。

伴随着 19 世纪晚期西方经济体快速的工业化进程，由贸易问题引发的政治冲突在整体上转向了更加强烈的阶级冲突。在大部分国家，冲突的参与者都是内部非常团结的政党和社会组织。英国保守党和自由党—工党联盟之间的冲突，以及美国共和党与民主党之间的冲突都是非常清晰的例子——行业集团的游说活动减少，政党和社会组织一般会坚定地采取明确的政治纲领，或是支持自由贸易或是支持保护主义。

在法国和加拿大，要素流动的成本在 19 世纪末

20 世纪初仍旧维持在相对较高的水平上，因此原有的以行业为基础的联盟形式维持了下去。在瑞典和澳大利亚，要素流动程度的变化发生的时间要晚一些。到 1914 年，这两个小经济体中的行业间要素流动程度达到了历史最高水平，甚至超过了英国和美国早先创造的历史最高记录。因此贸易问题在这两个国家的政治体系中引发了明显的以阶级为基础的分化：在瑞典是社会民主党与农民党—保守党相对立，在澳大利亚则是自由贸易党同工党—保护主义党相对立。

在两次世界大战期间那段混乱的日子里，美国的贸易政治发生了重大变革。20 世纪初期美国的行业间要素流动程度开始下降，以阶级为基础的联盟开始瓦解，使得两个主要政党在贸易问题上都出现了内部分歧，同时在贸易政策制定领域行业集团的游说活动明显上升。英国也出现了类似的变化：20 世纪 30 年代保守党和工党在贸易问题上都开始出现内部分歧，商业和劳工组织也是如此。

在加拿大和法国，要素流动程度略微有所上升，使得由贸易问题引发的阶级冲突增强——出现了法国昙花一现的人民战线，以及加拿大西部的激进农民运动。但是，相对于瑞典和澳大利亚政治中压倒性的阶级冲突来说，法国和加拿大的这种阶级对抗则相形见绌。在瑞典和澳大利亚，政党和社会组织在贸易问题上内部都非常团结，而集团游说在政策制定过程中的作用则很有限。20世纪30年代末，阶级联盟使得瑞典形成了一贯的自由贸易政策立场；澳大利亚形成了一致的保护主义立场。

在1945年之后的几十年里，美国和英国经济中生产要素在行业间流动的壁垒增强，同时贸易政治中的阶级联盟出现了明显的瓦解迹象。以前曾经是英美贸易政治特点的阶级冲突和党派性，如今在这两个国家都让位给了工会和管理者协会等行业集团进行的强烈游说活动，后者现在主导了政策制定过程。这一变 130
化在美国尤为明显，共和党和民主党内部都出现了深刻的分歧，使得两个政党都趋近于选择模糊的贸易政策立场，好平衡来自不同行业的要求。

相反，瑞典和澳大利亚的阶级联盟则很持久，这两个国家的行业间要素流动程度一直维持在相对很高的水平上。瑞典和澳大利亚的政党在贸易问题上内部非常团结，而行业集团在贸易政策制定过程中通常是政党和社会组织的附属。阶级联盟之间达成的协议使得瑞典的贸易政策立场一直保持在支持自由贸易上，而澳大利亚的贸易政策立场则一直保持在支持保护主义上。

10.2 结论

对美、英、法、瑞典、加拿大和澳大利亚贸易政

治的历史分析支持了本书第1章中提出的观点。研究显示，在这些国家中行业间要素整体流动程度和联盟形式之间的确有紧密的联系。在以下两章里，我考察了美国国会关于贸易法规进行投票的统计资料，更加严格地检验了这一观点。

INTERNATIONAL TRADE & POLITICAL CONFLICT

INTERNATIONAL

INTERNATIONAL TRADE & POLITICAL CONFLICT

INTERNATIONAL TRADE & POLITICAL CONFLICT

第3部分

美国国会在贸易问题上的冲突

131 前几章中对六国历史变迁情况的描绘只是轮廓粗犷的简笔画，涉及到了许多年中发生的许多事情，为的是让读者感受到理论预测同历史事实的整体吻合情况。

在下面两章里，作为对前面分析的补充，我对美国国会在贸易问题上的冲突进行了详细的定量分析。国会创造出了大量的政治数据，而这两章的目的就是充分利用其中与本书最相关的数据。第 11 章分析了 1824—1994 年间国会在贸易法规上的投票趋势，以及行业集团在国会委员会前作证的情况。第 12 章对国会关于主要贸易议案的投票进行了统计分析，考察了不同的生产要素和行业在国会成员所属选区的相对重要程度。这两章清楚地证实了联盟形式的变化（以及阶级和行业模型的相对正确性）的确像理论预测的那样与行业间要素流动程度的变化显著相关。结果显示：当要素流动程度相对高的时候，国会行为会更明显地反映出阶级分化；而当要素流动程度相对低的时候，国会行为与行业集团模型更加一致。

第11章 联盟形式的历史变迁

第4章描述了由贸易问题所引发的政治冲突在美国的历史变迁情况，与根据理论得出的预测相当吻合。根据理论，以要素所有阶级为基础的阶级联盟最容易出现于行业间要素流动程度相对高的时期（19世纪末20世纪初），而以行业为基础的联盟则最容易出现于行业间要素流动程度相对低的时期（19世纪初和20世纪晚期）。19世纪初，主导美国贸易政治的的确是地方性的行业集团，新兴政党在关税问题上根据党员所属地区的不同而存在内部分歧，并且，在贸易法规制定过程中有大量地方性集团对国会竞相施压。但是，在南北战争之后的一段时期里，贸易在美国政治中变成了党派竞争的一个主要焦点：获得商界和劳工广泛支持的共和党支持施行保护主义关税，而以农村选民为基础的民主党则强烈反对高关税。更近一些时候，至少是自20世纪50年代以来，两个政党和主要社会组织在贸易问题上都出现了日益明显的内 133

部分歧，而行业集团则再次强有力地影响着贸易政策的制定。

通过把注意力集中在定量数据的主要发展趋势上，我们可以更加详细清晰地看到上述变化情况。在本章中，我首先分析了 1824—1994 年间国会关于贸易法规进行投票的趋势，主要关注了党派性和党派凝聚力水平。我还讨论了前人提出的几种不同的解释，他们在解释这些历史趋势的时候并没有考虑要素流动程度和分化模式的变化。其中，我特别提供了关于国会中政党总体凝聚力水平的数据，以检验通过制度变迁来解释政党发展和“衰落”的理论。我还提供了党派选区行业组成方面的数据，以考察党派重新结盟所造成的影响。后面几个部分通过类似的方法考察了行业集团关于贸易法规在国会委员会前作证的趋势。其中，我重点讨论了 1934 年《互惠贸易协定法案》对行业集团游说所造成的影响。整体上来说，定量数据和本书第 1 章中提出的理论吻合得很好，而且，并不能由现有的其他理论所解释。

11.1　党派性和党派凝聚力水平

134 根据第 4 章中的分析，19 世纪最后 20 年以及 20 世纪最初 20 年里，美国的行业间要素流动程度达到了历史最高水平。在这段时期，贸易问题在美国政治中引发了最深刻的阶级分歧，因此也就最具党派性。如果我们考察一下关于贸易法规的国会投票情况数据，那么情况将更加明显。图 11.1 和 11.2 展示了自 1824 年以来民主党和共和党在国会关于主要贸易法规的投票中支持贸易自由化（或者反对新的保护）的党员比例。[1]

在参众两院，共和党在 19 世纪期间越来越团结一致地支持保护主义，而在 20 世纪 40 年代之后越来越支持贸易自由化。[2]而民主党贸易政策立场的变化趋势则正好相反：19 世纪期间越来越团结一致地支持自由贸易，而在第二次世界大战之后则越来越支持保护主义。在南北战争之前和 1945 年之后，两个政党在贸易问题上都存在明显的内部分歧。

135

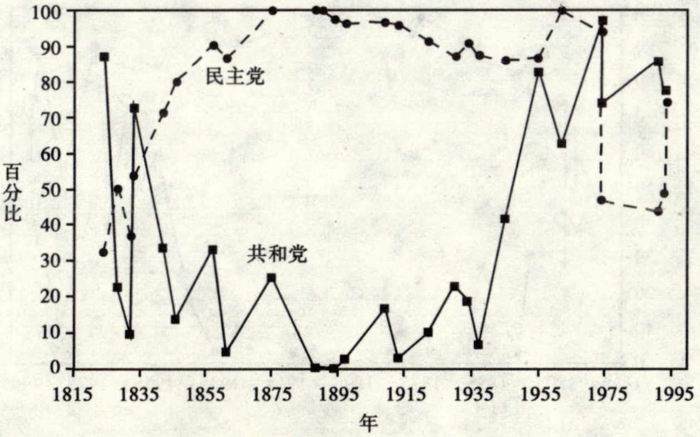

图 11.1　支持自由贸易的党派成员比例，参议院 1824—1994 年

一个测量党派团结程度跨时变化情况的简单方法就是，根据贸易法规投票情况测量出党派凝聚力指数。第 4 章分别给出了不同时期的党派凝聚力指数，把它们合在一起绘制出来可以更容易地看到长期发展趋势。图 11.3 和 11.4 是根据 1824—1994 年间参众两院关于主要贸易议案的投票情况计算出来的党派凝聚力指数。很显然，这段时期内出现了明显的变革。党派凝聚力指数在 19 世纪一直稳步上升，在 19 世纪末 20 世纪初达到了最高水平，此后明显下降。

当然，这些凝聚力指数也可能仅仅是反映了党派组织纪律性的整体情况。党派和党派组织纪律性的外生性变化无疑也会影响到对贸易议案进行投票时的党派凝聚力水平。南北战争之前，党派凝聚力的低水平

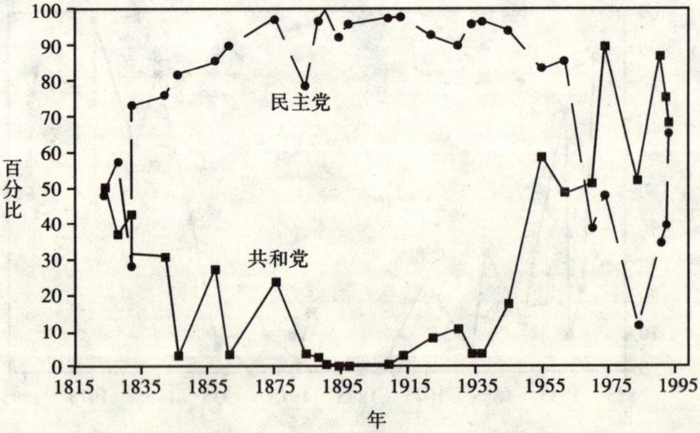

图 11.2　支持自由贸易的党派成员比例，众议院 1824—1994 年

240

当然会在某种程度上反映党派的整体组织纪律性差——在 19 世纪 40 年代之前，各个政党都没有举行过全国大会，也没有明确的政治纲领。近期党派在贸易问题上的低凝聚力则可能反映了自 20 世纪初开始的政党整体性的衰落。后一趋势得到了美国政治学学生的广泛关注，他们对此进行了广泛的讨论（参见 Burnham，1965，1970；Crotty，1980；Wattenberg，1984）。[3]

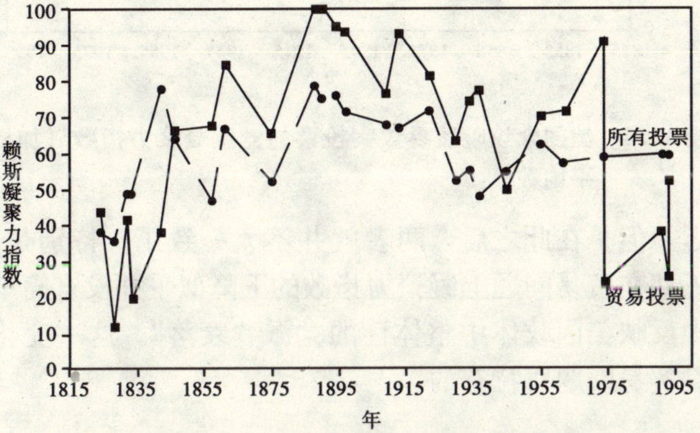

图 11.3　美国参议院贸易议案投票的党派凝聚力指数（加权平均数）

南北战争之前，在贸易问题上的党派凝聚力水平的确看起来和总体党派凝聚力水平很接近。图 11.3 和 11.4 中的虚线描绘了参众两院相应会议所有投票的赖斯指数，可以看到——总体党派凝聚力指数与贸易问题上的凝聚力指数的确在19世纪上半叶非常接

国际贸易与政治冲突
137

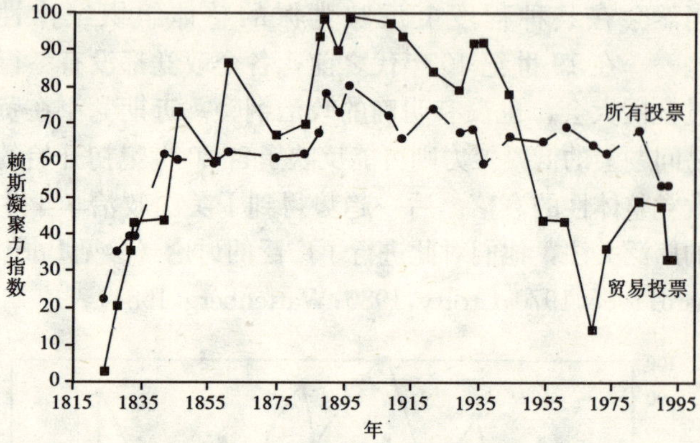

图 11.4　美国众议院贸易议案投票的党派凝聚力指数（加权平均数）

近。但是在此之后，两者就并不太一致了。特别是，近期在贸易问题上凝聚力指数的下降似乎并没有简单地反映美国政体中整体性的党派“衰落”。这一变化是贸易问题所特有的。

11.2　党派选区的行业构成

贸易问题上的党派凝聚力水平发展趋势和我提出的关于行业间要素流动程度的理论吻合得很好。但是，这一发展趋势可能还可以由政党选民基础的行业组成变化来解释。像第 3 章中指出的那样，对于任何要素流动水平来说，由贸易问题引发的政党内部分歧

242

的严重程度取决于党派成员所属选区行业组成的多样性。党派成员们所属不同选区之间的行业组成差异越大，选民中以行业为基础的分歧就越严重，所造成的政党内部的分歧也就越严重。因为许多行业倾向于集中在特定的地理区域，所以不同选区之间应该会存在很明显的行业组成差异——但是这会随着党派在地理上的重新结盟而发生很大的变化。

简单地说，在贸易问题上的党派凝聚力水平应该和党员所属不同选区行业组成的多样化程度呈反向相关。在把其他都视为常量的情况下，党派选区的行业组成越单一，政党内部在贸易问题上就会越团结，或是支持自由贸易（当偏向于出口行业时），或是支持保护主义（当偏向于进口竞争行业时）。[4]如果党派的重新结盟增加或降低了不同选区之间的行业组成差异，那么这一重新结盟就会对党派在贸易问题上的团结程度产生很大影响。这一观点能够在多大程度上解释我们所观察到的立法投票情况变化趋势呢？

美国工农业生产地理分布方面的数据描绘出了一副清晰的图景。图 11.5 和 11.6 描绘了对主要贸易议案进行投票的年份里共和党和民主党参议员控制的各州中主要出口和进口竞争行业的重要程度。我计算了各州中主要出口和进口竞争行业占该州全部收入的比例。[5]参议院各党派中位得分的情况显示了各党派支持基础的行业分布。[6]

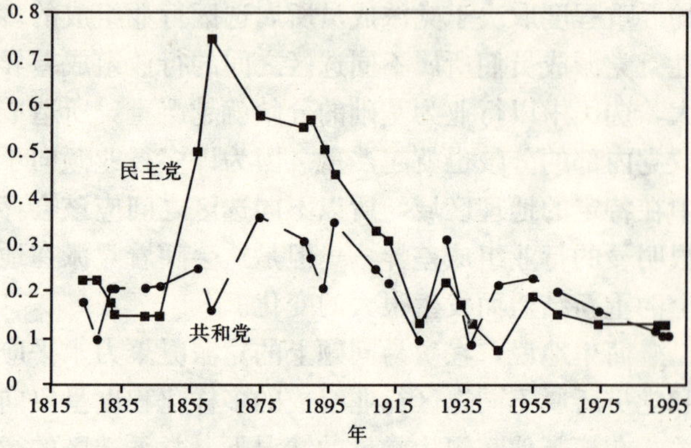

图 11.5　对参议院中位得分而言出口行业的重要程度（产出占州收入比率）

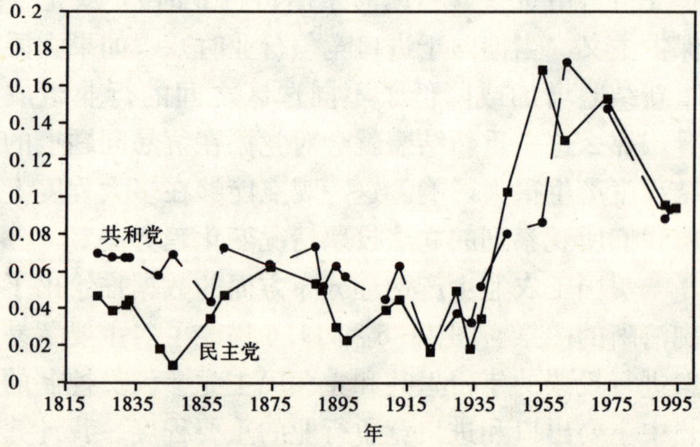

图 11.6　对参议院中位得分而言进口竞争行业的重要程度（产出占州收入比率）

很明显，各党派都支持基础的行业构成随着时间

244

的流逝而发生变化。在19世纪的大部分时期以及20世纪初期，出口行业在民主党选区的重要程度要超过其在共和党选区的重要程度；而进口竞争行业在两党选区中的重要程度的差异则不太明显。根据这些简单的指标可以推测出——共和党支持基础的行业组成特征——的确要求该党要采取更加支持保护主义的立场——至少在20世纪20年代之前是如此，而民主党则正好相反。20世纪20年代左右，党派在选区行业构成上的差异开始迅速消失。

20世纪20年代之后，共和党开始越来越吸引来自南部和西部的支持——那里包括农产品和新兴制造业以及服务行业在内的出口行业占经济的比重比较大。而曾经在城市和东部商业中心势力较弱的民主党 139
则开始获得东北部大城市和中西部城市的广泛支持。[7]这使得许多共和党成员在战后陆续转为支持自由贸易，而许多民主党成员则转为支持保护主义。20世纪60年代，纺织和钢铁行业面临的进口竞争压力越来越大，在这些行业的强大工会领导之下，美国全国总工会公开表明了其反对贸易开放的立场，并劝说许多民主党党员表明了同样的立场。

图11.5和11.6描绘了进出口行业相对重要程度的变化。战后时期，支持共和党的选区和支持民主党的选区中进出口行业的相对重要程度几乎完全相同。政党选区行业组成越来越相似，这非常引人注目。很

可能这并不仅仅反映了政党地区势力的变化情况，还反映了美国经济区域集中程度在长期上的整体下降趋势。[8]

虽然这些变化可能可以帮助我们解释政党贸易问题立场的历史变迁情况——共和党越来越不坚持保护主义，同时民主党则越来越偏离自由贸易——但是，这些变化本身并不能解释党派凝聚力的下降。我们需要考察的是每个政党中党员所属不同选区之间行业组成的差异，以及这种差异是否随时间的变化而变化。图 11.7 和 11.8 记录了自 1870 年以来参议院中共和党和民主党选区进出口行业占地区总收入比重的变差系数。

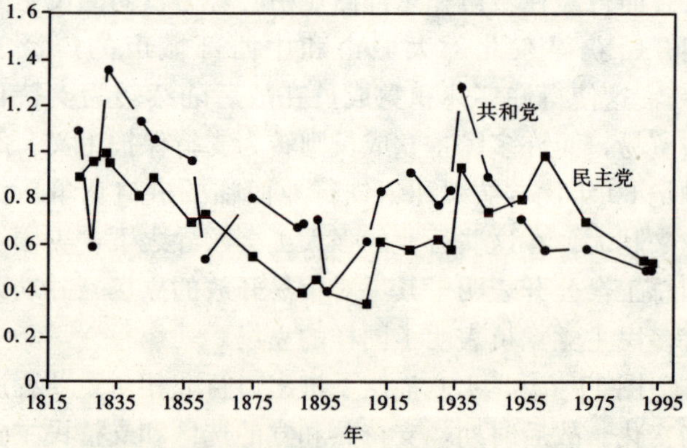

图 11.7　出口行业重要程度的党内差异（参议院议员的变差系数）

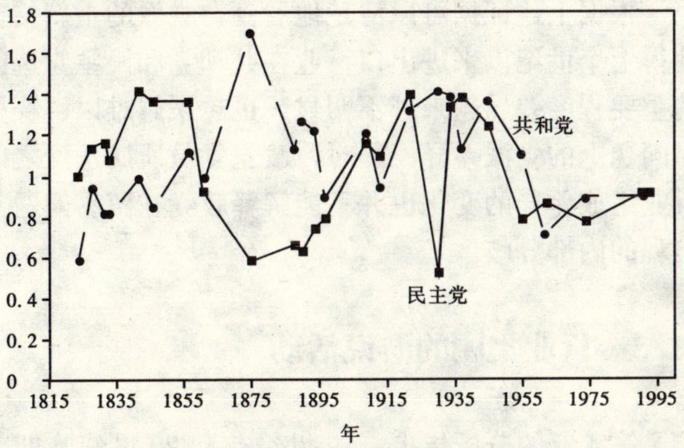

图 11.8　进口竞争行业重要程度的党内差异（参议院议员的变差系数）

数据显示，这一变差系数的变化情况并不能解释党派凝聚力的变化趋势。出口行业比重的党内变差系数并没有清晰的长期发展趋势，虽然它的确在 19 世纪末 20 世纪初暂时有所下降，随后又在 20 世纪 30—40 年代有所上升。进口竞争行业比重的党内变差系数也是如此，但是，其中共和党的变差系数事实上在 19 世纪末 20 世纪初有所上升，而民主党的变差系数则有所下降。近几十年来，对于共和党和民主党来说，党员所属不同选区进出口行业的重要程度实际上是越来越相似——这也就意味着，在把其他都视为常量的情况下，政党在贸易问题上的内部分歧应该越来越少。

根据上述证据可以清楚地看到，党派的重新结盟使得上个世纪以来进出口行业在共和党和民主党选区的重要程度差异越来越不明显，也越来越难以解释贸易问题上的党派差异。同时，政党党员所属选区之间行业组成差异的变化也并不能解释政党在贸易问题上出现的内部分歧。

11.3 行业集团的游说活动

141 第4章的分析指出，19世纪初和20世纪晚期美国的行业间要素流动程度达到了历史最低水平，这段时期的美国政坛由贸易问题所引发的行业分化是最深刻的，因此也就引发了更多的行业集团游说。图11.9总结了1824—1994年间行业集团关于主要贸易法规在众议院委员会前作证的数据（在第4章中分别给出了各个时期的数据）。1824—1842年，这些请愿书和口头作证是交给制造业委员会的；从1884年开始，口头和书面证词交给众议院筹款委员会。[9]集团游说的整体趋势于19世纪晚期下降，20世纪20—30年代开始迅速上升，但是这一发展趋势在1934年时被打断，当年通过了《互惠贸易协定法案》。

《互惠贸易协定法案》的制定对行业集团关于贸易问题的游说行为有重大影响。1934年之前，国会听证会在制定贸易议案上起关键作用。按惯例，听证会于特定的日期召开以接受关于不同商品的证词，这对于行业集团游说来说非常方便。但是，这一体系在1934 年完全改变了。在《互惠贸易协定》通过之后，听证会的讨论内容通常只局限在——关于是否应延长总统谈判权威的笼统性讨论，而 1974 年之后则通常是关于是否实施先前签署的协定（根据“快速审批”条款签署的协定，不允许增加修正案）。但是特别有意思的是，1945 年之后行业集团又兴致勃勃地回到了听证会。似乎行业集团出席听证会并不是为了要求在某一议案中设定特定的关税率或者配额，而是来显示他们在政策变革中的重要地位，并（与直接针对政府和政党的游说相一致）寄希望于获得特别条款和特 142

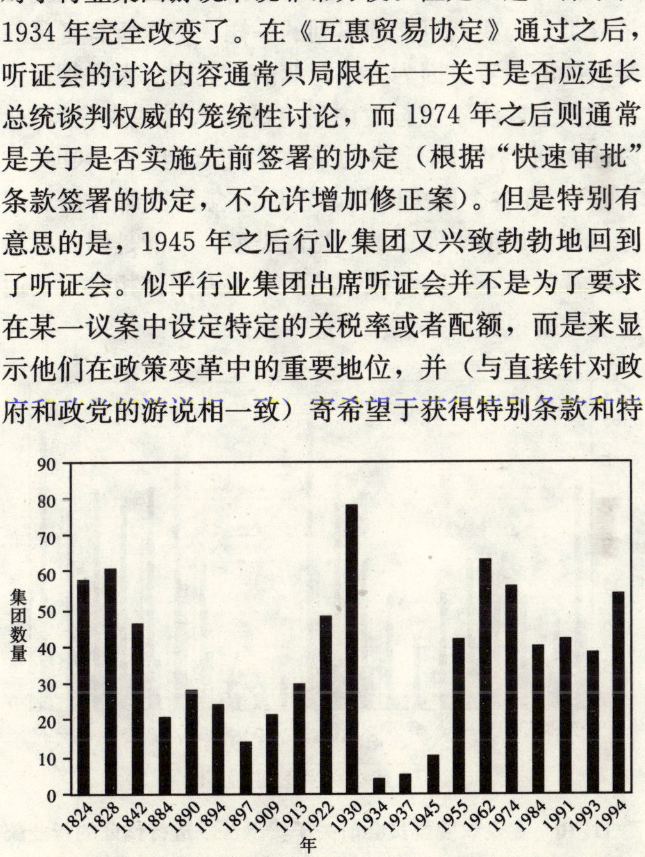

图 11.9　在众议院委员会前关于贸易法规进行作证的行业集团，1824—1994 年

别待遇。[10]

图 11.10 根据生产要素所有情况对行业集团进行了分类。与我们可能预料到的一样，资本所有者是最突出的游说者。因为各个行业的企业所有者和管理者在数量上要少于该行业中所有的工人（或农民），所以他们进行集体行动的成本就相对要低（Olson，1965）。在各个历史时期，管理协会是目前为止对国会进行游说的集团中最常见的类型。可能是因为对工人结社的禁止，南北战争之后，工人团体相对于其他类型的游说集团来说没有那么活跃。

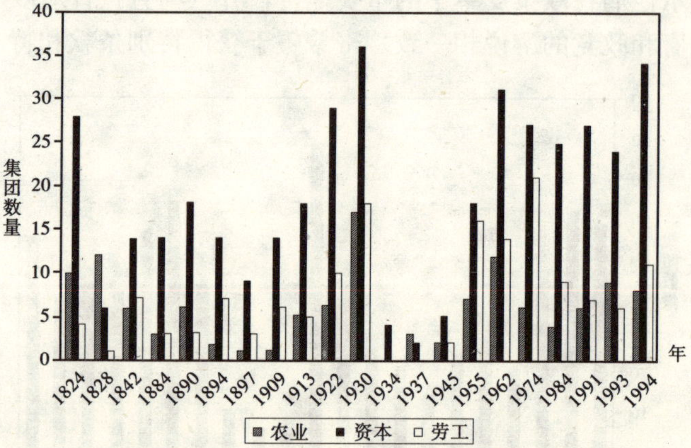

图 11.10　在众议院委员会前关于贸易法规进行作证的行业集团类型，1824—1994 年

图 11.11 比较了要求贸易保护和要求自由贸易的行业集团数量。与我们可能预料到的一样，要求保护的集团要多于要求贸易自由化的集团。在政治经济学文献中，对于要求自由贸易不足的标准解释就是，高关税的好处集中在少量的进口竞争行业生产者身上，而成本则分散到人数众多的其他行业生产者以及消费者身上；因此前者更容易组织起来为自身利益进行集体行动，以影响政策制定。

143

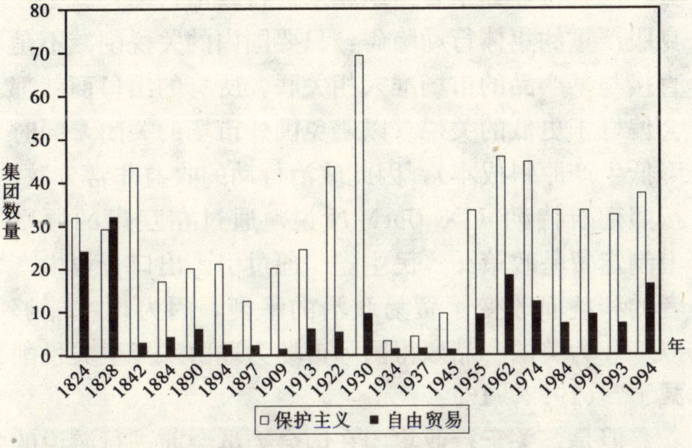

图 11.11　在众议院委员会前关于贸易法规进行作证的行业集团的政策偏好，1824—1994 年

同一观点的两个不同版本解释了《特惠贸易协定》制定者的智慧。第一个版本关注到——授予总统签订贸易协定的权威可以消除保护主义者们互投赞成

票的现象，并可以使得关税给消费者所带来的成本得到更多的考虑，否则这些成本会因为被分摊到不同的选区而被忽略（Lohmann and O'Halloran，1994）。另一个版本强调——给予总统签署贸易协定的权威可以促使其他国家互惠性地削减关税，从而给出口行业带来更多的收益，因此就会得到出口行业更多的政治支持（Bailey，Goldstein，and Weingast，1997）。通常情况下，在贸易政治中——出口行业往往处于劣势。出口行业如果要组织起来进行政治行动，就必须克服严重的集体行动障碍：只要国内的关税削减不是直接与某产品的市场准入相关联，所有的出口商就都会偏好于更低的关税（以避免国外市场的关闭，同时降低生产原料成本），因此政治行动的收益非常分散。按照德斯特勒（Destler）所说，通过在互惠的原则上制定贸易政策——民主党“通过引入出口行业生产者的利益而改变了贸易政治的平衡，因为现在能够以——为美国产品赢得国际市场为理由来捍卫关税削减了”（1992，16）。

144 但是，关于行业集团在国会委员会前进行游说的资料却似乎并不能支持上述关于《互惠贸易协定》的观点。1934 年之后，要求自由贸易的行业集团数量相对于要求保护的行业集团数量来说，并没有显著上升。虽然在第二次世界大战之后要求贸易自由化的集团数量的确有所上升，但是，要求保护的行业集团数量也同时有所上升。因此，我们并不能断定《互惠贸易协定》是否真的根本性地变革了美国贸易政治的平衡。[11]

11.4 结论

在本章中，我简单考察了重要定量数据的发展趋势，这些数据揭示了上两个世纪以来美国政治中由贸易问题所引发的社会分化的变化情况。这些数据清楚地显示出，这些变化同根据美国行业间要素流动程度变化情况得到的简单预测相一致。其他几种最有可能成立的解释——政党组织纪律性的外生性变化、党派重新结盟，以及 1934 年贸易政策制定的制度变迁——都和证据吻合得不是很好。在下一章中，我更加严格地考察了关于贸易法规的国会投票情况，来检验阶级模型和行业集团模型在不同时期的相对正确性。

[注释]

[1] 对于这些议案的详尽讨论请参见附录 C。

[2] 注意到，在南北战争之前，“共和党”包括联邦制拥护者（Federalist)、亚当斯派以及辉格党成员；“民主党”是指民主共和党和杰克逊派民主党。

[3] 研究这一变化趋势时，通常会追溯到高度自治的委

员会体系的兴起（这一体系牺牲了众议院议长的利益及党派权力），秘密投票制的引入（这一制度使得投票人能够更容易地支持其他党派），直接预选（这一措施降低了政党对候选人提名的控制），以及对参议员的直接选举（参见 Polsby，1968）。指出党派“衰落”的早期研究请参见 Clubb and Traugot（1977）；Brady，Cooper，and Hurley（1979）。近期指出党派衰落言过其实的不同意见请参见 Rohde（1989）；Cox and McCubbins（1993）；Aldrich（1995）。

[4] 这必须在要素流动程度不是很高的时候才成立。如果要素在经济体中完全流动，那么斯托尔珀-萨缪尔森效应可以确保整个要素所有阶级在贸易问题上立场高度统一，而不论他们处于那个行业。

[5] 各个投票年份的 10 个主要进出口商品是利用净进出口额的官方数据选出的。关于计算方法和数据来源的详尽讨论请参见附录 C。

[6] 这里选择了中位数，是考虑到它在进行空间投票分析以及对局外人进行折扣时起到的特殊作用。事实上，这样得出的结果和采用平均值得出的结果几乎完全相同。众议院党员的中位数显示出同样的趋势，但是在每个时期的变化没有参议院那么明显。

[7] 参见 Sundquist（1983）。当然，20 世纪 30 年代的重新结盟使劳工们坚定地转为支持民主党，并且民主党在 50—60 年代巩固了它在东部和北部最大城市中心的势力。

[8] 这种下降趋势与外部规模经济重要性的减弱以及夕阳工业带（rust belt）的消失相一致，参见 Kim（1992）。

[9] 详情参见附录 C。

[10] 应该注意的是，如果仅仅测量针对国会的游说活动，那么就意味着，相对于过去来说，会低估近期的行业集团活动。现在行业集团游说活动的对象包括政府和官僚，而国家政党委员会对于集团来说则可能已经没有那么重要了。

[11] 关于《互惠贸易协定》的智慧及其在美国战后贸易自由化中起到的作用请参见 Hiscox (1999)。

第 12 章　对主要贸易法规投票情况的定量分析——1824 年到 1994 年

145 研究贸易议案立法投票给我们考察国际贸易的政治经济学提供了一个独特的窗口。它使我们有机会考察贸易政策制定过程中影响立法人员决策的联盟的类型，这些联盟主导了由贸易问题所引发的政治冲突。本章分析了 1824—1994 年间 30 项主要贸易法规立法投票的情况，目的是评估联盟模式在不同历史时期的变化情况（以及阶级模型和行业模型的相对正确性）。这里的前提性假设是，立法人员的投票决策反映出了社会联盟对他们施加的压力。如果本书中提出的理论是正确的话，那么当行业间要素流动程度高的时候，投票决策应该更清晰地反映出立法人员同要素所有阶级之间的联系；而当要素流动程度低的时候，投票决策应该更清晰地反映出立法人员所属选区行业集团所提出的要求。

有许多现有文献研究过关于贸易政策的立法投票情况。但是，其中的大部分都局限于对某一特定法规的研究，并且通常是研究近些年来美国国会的投票情况。其中包括 1982 年的《汽车本地零件法案》(Coughlin，1985；McArthur and Marks，1988)，1974 年的《贸易法案》(Baldwin，1985)，1985 年的《纺织品配额法规》(textile quota legislation，Tosini and Tower，1987)，1987 年的《出口简化法案》(Export Facilitation Act)，以及 1987 年的《综合贸易法规》(Marks，1993)。近期文献则特别关注关于《北美自由贸易协定》的投票（参见 Baldwin and Magee，2000；Kahane，1996；Steagall and Jennings，1996；Holian，Krebs，and Walsh，1997；Uslaner，1998)。只有很少的文献研究了早些时候的投票或者其他国家的投票。其中有文献分析了 1890 年的《麦金利关税法案》(Conybeare，1991)、19 世纪 40 年代英国议会关于《谷物法案》的投票（McLean，1995)，以及 1879—1902 年间德国国会关于贸易议案的投票情况（Schonhardt-Bailey，1991)。特别值得一提的是，吉利根（Gilligan，1997）对 1890—1988 年间的 12 项国会议案进行了精彩的分析。

上述文献的研究结果揭示了一部分关于联盟的问题，但仅仅是间接的。比如：在所有近期举行的投票中，某一地区进口竞争行业的重要程度和立法人员投

票支持保护主义的可能性呈明显正相关关系，特别是当议案包括针对该选区密集行业的特别条款时；而在和出口行业相关的选区，立法人员整体上则更有可能
146 投票支持自由贸易。但是，如果对早些时候的投票情况进行分析，上述相关关系（与行业模型相一致）则没有那么明显。早些时候的投票，有的显示出了行业集团游说的强大效果，有的则没有。[1]至于要素或阶级变量所造成的影响，结论则更加模糊。一些近期研究指出，反对《北美自由贸易协定》的票数与劳工政治行动委员会的选举贡献程度呈正相关关系（Baldwin and Magee，2000；Steagall and Jennings，1996）。但是，如果不知道劳工集团行业组成的偏重程度的话，还是很难得出清晰的结论——进口竞争行业相对来说更加团结，因此，也就更容易成为选举贡献的主要力量。

12.1 数据

我在这里采用的方法是，把参众两院议员关于主要贸易法规的投票模式和其所属选区的阶级及行业组成联系起来。因变量是立法人员支持保护主义的投票（1=支持保护主义议案或反对贸易自由化议案，0=反对保护主义议案或支持自由贸易议案）。解释变量是各个投票年份各州阶级或行业组成的特点。对于要素所有阶级，我根据现有的普查数据测量了几个变量，包括农产品价值、制造业行业就业和制造业利润。[2]其中测量各州中农民重要程度时，我采用了农产品价值占全州收入的比重。测量劳工重要程度时，我计算了各州受雇于制造业行业的工人占全州总人口的比重。测量资本的重要程度则面临更艰巨的问题，因为关于投资于制造业行业的资本的统计数据于1919年截止。采用各州中制造业行业的总产出可能是一个可行的方法，但是，这并不能区分生产中采用的资本和劳动。因此，我采用了制造业行业资本所得利润（增加值减去工资）占全州收入的比重，其中的假设性前提条件是，利润的各州间差异在很大程度上是由投资总量造成的。[3]对于行业变量，我测量了各州出口和进口竞争行业的重要程度，采用的是商务部的贸易数据以及关于各种制造业、矿业和农业部门生产情况的普查数据。对于各个州，我分别计算了10个主要出口和进口竞争行业每年总产出占州收入的比重。[4] 147

在考察支持保护主义的投票时，我的分析中还包括了各个议案的虚拟变量（dummy variable），以解释特定议案（或年份）的独特之处。[5]另一方面，我并没有对党派从属和国会议员所处地理位置进行控制，尽管以前的一些研究显示出这两个变量都很好地预测了不同时期的投票模式。我去除这两个变量，是为了让这一对阶级模型和行业模型的检验更加清晰。

党派从属和所处地理位置都和各州的阶级和行业特点变量在不同时期不同程度上有显著的相关关系。这并不令人感到意外：互为竞争对手的政党所吸引的选区之间会有非常不同的阶级基础，吸引的支持者会来自于不同的地理区域，这些区域本身通常就展现出了它们在要素所有阶级和进出口行业上的经济组成差异(Kim，2000)。比如，在南北战争之前，国会中的杰克逊民主党党员主要是来自南部各州，在那里，农业比制造业更重要，且出口行业比进口竞争行业更重要。因为，我不想在比较阶级模型和行业模型相对正确性的过程中，因为不小心在行业模型中加入了阶级变量的影响，或者在阶级模型中加入了行业变量的影响而造成混乱。

我根据时间的发展把分析划分为五个不同的历史时期：1824—1860 年，1875—1913 年，1922—1937 年，1945—1962 年，以及 1970—1994 年，目的就是要提供更加清晰的跨时比较分析。[6]另外，我还分别研究了各个议案，以检测这两个模型，得出的结论基本相同。[7]我分别对阶级模型和行业模型进行了评估，随后比较了它们在不同历史时期的表现。[8]

12.2 结果

表 12.1 记录了对各个时期参议院投票进行概率

表 12.1　对参议院贸易议案投票的概率估计——阶级模型

	估测结果(因变量=支持保护主义的投票)[a]					各变量单独对投票支持保护主义概率的影响[b]				
	1824—1860 年	1875—1913 年	1922—1937 年	1945—1962 年	1970—1994 年	1824—1860 年	1875—1913 年	1922—1937 年	1945—1962 年	1970—1994 年
农产品价值	-0.84	-0.82*	-1.57**	2.84**	-1.26	-0.46	-0.62	-0.64	0.82	-0.31
	(0.50)	(0.38)	(0.53)	(0.73)	(0.77)	(0.09)	(0.07)	(0.06)	(0.10)	(0.10)
制造业行业就业	9.32**	16.02**	9.38**	3.00	2.11	0.53	0.69	0.74	-0.32	0.42
	(2.21)	(2.64)	(3.27)	(3.40)	(4.12)	(0.04)	(0.03)	(0.04)	(0.07)	(0.27)
制造业利润	-6.04**	-8.69**	-2.89*	-2.02	0.08	0.12	0.68	0.64	-0.38	0.34
	(2.10)	(2.03)	(1.43)	(2.01)	(1.59)	(0.38)	(0.04)	(0.11)	(0.08)	(0.30)
n	372	532	367	280	382					
互投赞成票可能性	-225.25	-324.51	-219.96	-121.49	-241.43					
虚拟 R^2	0.124 6	0.118 9	0.128 8	0.132 9	0.027 0					

a　估测还包括每个议案的常量和虚拟变量(没有显示出来)。括号中的是标准误。

b　对每个变量分别做如下处理:测量方程中仅仅包括该变量和议案的虚拟变量,该变量从最小值(0)变到最大值(1)时其变化所造成的影响。采用 *Clarify: Software for Interpreting and Presenting Statistical Results* (King, Tomz, and Wittenberg, 2000)。

* 在5%的水平上显著; ** 在1%的水平上显著。

测量的第一组结果。[9]这第一个方程中的解释变量包括了 3 个显示不同有素所有阶级重要程度的指标：农产品价值、制造业行业就业，以及制造业利润。根据基本的阶级模型，我们可以预测到——农产品价值这一解释变量与支持保护主义的投票这一因变量呈负相关，因为美国土地相对于其他国家来说比较充裕，因此，美国的土地所有者应该更支持自由贸易（与斯托
149 尔珀-萨缪尔森模型相一致）。[10]另一方面，劳动的所有者应该支持保护主义，因为，相对于贸易伙伴来说，美国劳动相对稀缺。因此，立法人员所属地区制造业行业就业这一解释变量应该与支持保护主义的投票呈正相关。根据罗戈夫斯基（Rogowski，1989）的研究，虽然美国在 1840—1914 年的大部分时期里都属于资本稀缺的国家，但是，1913 年以后从一个资本稀缺的国家转变成了一个资本充裕的国家。但是，罗戈夫斯基并没有精确地指出转变发生的时间（Rogowski，1989，p. 29）。不过，至少我们可以预测到——资本所有者的政策偏好在我所划分的第 2 和第 3 个时期之间发生了转变：从支持保护主义转为支持自由贸易。这也就意味着，立法人员所属地区的制造业利润这一解释变量在第 1 和第 2 个时期应该与因变量正相关，以后则是负相关。

表 12.1 报告了两组结果。其中，左栏是根据各个时期的投票情况对阶级模型进行概率估计所得出的

系数和虚拟 R^2，可以拿它和表 12.5 所记录的对行业集团模型进行概率估计的结果相比较。右栏告诉我们——当每个阶级变量从它们的理论最小值变到理论最大值的时候（从 0 到 1），投票支持保护主义的概率是如何变化的。要想对左栏模型中所计算出来的系数进行解释实际上很困难，因为制造业行业的就业和利润是高度线性相关的（每个时期大约都在 0.7 的水平上相关）。这两个变量都直接反映了制造业部门在各个州的规模，因此，很难识别这两个阶级变量分别造成的影响。[11]这一问题的有趣之处是，当制造业就业和利润被囊括到一个模型当中的时候，估测出的系数同时也测量了制造业生产中劳动和资本密集程度差异所造成的影响（同样数量的资本配合更多的劳动力，或者相反）。作为局部纠偏，我在这里简单地计算了当把其他变量从模型中去除时，每个变量所单独造成的影响（见右栏）。各变量单独造成的影响相对来说并不重要，重要的是，阶级模型在各个时期的整体表现，以及它与行业集团模型的相对表现。

与预期的一样，除了在第 4 个时期以外，农产品价值和支持保护主义的投票负相关。这样看来，1945 年后初期的投票似乎有些反常，可能这是由于农业对 20 世纪 30 年代引入的农业支持项目有所依赖。农业对投票的影响（见右栏）在第 1 和第 5 时期是最小的；负面影响最大的时期在1875—1937年之间。与

表 12.2　　对参议院贸易议案投票的概率估计——行业集团模型

	估测结果(因变量=支持保护主义的投票)[a]					各变量单独对投票支持保护主义概率的影响[b]				
	1824—1860 年	1875—1913 年	1922—1937 年	1945—1962 年	1970—1994 年	1824—1860 年	1875—1913 年	1922—1937 年	1945—1962 年	1970—1994 年
出口行业	-2.30**	-1.09**	-3.55**	-2.80**	-4.79**	-0.73	-0.48	-0.50	-0.26	-0.54
	(0.31)	(0.25)	(0.43)	(1.06)	(1.41)	(0.05)	(0.07)	(0.04)	(0.05)	(0.10)
进口竞争行业	1.27	1.27*	1.70	1.24	3.45*	0.65	0.52	0.47	0.46	0.73
	(1.03)	(0.56)	(1.06)	(0.92)	(0.79)	(0.04)	(0.06)	(0.09)	(0.26)	(0.06)
n	372	532	367	280	382					
互投赞成票可能性	-199.80	-347.00	-226.24	-129.36	-229.52					
虚拟 R^2	0.224 9	0.057 8	0.104 1	0.076 8	0.075 0					

a　估测还包括每个议案的常量和虚拟变量（没有显示出来）。括号中是标准误。

b　对每个变量分别做如下处理：测量方程中仅仅包括该变量和议案的虚拟变量，该变量从最小值（0）变到最大值（1）时其变化所造成的影响。采用 *Clarify: Software for Interpreting and Presenting Statistical Results* (King, Tomz, and Wittenberg, 2000)。

* 在 5%的水平上显著；** 在 1%的水平上显著。

预期的一样，制造业行业就业和保护主义投票呈正相关关系，虽然第4个时期的结论不是很清晰——这段时期是美国各种制造业产品出口的战后膨胀期。虽然，阶级模型预测——资本所有者至少在1914年之前支持保护主义，但是前三个时期制造业利润的系数却是负的。但是，因为制造业就业和利润是高度相关的，所以，这可能仅仅意味着，资本密集程度很高的生产者相对于其他生产者来说不那么支持保护主义。当把制造业就业从模型中去除之后，制造业利润对保护主义投票的影响（见右栏）在1937年之前就是正的了，并在1875—1937年之间达到最大值，与就业对投票的影响相同。[12] 151

表12.2与表12.1的研究对象相同，都是参议院关于同样一些贸易法规的投票情况，但是，现在采用了出口和进口竞争行业在各州的重要程度作为解释变量。根据简单的行业集团模型，我们可以预测到——出口行业的重要程度和支持保护主义的投票应该负相关，因为，受雇或投资于这些行业的个人会得益于贸易自由化。而进口竞争行业的重要程度则应该同支持保护主义的投票正相关。

与预期的一样，每个时期出口行业重要程度的系数估计值是负的，进口竞争行业的系数是正的。当分别解释这两个变量影响因变量的程度和显著性时，我们必须要格外小心，因为这两个解释变量似乎在早些

时期就在很高的程度上线性相关（在 1824—1913 年间相关系数在－0.4 左右）。右栏记录了去除掉其他变量以后，单个变量从它们的理论最小值变到理论最大值时（从 0 到 1），投票支持保护主义的概率是如何变化的。这两个行业变量在不同时期的影响程度与前面的阶级变量正好相反：两个行业变量都是在第 1 和第 5 个时期对投票的影响比较大，在第 2 到第 4 个时期的影响比较小。

整体上来说，对参议院投票进行分析得出的结果和我们根据行业间要素流动跨时变化情况得出的预测吻合得还不错。相对于要素流动程度比较低的时期（1824—1860 年，以及从 1945 年至 20 世纪 90 年代），当要素流动程度相对较高的时候（1875—1937 年间），投票决策更清晰地反映了参议员对要素所有阶级利益的考虑。相应地，当要素流动程度相对较低的时候，投票决策则更清晰地反映了参议员对各州中行业集团要求的考虑。

表 12.3 和 12.4 是根据众议院的投票情况对两个模型进行检测的结果。这里要求我们要更加谨慎，因为我们只是在州的水平上对要素所有阶级和行业的重要程度进行了测量，而不是在地区的水平上。所以在这里我们的测量依赖于这样一个假设：各个州内不同地区的阶级和行业组成是相似的。对众议院投票情况的分析所得出的结果和前面分析参议院投票得出的结

表 12.3　对众议院贸易议案投票的概率估计——阶级模型

	估测结果(因变量=支持保护主义的投票)[a]					各变量单独对投票支持保护主义概率的影响[b]				
	1824—1860 年	1875—1913 年	1922—1937 年	1945—1962 年	1970—1994 年	1824—1860 年	1875—1913 年	1922—1937 年	1945—1962 年	1970—1994 年
农产品价值	-1.36 **	-0.53 **	-0.03	2.69 **	-1.72 **	-0.40	-0.68	-0.52	0.28	-0.49
	(0.26)	(0.11)	(0.31)	(0.43)	(0.43)	(0.03)	(0.03)	(0.04)	(0.12)	(0.04)
制造业行业就业	6.47 **	8.46 **	15.57 **	8.95 **	4.04 **	0.64	0.73	0.81	0.81	0.69
	(1.07)	(1.17)	(2.06)	(1.53)	(1.73)	(0.02)	(0.02)	(0.02)	(0.04)	(0.03)
制造业利润	-2.25 *	-1.32	-2.46 **	-0.31	0.19	0.45	0.80	0.71	0.68	0.45
	(0.99)	(1.00)	(0.72)	(0.87)	(0.68)	(0.10)	(0.02)	(0.05)	(0.12)	(0.11)
n	1 584	2 656	1 565	1 262	2 480					
互投赞成票可能性	-985.28	-1 658.12	-909.46	-754.86	-1 605.73					
虚拟 R^2	0.100 1	0.099 2	0.155 2	0.050 4	0.063 8					

a　估测还包括每个议案的常量和虚拟变量(没有显示出来)。括号中的是标准误。

b　对每个变量分别做如下处理：测量方程中仅仅包括该变量和议案的虚拟变量，该变量从最小值(0)变到最大值(1)时其变化所造成的影响。采用 *Clarify：Software for Interpreting and Presenting Statistical Results* (King，Tomz，and Wittenberg，2000)。

* 在 5%的水平上显著；** 在 1%的水平上显著。

果非常接近。各个阶级和行业变量的估计系数都是比较接近的。惟一一个明显的差异就是，制造业就业和
153 利润对投票的影响在战后初期（1945—1962 年间）是正的，而不是负的（表 12.3）。这意味着，那些来自于严重依赖于制造业生产的州的众议员们在战后并不像参议员们那样迅速地改变了他们在贸易政策上的立场。各个阶级变量发生最大变化时对投票概率造成的影响在第 2 和第 3 个时期（1875—1937 年）达到最大值。各个行业变量发生最大变化时所造成的影响正好与之相映：在第 1 和第 5 个时期达到最大，而在中间的时期则比较小。

一个比较阶级模型和行业模型相对正确性的简单方法就是，比较每个时期的虚拟 R^2（见表 12.5）。对于参议院和众议院的投票来说，结论都是一样的：阶级模型在第 2 到第 4 时期比行业模型的表现好得多，而在第 1 和第 5 个时期则比行业模型的表现差得多。

表 12.5 还报告了对这两个模型进行正式检测的结果。这里采用了戴维森和麦金农（Davidson and MacKinnon，1981）使用的“J 检验”方法，即通过这两个模型的间接线性组合来检验 H_0（阶级模型正确）和 H_1（行业模型正确）。该方法所检测的方程结合了行业模型的预期重要程度和阶级模型，其中 α_i 是行业模型的权重。如果 H_0 是真的，那么 α_i 的真实值就应该是0。因此，我们可以通过检验 $\alpha_i=0$ 来判断

→268

表 12.4　　对众议院贸易议案投票的概率估计——行业集团模型

	估测结果(因变量＝支持保护主义的投票)[a]					各变量单独对投票支持保护主义概率的影响[b]				
	1824—1860 年	1875—1913 年	1922—1937 年	1945—1962 年	1970—1994 年	1824—1860 年	1875—1913 年	1922—1937 年	1945—1962 年	1970—1994 年
出口行业	-1.86**	-0.82**	-3.21**	-0.73*	-2.16**	-0.65	-0.37	-0.47	-0.22	-0.58
	(0.11)	(0.10)	(0.40)	(0.30)	(0.53)	(0.03)	(0.03)	(0.04)	(0.11)	(0.05)
进口竞争行业	1.62*	1.27**	0.63	1.34**	2.56**	0.63	0.46	0.41	0.41	0.64
	(0.73)	(0.36)	(0.63)	(0.48)	(0.29)	(0.02)	(0.02)	(0.14)	(0.15)	(0.03)
n	1 583	2 656	1 565	1 262	2 480					
互投赞成票可能性	-880.49	-1 727.72	-941.91	-782.01	-1 576.60					
虚拟 R^2	0.195 4	0.061 4	0.125 0	0.016 3	0.0808					

a　估测还包括每个议案的常量和虚拟变量（没有显示出来）。括号中的是标准误。

b　对每个变量分别做如下处理：测量方程中仅仅包括该变量和议案的虚拟变量，该变量从最小值（0）变到最大值（1）时其变化所造成的影响。采用 *Clarify: Software for Interpreting and Presenting Statistical Results*（King，Tomz，and Wittenberg，2000）。

* 在 5%的水平上显著；** 在 1%的水平上显著。

269

是否可以否定 H_0。如果要检验是否可以否定 H_1 的
155 话，则程序类似。表 12.5 记录了这些检验的结果（利用了表 12.1～12.4 中的阶级模型和行业模型）。在第 1 和第 5 时期，行业模型在参议院和众议院都支配了阶级模型；而阶级模型则于第 2 时期在参众两院都支配了行业模型；而第 3 和第 4 时期则没有明显的赢家（或输家）。第 4 时期的投票情况（1945—1962 年间）看起来似乎特别难以用模型解释。虽然阶级模型看起来能够更好地解释参众两院的投票情况，但是三个阶级变量中的两个（农产品价值和制造业利润）的系数却和根据标准阶级模型得出的预测相反。[13]

有一点大家应该清楚，就是——这些跨时比较分析只提供了对要素流动程度假设的间接检测。遗憾的是，我们在数据获取上受到了很大的限制。如果我们能够获得足够长的一段历史时期内不同选区的要素流动程度，使得我们不仅可以考虑要素流动程度的跨时差异，还可以考虑要素流动程度的空间差异的话，那么我们就能够更加充分地分析投票情况并更加直接地检测本书所提出的理论。但是，本书第 2 章中所考察的要素整体流动程度方面的数据已经是对某一段时期内行业间要素流动程度进行的首次系统性测量——如果考虑到这一变量在政治经济理论中的关键性作用的话，这一事实真是令人震惊。这些数据已经足以让我们对阶级模型和行业模型在不同历史时期的相对合理

表 12.5　　阶级模型和行业模型表现的比较[a] 156

	1824—1860 年	1875—1913 年	1922—1937 年	1945—1962 年	1970—1994 年
A. 参议院投票					
阶级对行业集团模型虚拟 R^2 比率	0.55	2.06	1.23	1.73	0.36
J 检验结果[b]					
α_i	3.93**	-0.53	1.90**	3.79**	3.17**
	(0.52)	(0.71)	(0.67)	(1.44)	(0.63)
α_c	0.53	3.21**	2.41**	3.06**	0.49
	(0.71)	(0.49)	(0.53)	(0.68)	(1.45)
否定的模型	阶级	行业	都不	都不	阶级
B. 众议院投票					
阶级对行业集团模型虚拟 R^2 比率	0.51	1.62	1.24	3.09	0.85
J 检验结果$_b$					
α_i	3.95**	-0.30	1.54**	1.34	2.92**
	(0.29)	(0.39)	(0.43)	(0.92)	(0.34)
α_c	-0.16	3.18**	2.76**	2.80**	1.26
	(0.39)	(0.26)	(0.30)	(0.37)	(0.87)
否定的模型	阶级	行业	都不	行业	阶级

a　具体情况见表 12.1～12.4。

b　α_i 和 α_c 是分别把行业或阶级模型与另一个模型线性结合在一起的时候其预期重要程度的估测系数。模型检验采用 95%的置信区间。括号中是标准误。

* 在 5%的水平上显著；** 在 1%的水平上显著。

性进行基本的预测。对国会投票情况的分析肯定了这些预测的正确性，这强有力地显示出进一步分析要素流动程度（或者它的反面——要素固定程度）的确很有希望在当今政治经济学理论中的这两个对立模型间的巨大鸿沟之上架立起沟通的桥梁。

12.3　结论

这些跨时比较分析提供了对要素流动程度假设的间接检测。遗憾的是，我们在数据获取上受到了很大的限制。如果我们能够获得足够长的一段历史时期内不同选区的要素流动程度，使得我们不仅可以考虑要素流动程度的跨时差异，还可以考虑要素流动程度的空间差异的话，那么我们就能够更加充分地分析投票情况并更加直接地检测本书所提出的理论。但是，本书第 2 章中所考察的要素整体流动程度方面的数据已经是对某一段时期内行业间要素流动程度进行的首次系统性测量——如果考虑到这一变量在政治经济理论中的关键性作用的话，这一事实真是令人震惊。这些数据足以让我们对阶级模型和行业模型在不同历史时期的相对合理性进行基本的预测。对国会投票情况的分析肯定了这些预测的正确性，这强有力地显示出进一步分析要素流动程度（或者它的反面——要素固定程度）的确很有希望在当今政治经济学理论中这两个对立模型间的巨大鸿沟之上架立起沟通的桥梁。

美国经济中要素流动程度的历史变迁情况似乎和美国贸易政治进程中的重大转变相一致。19 世纪早期的关税基本上是一个地区性问题，它引发了生产者集团的猛烈游说，并且因为各地区出口和进口竞争行业集中程度的不同而使得来自不同地区的议员持有不同的贸易政策立场。但是到了 19 世纪末，贸易政策成了激烈的党派竞争的核心问题——工厂主和工人们支持保护主义关税，而农民们则支持自由贸易。近几十年来，由贸易问题所引发的社会分化模式又发生了新的变化，并且，这一变化也变得越来越明显。广泛的阶级联盟在贸易问题上变得越来越不团结，同时，行业集团游说则主导了近期关于《北美自由贸易协定》和《关贸总协定》的辩论。

对 1824—1994 年间国会关于主要贸易议案投票情况的分析肯定了本书所提出的理论，并提供了更加清晰的证据证明了联盟模式的变化（以及阶级模型和行业模型的相对正确性）和行业间要素流动程度的关系与我们所预料的相一致。结果显示，当要素流动程度高时，投票决策更清晰地反映了要素所有阶级的影响；而当要素流动程度低的时候，投票决策与行业模型更一致。 157

[注释]

[1] 前者参见 Conybeare (1991)，后者参见 Gilligan (1997)。

[2] 各州经济数据来源是 *Censuses of Manufacturing, Agriculture, and Mining*，我选取了和投票年份最接近的年份的数据（附录 C 进行了更详尽的讨论）。1840 年之前的数据，是根据后来的观察推测出来的（各州收入数据资料来源是商务部的 *State Personal Income*，以及 Kuznets，Miller，and Easterlin，1960）；人口数据资料来源是 *Statistical Abstract of the United States*）。

[3] 对于 1840—1919 年这段时间来说，制造业行业资本所得利润占全州收入的比重与资本投资总量占全州收入比重的相关性很高（0.92）。我还采用了一系列不同的方法来测量阶级变量，包括农业土地总价值和总土地面积（对农民来说），制造业总工资（对劳工来说），以及制造业总产量和每个工人的产量（对资本来说）。结果显示，不论采取哪个变量组合，关键性结论都基本一样，这在下面有所讨论。

[4] 关于编辑数据的方法详见附录 C。

[5] 我还考察了每个模型加入一些变量之后的情况，包括给那些带有授予总统与其他国家商讨关税削减权威条款的议案加入虚拟变量，以及给那些认可已签署的贸易条约的议案加入虚拟变量。关键性的基本结论与下文所报告的相一致，因此我只给出了最简单的模型形式。

[6] 对 1945 年之后时期的划分，仅仅考虑了美国贸易模式在战后初期非常不稳定，那时欧洲和日本的经济正在重建，并且民主党和共和党于 20 世纪 60 年代在贸易问题上改变了政策方向。

[7] 注意到，因为有一些国会议员可能在一个时期内对 2 个以上议案进行了投票，所以，所有的观察之间并不是独立

的。因此，测量到的标准误有低估的趋势。非常感谢一位匿名的评论家提出了这一问题。分别研究各个议案的分析结果可以从作者处获得。

[8] 因为各种阶级和行业变量在不同历史时期在不同方式和程度上存在共线性，所以，如果把它们都囊括到一次评测中，会使得解释它们影响投票模式的不同和显著性异常困难。

[9] 省略掉了议案的虚拟变量，因为对这些影响的解释对于我们这里的目的来说并不重要。

[10] 关于美国要素禀赋的定量数据请参见 Rogowski (1989)，里面还有根据斯托尔珀-萨缪尔森理论推导出的不同阶级的贸易政策偏好。这里采用了罗戈夫斯基的研究结果。

[11] 关于这方面的讨论参见 Gujarati，1999，p. 327－335。尽管当所有三个变量都包括到模型当中时标准误是 2 倍以上，但是，问题不仅仅在于无效率。这还涉及到有效样本容量问题：比如，很少有现象显示——当州制造业利润低的时候制造业就业却很高（或相反）。

[12] 值得注意的是，我采用了基本阶级模型的变化形式对近期数据进行了分析，其中加入了代表各州雇员技能水平的变量。根据 Midford（1993）以及 Scheve and Slaughter (1998，2001）进行的假设，被视为一个独立阶级的熟练工人应该反对保护主义。但是即使加入了测量各州成人中拥有高中文凭或更高教育水平的人口占总人口比例的变量（资料来源：*Statistical Abstract*），得到的模型也并不比表 1 中的基本模型表现得更好。这些变量的估测系数都不显著，并且通常是错的（系数为正)。因为找不到早些时期的数据，我这里只

提供了最简单的模型以进行直接的跨时比较。

[13] 部分原因可能在于战后初期世界贸易模式的混乱，以及贸易问题政治地位的下降。

INTERNATIONAL TRADE & POLITICAL CONFLICT

INTERNATIONAL

INTERNATIONAL TRADE & POLITICAL CONFLICT

INTERNATIONAL TRADE & POLITICAL CONFLICT

第 4 部分
结　论

INTERNATIONAL

第13章 结论、局限与启示

本书讨论了政治经济学领域中一个长期以来一直 161
存在争议的问题——对贸易政治进行分析时，阶级模型和行业集团模型的相对正确性——并且提出了一个简单的理论概括了在什么情况下一个模型会比另一个模型更合适。我认为，在贸易政治中形成什么类型的政治联盟，很大程度上取决于一个基本的经济特征：生产要素在行业间流动的程度。行业间要素流动程度高的时候，更容易出现以阶级为基础的联盟；而行业间要素流动程度低的时候，则更容易出现以行业为基础的联盟。

本书提供的关于西方六国的证据显示出，行业间要素流动程度在不同历史时期和不同国家之间都存在很大的差异，与工业化进程的不同发展阶段和法规限制的差异相一致。对这六个国家贸易政治的研究揭示了行业间要素整体流动程度的确和联盟模式之间存在强烈的相关关系。整体上说，当要素流动程度比较高

的时候，阶级联盟比较强大，以阶级为基础的政党和社会组织会在贸易问题上更加团结；而当要素流动程度相对较低的时候，则行业联盟似乎更强大，行业集团游说在政策制定过程中更加活跃。

在关于贸易政治的现有学术文献中，有的学者关注于行业集团在政策制定过程中的作用（比如 Gourevitch，1986），有的则关注于阶级冲突（Rogowski，1989），而本书的上述发现提供了一个解决上述分歧的方法。这两种观点在不同的条件下是合理的。当行业间要素流动程度相对低的时候，集中精力于行业集团的活动可以给我们提供更多的启示：比如当研究 19 世纪的法国或者 20 世纪 60 年代以来的美国和英国的时候。当行业间要素流动程度相对高的时候，关注于更加广泛的阶级联盟通常可以让我们更加深入的了解贸易政治：比如当研究 19 世纪的英国以及从第一次世界大战到 20 世纪 80 年代的瑞典和澳大利亚的时候。

这些发现对于政治经济学研究来说意义深远。当预测那些影响到商品相对价格（从而影响到对不同生产要素的需求）或者影响到不同生产要素供给情况的政策对财富分配所造成的影响的时候，对行业间要素流动程度的不同假设可能会使得通过一般均衡模型得
162 出的结论大相径庭。因此，大量政策对财富分配所造成的影响取决于要素流动程度：其中包括汇率政策、

国外投资管制政策（流进或流出）、产业政策和产业规范（补贴、税收鼓励、劳工和环境法）、福利政策（特别是培训和教育政策），以及移民政策。因此，关注行业间要素流动程度对于从政治经济学角度理解一系列政策的制定原因来说是至关重要的。各种政策所造成的利益冲突，以及投资或受雇于不同经济部门的个体的偏好，都会随着他们在行业间转移资产难易程度的变化而变化。当要素流动程度高的时候，要素联盟在所有领域都会相对更加强大；而当要素流动程度低的时候，行业集团进行“寻租”行为的动力就会更大。

本书得出的发现同时也对预测贸易政策的演变方向有重要意义。当贸易问题给政党和社会组织内部造成严重分歧的时候，党派领袖就会有动力采取前后不一致的政策立场，以平衡来自冲突双方的要求。政策的模糊性会使得冲突的双方容易达成妥协，这对于面临来自双方压力的党派领袖来说至关重要。这一认识能够帮助我们更深入地了解近些年来美国及其他一些西方经济体贸易政策的发展情况。由于支持自由贸易或保护主义的行业集团的游说活动都有所增强，在这种压力之下，领袖们采取了一系列非关税工具，在不真正放弃贸易自由化进程的同时削弱多变贸易自由化。

我们很自然就会把这几个国家的不同经历加以比

较，并且思考在上两个世纪以来的国际经济变迁中是否它们中的某一个走了一条更好的路，不论是出于智慧还是运气。在有的国家，阶级冲突更加明显，例如19 世纪 40 年代英国国内关于贸易政策的激烈斗争尤为突出、19 世纪 90 年代美国的平民党运动以及 20 世纪 30 年代加拿大的草原激进主义也都毫不逊色。而在法国，则是大量行业集团坚持不懈地进行强有力的政治游说活动，削弱了阶级联盟的作用，这应该不会是一条比较好的道路。最糟糕的是，法国贸易政治中强烈的集团游说以及美国和英国近些年来出现的强烈集团游说让我想起了奥尔森所描述的梦魇：资源被浪费在瓜分利益的政治斗争上（Olson，1982）。

瑞典从 20 世纪 50 年代到 80 年代的经验给我们提供了更多的启发。社会民主党成功地在阶级联盟之间促成了一个稳定的妥协，实现了旨在最大化整体经济福利的自由贸易政策。瑞典工会联盟的经济学家们非常有预见：他们预料到技术进步会降低要素流动程
163 度，这会增强行业集团的寻租行为，从而削弱他们的经济策略。因此，他们设计了一系列旨在加强要素流动程度的政策，通过给工人和企业提供各种各样的调整辅助措施来抗击这种趋势，并且这一策略的效果令人钦佩。从这种角度来看，澳大利亚的情况则正好是反面教材：阶级联盟之间达成了支持保护主义的妥协，给澳大利亚这一小经济体带来了巨大的效率损

失，让其不堪重负。

但是，我们应该以谨慎的态度来对待这些发现，以及在其基础上得到的推论。对于其他一些有可能解释联盟模式差异以及政党和组织行为的变量，我并没有全部进行控制。选举和政策制定制度上的差异很可能会产生显著影响。比如，当选举权的普及范围越广时，政治组织就越有可能代表范围广泛的联盟，并且可以预见到相对于总统制和多元统治（plurality rule）来说，在议会制和比例代表制下政党的行为在整体上会更前后一致。[1]维迪尔（Verdier，1994）以及阿尔特和吉利根（Alt and Gilligan，1994）也曾经指出，那些给游说集团提供更多干预政治机会的政策制定规则更有可能会阻碍阶级联盟的形成。当然，这些观点主要是经验性的。但是，像我在第1章中指出的那样，这些观点不大可能令人满意地解释由贸易政策冲突引发的社会分化的跨时和跨国差异。本书提出的理论指出，要素流动程度对社会分化模式有强有力的影响作用。在此基础之上，未来的研究可能就能够详细地分析社会分化和政治制度是如何相互作用来形成贸易政治模式的。

还有其他原因也使得我们必须谨慎行事。本书理论所基于的经济模型假定，市场是竞争性的并且没有国际要素流动。放松这些假设会使问题复杂化。比如，因为规模经济在生产中的作用日益重要，我们可

以预测到，不仅在贸易政治中广泛的阶级联盟更不容易出现，而且同一部门的不同企业之间也可能出现分歧。[2]如果允许生产要素在国际上或多或少地流动的话，也要求对这一理论进行修改。[3]另外，本书也没有考虑资本市场所有权结构的差异。特别是，相对深化的资本市场不仅会使得不同行业之间固定资产的交易更加简单，也会使得资本所有者们可以更轻松地使他们的投资组合多样化。资本家们的投资组合多样化程度越高，他们也就越不会担心个别行业的收益以及贸易对它们的影响，因此，在贸易政治中他们也就越不会组成行业联盟。[4]

最后，因为要素流动程度显然会受到相关法规的影响，所以我们还必须考虑一下它在什么程度上是内生于政治的。很少有文献系统地研究过那些限制要素流动或增强要素流动（如调整辅助措施）的政策的形成起因。[5]可能现有的联盟对政策的影响又会在某种程度上反过来决定将来的要素流动程度，这显示出社会分化与流动程度之间可能存在一连串的因果关系，因此，给我们的分析添加了更加复杂的动态性因素。比如在瑞典，阶级联盟之间达成的协议的确似乎促成了广泛的培训和调整辅助项目，使得战后瑞典经济中的行业间要素流动程度一直维持在很高的水平之上。或者，还有某种第三方力量同时影响着联盟形式和要素流动程度。维迪尔（Verdier，1995）就曾经指出，

→ 284

选举竞争在决定政客是迎合广泛的联盟，还是狭隘的联盟上（以及支持流动性加强型政策的程度上）起到了重要的作用。[6]

数据很好地解释了内生性问题。证据显示，与工业化进程不同阶段相联系的外生性经济和技术变迁强有力地影响了西方经济体的要素流动程度。要素流动程度测量值的变化和贸易政治中联盟形式的变化之间的关系和我们的预期相一致，这就显示出这一研究思路是值得我们继续进行下去的。

[注释]

[1] 参见 Duverger (1954)；LaPalombara and Weiner (1966)；Cox (1987)；Turner and Schneier (1970)。我已经在某种程度上对这些变量的影响进行了一些控制，在测量关于贸易法规投票的党派凝聚力水平的同时，也相应测量了同一次立法会议期间的总体党派凝聚力水平。

[2] 企业可能会出于自身利益而单独进行游说，或者成立联盟，特别是同其他行业中具有类似偏好的企业结成联盟。比如，在1994年关贸总协定的乌拉圭回合谈判中，就形成了服务行业联盟（Coalition of Service Industries），知识产权委员会（Intellectual Property Committee），以及当前关贸总协定联盟（Alliance for GATT Now）。这些联盟都拥有各种各样的大企业作为其成员。

[3] 对于这一问题的正式讨论请参见 Hiscox (1998)。结果显示，要素的国际流动到底是加强了贸易上的阶级分化还

是行业分化，取决于行业间要素流动的程度以及不同行业的生产要素是否在不同国家具有不同的流动程度。

[4] 这又引发了一些关于对所有者和经营者进行区分及其政治意义的基本问题。经营者只是每个企业中所投资本的代理人。因为他们以及他们所成立的行业组织决定游说的强度，又因为他们也是商业组织的直接成员，所以并不能肯定我们需要在很大程度上修改表 3.1 中列出的流动程度差异所造成的预期影响。对政党行为来说，其意义可能更不清晰。就政党对行业集团游说做出的回应来说，预期的影响不变；就他们对资本所有者（他们可能拥有多样化的资产）的偏好做出的回应来说，我们应该预料到他们在贸易问题上会更团结。

[5] 关于这方面的回顾和对工人要求制定调整辅助政策的初步研究请参见 Burgoon and Hiscox (2000)。

[6] 不幸的是，瑞典由社会民主党所实施的强有力的流动性加强政策（主导了瑞典战后的政治）与维迪尔的竞争性观点恰恰相反。

INTERNATIONAL

INTERNATIONAL TRADE & POLITICAL CONFLICT

INTERNATIONAL TRADE & POLITICAL CONFLICT

INTERNATIONAL TRADE & POLITICAL CONFLICT

附 录

INTERNATIONAL

附录 A　第 1 章的数学附录

本章中提出的模型以琼斯（Jones，1971）的三要素模型为基础，并对贸易文献中传统的 2×2 一般均衡模型进行了改进。[1]假设经济中只生产两种商品 X_1 和 X_2，并且部门 i 只使用它的特定要素 L_i 和 K_i。因为在这一两商品模型中只需要考虑相对价格，所以把 X_1 的价格视为单位价格。以下 6 个方程描述了均衡状态：方程(1)～(4)描述了各要素的充分使用，方程(5)～(6)描述了完全竞争条件下产品市场的均衡： 167

$$a_{L11}X_1=L_1 \tag{1}$$

$$a_{K11}X_1=K_1 \tag{2}$$

$$a_{L22}X_2=L_2 \tag{3}$$

$$a_{K22}X_2=K_2 \tag{4}$$

$$a_{L11}w_1+a_{K11}r_1=1 \tag{5}$$

$$a_{L22}w_2+a_{K22}r_2=p \tag{6}$$

其中

a_{Lij} 和 a_{Kij}＝每单位 X_j 生产中所使用的 L_i 和 K_i 量

w_j 和 r_j=行业 j 中劳动和资本的报酬

p=第二种商品的相对价格。

各要素得到充分使用——要求生产技术是可变的，并且因为竞争会使得单位成本最小化，所以每个 a_{ij} 的大小取决于行业 j 中要素价格的比率：$a_{ij}=a_{ij}(w_j/r_j)$。

168 解关于 X_1 的方程(1)和(2)，以及关于 X_2 的方程(3)和(4)可以得到：

$$\frac{a_{L11}}{a_{K11}}K_1=L_1 \tag{7}$$

$$\frac{a_{L22}}{a_{K22}}K_2=L_2 \tag{8}$$

方程(5)～(8)描述了关于四个未知生产要素价格的 4 个关系。商品价格是外生的(根据小国假设)，并且此刻把特定要素的禀赋视为参数。通过考虑商品价格的变化对均衡状态的影响，可以最好地考察该模型的结构。通过求导能够得出各个要素报酬的百分比变化(结果表示为百分比形式，不仅可以显示变化的方向，同时也能显示变化的大小)。

$$\frac{dw_1}{w_1}=-\frac{\theta_{K11}}{\sigma_1}\left(\frac{dL_1}{L_1}-\frac{dK_1}{K_1}\right) \tag{9}$$

$$\frac{dr_1}{r_1}=\frac{\theta_{L11}}{\sigma_1}\left(\frac{dL_1}{L_1}-\frac{dK_1}{K_1}\right) \tag{10}$$

$$\frac{dw_2}{w_2}=\frac{dp}{p}-\frac{\theta_{K22}}{\sigma_2}\left(\frac{dL_2}{L_2}-\frac{dK_2}{K_2}\right) \tag{11}$$

$$\frac{dr_2}{r_2}=\frac{dp}{p}+\frac{\theta_{L22}}{\sigma_2}\left(\frac{dL_2}{L_2}-\frac{dK_2}{K_2}\right) \tag{12}$$

其中

σ_j =行业 j 中劳动和资本的替代弹性

θ_{Lij} 和 θ_{Kij} =对要素的支付占行业 j 的产值的比率

我们利用了关系

$$\theta_{Lij}\left(\frac{da_{Lij}}{a_{Lij}}\right)+\theta_{Kij}\left(\frac{da_{Kij}}{a_{Kij}}\right)=0$$

这是单位成本最小化所隐含的条件(Jones, 1971, p. 6)。

现在,为了分析要素流动程度的影响,根据 L_1 可以以递增的机会成本转为 L_2,K_1 可以以递增的机会成本转为 K_2,我们可以把每个特定要素本身视为生产过程的产物。要素禀赋 L 和 K 是外生且固定的(其中 169
$L=L_1+L_2$,$K=K_1+K_2$),但是,L_2/L_1 和 K_2/K_1 会分别与相对报酬 w_2/w_1 和 r_2/r_1 正向相关。然后以替代弹性来定义流动性 φ_L 和 φ_K,结合 L_2 与 L_1 和 K_2 与 K_1 之间的转换关系我们可以得到:

$$\varphi_L=\frac{\dfrac{d(L_2/L_1)}{L_2/L_1}}{\dfrac{d(w_2/w_1)}{w_2/w_1}}$$

和

$$\varphi_K=\frac{\frac{d(K_2/K_1)}{K_2/K_1}}{\frac{d(r_2/r_1)}{r_2/r_1}}$$

其中

φ_L，$\varphi_K\geqslant 0$

这些关系连同方程(9)～(12)一起可以把要素报酬的百分比变化描述为商品价格百分比变化的函数（“ˆ”表示百分比变化）：

$$\hat{w}_1=\left[\frac{-\theta_{K11}\sigma_2(\varphi_K\tau_{K2}-\varphi_L\tau_{L2})-\theta_{K11}\varphi_L\varphi_K\Omega}{\Delta}\right]\hat{p} \qquad (13)$$

$$\hat{r}_1=\left[\frac{\theta_{L11}\sigma_1(\varphi_K\tau_{K2}-\varphi_L\tau_{L2})+\theta_{L11\varphi_L\varphi_K}\Omega}{\Delta}\right]\hat{p} \qquad (14)$$

$$\hat{w}_2=\left[\frac{-\theta_{K11}\sigma_2(\varphi_K\tau_{K2}-\varphi_L\tau_{L2})+\varphi_K(\sigma_1\tau_{K1}+\sigma_2\tau_{K2})}{\Delta}+\frac{\sigma_1\sigma_2-\theta_{K11}\varphi_L\varphi_K\Omega}{\Delta}\right]\hat{p} \qquad (15)$$

$$\hat{r}_2=\left[\frac{\theta_{L11}\sigma_2(\varphi_K\tau_{K2}-\varphi_L\tau_{L2})+\varphi_L(\sigma_1\tau_{L1}+\sigma_2\tau_{L2})}{\Delta}+\frac{\sigma_1\sigma_2+\theta_{L11}\varphi_L\varphi_K\Omega}{\Delta}\right]\hat{p} \qquad (16)$$

其中

$$\Delta=\varphi_L(\theta_{K22}\sigma_1\tau_{L1}+\theta_{K11}\sigma_2\tau_{L2})+\varphi_K(\theta_{L22}\sigma_1\tau_{K1}+\theta_{L11}\sigma_2\tau_{K2})+$$

$$\sigma_1\sigma_2+(\theta_{L11}-\theta_{L22})\varphi_L\varphi_K\Omega>0$$

$$\Omega=\tau_{L1}\tau_{K2}-\tau_{L2}\tau_{K1}$$

其中，τ_{Lj} 和 τ_{Kj} 是行业 j 中使用的劳动和资本数 170
量占劳动和资本总量的比率。Ω 描述了要素密集程度：当 X_1 的生产相对于 X_2 来说是劳动（资本）密集型时为正（负）。

方程(13)～(16)显示出价格 p 与要素报酬之间的关系取决于劳动和资本的流动程度。李嘉图-维纳模型和斯托尔珀-萨缪尔森模型是其中的特例。如果我们假定资本是完全不流动的，即根据标准的李嘉图-维纳模型，$\varphi_K=0$ 时，可以得出标准结果。即如果价格 p 上升（$\hat{p}>0$），则 w_2 和 w_1 都会上升，但是上升幅度小于价格上升幅度：$\hat{p}>\hat{w}_2>\hat{w}_1>0$。（注意 φ_L 越大，$\hat{w}_2$ 就越接近 $\hat{w}_1$）。另外，第二个行业中资本报酬会上升，且上升幅度大于 p，而第一个行业中资本的收益会下降：$\hat{r}_2>\hat{p}>0>\hat{r}_1$。如果我们假定劳动和资本是完全流动的，即与斯托尔珀-萨缪尔森的假设 $\varphi_L=\varphi_K=\infty$ 一样，则根据模型可以推导出我们所熟悉的结论：劳动（资本）密集型商品相对价格的上升，会使得工资率（利润）以更高的幅度上升，同时使得利润（工资）下降。即如果 p 上升，$\hat{w}_2$ 和 $\hat{w}_1$ 要大于 $\hat{p}$（<0），并且 $\hat{r}_2$ 和 $\hat{r}_1$ 为负（$>\hat{p}$），当且仅当 $\Omega<$（$>$）0 时。

这里我们所关注的关键性结论就是，要素流动程

度是如何影响阶级团结程度的，而价格变化对不同行业中同一要素收益的不同影响就预示了这种团结程度。对于 p 的任何变化来说，$\hat{w}_1$ 和 $\hat{w}_2$ 的绝对差值和 φ_L 都是负相关的，即 $\partial(|\hat{w}_1-\hat{w}_2|)/\partial\varphi_L<0$。同样，$\hat{r}_1$ 和 $\hat{r}_2$ 之间的绝对差值和 φ_K 之间也是负相关的，即 $\partial(|\hat{r}_1-\hat{r}_2|)/\partial\varphi_K<0$。这也就意味着，在其他条件都相同的情况下，劳动（资本）流动程度越高，贸易政策或贸易流动所引起的任何相对价格的变化对不同行业工人（资本家）收入的影响就会越接近。

[注释]

[1] 处理更高维的模型需要更多的技巧。为了证明基本的斯托尔珀-萨缪尔森定理在更加复杂的模型中的正确性，学者们已经做了许多研究工作。Ethier (1974) 以及 Jones and Scheinkman (1977) 证明了该定理的一个版本，即所谓的“敌友”效果 (friends and enemies)，他们采用的模型并没有对商品和要素的数量施加限制：即在其他条件不变的情况下提高每个商品的价格，会使得某些要素的真实报酬上升，另外一些要素的真实报酬下降。Ethier (1982) 证明了对于商品价格的任何变化，要素报酬的相应变化与根据要素密集程度计算的价格变化加权平均数呈正相关。这两个结论一起确保了基本的斯托尔珀-萨缪尔森定理在更高维的模型中的正确性。关于这一领域的研究请参见 Deardorff (1994)。

附录 B　第 2 章的数据及其来源

以下记录了这六个国家不同行业工资和利润数据 171
(用于第 2 章中的图 2.1）的主要资料来源。对于不同的历史时期，我们通常会获得不同类型的数据，为了解决这一问题，我对比了很多不同来源的工资和利润数据。表 2.1 并不能包括我收集的所有数据，否则会使得表 2.1 很难读。因此对于每个国家来说，我选择了跨越时间最长的数据序列。关于各个国家工资和利润的各种数据序列（下面有所描述）可以从作者处或者从本书的网页（http：//www. people. fas. harvard. edu/～hiscox/Trade _ and _ Political _ Conflict. html）获得。其中还包括各国各个数据序列所涵盖行业的详细清单。

B. 1　美国

对于 19 世纪美国工资方面的数据，最常用的两

个资料来源是威克斯（Weeks，1886）和奥尔德里奇（Aldrich，1893）的报告，他们提供了从多种制造业企业的薪水册记录中收集所得的工人日工资率数据，分别包括了1801—1880年和1860—1890年的数据。但是，这些数据在制造业部门工人的覆盖面上还是有很大局限（参见Long，1960，p. 7－12）。我主要考察的数据是朗（Long）根据上述报告所编辑的行业平均指数。他从威克斯的报告中选择了18个制造业行业的67家企业，从奥尔德里奇的报告中选择了13个制造业行业的49家企业，得出了其工资数据的连续时间序列。[1]我还利用威克斯报告中的原始数据计算了18个行业中“普通劳动力”的平均日工资率。

另外一个早期工资数据的来源是每十年一次的普

172 查（Census）。几个研究19世纪工资的文献就曾经采用普查数据中的工资支付总量以及每年的平均总就业人数计算出了不同行业或不同地理区域工人的平均年收入（Long，1960；Rosenbloom，1994）。这一数据的优点在于它的覆盖面广，提供了各个主要行业可比性比较强的年度数据（基本根据后来商务部引入的两位数标准进行分类），可以用于构造一个跨越时间较长的连续时间序列。至于1914年以前的数据，为了和普查数据的行业组合相一致，我从朗（Long，p. 72－73）列出的17个门类开始着手，他摘录了这17个门类1860—1890年的数据。我补充了这一原始清单，加入了 15 个行业 1820—1910 年的时间序列，另外还加入了 5 个行业在整个时期的数据。[2]

20 世纪以后行业工资率方面的数据相对比较容易获得。5 年一次的《制造业普查》（*Census of Manufactures*）以及《年度制造业调查》（*Annual Survey of Manufactures*）报告了自 1900 年以来各个主要行业对生产工人的全部工资支付以及生产工人的平均人数。[3]这些时间序列可以像早些时候的普查数据一样被用于计算各个行业工人的平均年收入，虽然中间出现了更多的间隔。劳工部基于各个行业的年收入与总工时计算了自 1947 年以来制造业工人的每小时收入，依照标准行业分类的两位数标准行业分类。[4]另外，全国工业会议理事会（National Industrial Conference Board）编纂了 1920—1937 年间的非熟练工人的每小时工资率（参见 Glasser，1940，p. 36）。

至于早些时期不同行业资本回报率方面的数据则更难以获得。贝特曼和韦斯（Bateman and Weiss，1981）利用普查资料计算了南部各州 1850 和 1860 年的制造业样本企业利润（增加值减去工资成本）占投资的百分比。我采用了类似的计算方法，利用行业水平上的增加值、工资成本和投资资本方面的数据计算了各个普查年份各主要制造业行业的企业平均利润水平。[5] 1919 年之后，制造业普查和年度制造业调查继

续在报告各个行业的增加值和工资成本数据，而不再报告资本投资数据。由于从 1947 年开始，可以获得各个行业每年的总工时数据，所以可以把它作为总投资（固定和运营资本）的近似代替：也就是说，每工时的利润可以被视为接近每一美元投资资本的利润。[6] 从 1933 年开始，还可以从美国证券交易委员会获得公司利润的直接数据（作为净价值和资产净值的百分比，依照两位数标准行业分类）。[7]

B.2　英国

19 世纪英国不同制造业行业 6 类熟练工人的工资数据选自马尔霍尔（Mulhall，1899）。[8] 威廉森（Williamson，1982）编辑了 1810—1911 年间英国 6 个行业熟练工人的年收入数据。[9] 国际劳工组织的《劳工统计年鉴》（*Yearbook of Labour Statistics*）报告了 1914—1935 年间英国一系列行业熟练工人的周收入数据。[10] 国际劳工组织自 1938 年开始报告英国两位数行业中雇员的每小时收入。联合国的《工业统计年鉴》（*Industrial Statistics Yearbook*）自 1953 年开始报告英国两位数行业的总工资、薪水和雇员平均人数。从 1924 年开始，中央统计办公室（Central Statistics Office）的《英国劳工统计：历史摘要》（*British Labour Statistics：Historical Abstract*）开始报告英国两位数行业体力劳动者的周收入。联合国的《工业统计年鉴》自 1953 年开始报告英国两位数行业的利润、增加值以及总工资和就业方面的数据。

B.3 法国

19 世纪法国 6 类熟练工人的工资数据选自马尔霍尔（Mulhall，1899）。他编辑了德福维尔（DeFoville）（只包括巴黎）和“法国经济学家目录”（French 174
Economist's Table）所报告的数据。[11] 1913—1935 年间法国各制造业行业男性熟练工人的工资数据来源于国际劳工组织的《劳工统计年鉴》。从 1948 年开始，国际劳工组织还提供了法国两位数行业工人每小时的收入数据。1953 年，法国开始根据联合国《工业统计年鉴》所报告的各个两位数行业雇员的总工薪和就业人数来计算所有两位数行业雇员的平均年收入。1900 年以来法国主要行业工人的年工资数据来自于全国统计及经济研究所（Institute National de la Statistique et des Etudes Economiques）的《法国统计年鉴》（*Annuaire statistique de la France*）。联合国的《工业统计年鉴》提供了自 1958 年以来法国两位数行业的增加值、总工薪以及平均就业数据，我利用它们计算了行业利润估计值。

B.4 瑞典

1860—1930 年间瑞典 10 个行业男性工人的每小时收入和年收入数据来自于巴奇（Bagge，1936）。其中的行业分类很接近于后来采用的标准两位数分类。国际劳工组织的《劳工统计年鉴》自 1927 年开始提供瑞典两位数行业男性工人的每小时收入数据。瑞典两位数行业所有雇员的平均年收入是根据联合国《工业统计年鉴》自 1953 年以来报告的工资和雇员数据计算得出的。行业利润的计算依据的是联合国《工业统计年鉴》自 1953 年开始提供的两位数行业增加值、总工薪和就业方面的数据。

B.5 加拿大

加拿大自 1870 年开始的两位数行业雇员平均年收入是根据厄克特（Urquhart，1965）报告的总工资和就业普查数据计算得出的。1939 年以后加拿大两位数行业工人的周收入也可以获得。国际劳工组织的《劳工统计年鉴》报告了自 1938 年以来加拿大 7 个行业中工人的每小时收入。自 1961 年开始国际劳工组织还提供了加拿大 19 个行业中工人的每小时收入数据。加拿大两位数行业所有雇员的平均年收入是根据联合国《工业统计年鉴》自 1938 年以来报告的各行业总工资和雇员人数计算得出的。

厄克特（Urquhart，1965）报告了自 1870 年以来加拿大两位数行业增加值、总工资和就业的普查数据，我们可以用这些数据来计算各行业的利润。另外，联合国《工业统计年鉴》1938 年开始提供加拿大各行业增加值、总工资和就业的数据。加拿大统计局（Statistics Canada）的《公司财务统计》（*Corporation Financial Statistics*）也提供了公司利润和资产方面的数据。 175

B.6 澳大利亚

新南威尔士自 1860 年以来的各行业每小时收入数据摘自《统计记录》（*Statistical Register*）。国际劳工组织的《统计年鉴》自 1914 年开始提供澳大利亚 12 个行业男性工人的每小时收入。自 1938 年以来澳大利亚两位数行业所有雇员的平均年收入是根据联合国《工业统计年鉴》提供的各行业总工资支付和雇员数量计算得出的。联合国《工业统计年鉴》自 1938 年开始提供澳大利亚各两位数行业的增加值、总工资和就业人数，我利用这些数据计算了澳大利亚行业利润的估计值。

[注释]

[1] 他首先根据奥尔德里奇报告的数据计算了每个企业

中不同职业工资的加权平均数，然后根据威克斯的数据计算了简单平均数（威克斯的报告缺少总就业数）。接着根据威克斯的数据以及奥尔德里奇所提供的每个企业的就业权重计算出了各州的行业平均数。最后，以各州在该行业就业的人数占行业总就业人数的比率作为权重，计算了各州行业工资的加权平均数，得出了行业平均数。

[2] 我去掉了朗所采用的行业清单中的“酒精饮料，麦芽”和“嚼烟”；加入了靴子和鞋、机械、五金器具、衣服和印刷品。1820 年的数据只有马萨诸塞州、纽约州、新泽西州、康涅狄格州、罗得岛州、马里兰州、弗吉尼亚州和宾夕法尼亚州的（因为 1820 年的普查只报告企业数据，行业总量必须经过手工计算）。

[3] 这些数据收集在商务部相关年份的 *Historical Statistics of the United States* 以及 *Statistical Abstract of the United States*。因为非生产工人包括了所有的专业人士和技术人员，所以生产工人可以被视为非熟练或低熟练度工人，参见 Berman, Bound, and Griliches (1994)。

[4] Department of Labor, *Employment and Earnings*, 1950—1990。

[5] 这里存在一个问题：早期普查计算资本投资量的方法我们并不是很清楚。似乎报告的数据是原始的账面价值，我们并不清楚他们是否在有明显通货膨胀或通货紧缩的时期重新测量了这些价值。资本数据明显指的是建筑物和设备，而不包括运营资本（存货、现金和应收款），而运营资本对于某些行业来说占总投资的比例很大。关于进一步的讨论以及试图解决这些问题的尝试，请参见 Hiscox (2002)。

[6] 后者依据 Alt et al.，1999。

[7] 美国证券交易委员会，*Corporation Profits*，相关年份；商务部，*Statistical Abstract of the United States*，相关年份。

[8] 包括纺纱工人、木匠、泥瓦匠、铁匠和水管工人。

[9] 这几个行业是纺织、印刷、造船、工程和建造。Mitchell (1988) 重新编辑了这些数据。

[10] 数据涉及了 16 类熟练工人，涉及行业包括工程、造船、建造、家具、印刷和鞋业。

[11] 类别是木匠、油漆匠、铁匠、泥瓦匠、施工人员和水管工。

附录 C　第 11 章、第 12 章的数据及其来源

176 本附录详细描述了美国国会投票、委员会听证会和选区数据（用于第 11、12 章）的主要资料来源。读者可以从作者处或本书的网页（http://www.people.fas.harvard.edu/~hiscox/Trade_and_Political_Conflict.html）获得关于主要贸易法规的各次投票关键性数据、在议案研究委员会前作证的所有集团的完整清单，以及每年各州进口竞争和出口行业重要程度方面的数据。

C.1　国会投票

表 C.1 总结了参众两院商讨的贸易议案的完整清单以及它们的特征（保护主义或贸易自由化）。我选择了那些直接提高或降低了进口壁垒的主要法规。大概每十年选择 2 个议案，总共是 30 个。我没有选择那些针对某种商品的法规（比如1867年的《羊毛与羊毛制品法案》（Wool and Woolens Act），以及1988年的《纺织品与服装法案》(Textile and Apparel Act)），因为议员们针对这些议案的投票决策不太能代表他们在贸易问题上的整体偏好，并且还很可能出现互投赞成票的现象。我还去除了那些本身就含混不清，或者有争议以至很难区分它们是支持保护主义还是贸易自由化的议案——比如1870年和1872年的《关税法案》，以及1883年的《蒙格勒关税》（Mongrel Tariff）就是这样的例子：在《蒙格勒关税》中，共和党人为了解决国家收入过剩问题而削减了部分关税（主要是国家收入型关税），但是他们整体上的目的是要捍卫保护主义（Taussig，1931，p. 178 - 189，232 - 250）。另外一个例子就是1986—1988年间进行投票的《综合贸易法规》，其中附加了大量与贸易无关的条款。我选择了1984年支持保护主义的《贸易补偿改革法案》而不是同年综合性的《贸易与关税法案》(前者最终被合并入后者)，因为后者即包含了贸易自由化的措施，又包含了保护主义措施。最后，我还去除了近些时期两次颇有争议的投票——1979年执行关贸总协定东京回合协定（Tokyo Round agreement）的《1979年贸易协定法案》（1979 Trade Agreement Act)，以及1988年的《美加自由贸易协定》，因为因变量几乎没有什么差异。

177 **表 C.1　　入选贸易议案**

法规	特征
1824 年《关税法案》	保护主义
1828 年《关税法案》	保护主义
1832 年《亚当斯妥协关税》	保护主义
1833 年《克莱妥协关税》	自由化
1842 年《关税法案》	保护主义
1846 年《沃克关税法案》	自由化
1857 年《关税法案》	保护主义(众议院)/自由化(参议院)
1861 年《莫利尔关税法案》	保护主义
1875 年《关税法案》	保护主义
1884 年《莫里森议案》	保护主义(众议院)
1888 年《米尔斯议案》	自由化(众议院)/保护主义(参议院)
1890 年《麦金利关税》	保护主义
1894 年《格曼关税》	自由化
1897 年《丁利关税》	保护主义
1909 年《佩恩・奥尔德里奇关税》	保护主义
1913 年《安德伍德关税》	自由化
1922 年《福德尼-麦坎伯关税》	保护主义
1930 年《斯穆特-霍利关税》	保护主义
1934 年《互惠贸易协定法案》	自由化
1937 年《互惠贸易协定延长》	自由化
1945 年《互惠贸易协定延长》	自由化

(续前表)

法规	特征
1955 年《互惠贸易协定延长》	自由化
1962 年《贸易扩张法案》	自由化
1970 年《米尔斯议案》	保护主义(众议院)
1974 年《贸易改革法案》	自由化
1974 年《麦金太尔修正案》	保护主义(参议院)
1984 年《贸易补偿改革法案》	保护主义(众议院)
1991 年《反对快速立法》	保护主义
1993 年《北美自由贸易协定》	自由化
1994 年《关贸总协定乌拉圭回合》	自由化

如果时间和资料允许的话，还应该再加入其他一些贸易法规，但是我还是根据上面描述的基本标准（其条款的一般性和清晰程度）以及数据的可获得性做出了去除它们（而不是所列出的那些议案）的决定。比如，1816 年的《关税法案》通常被视为第一个一般性的保护主义关税议案，但是它在参议院的通过没有引发任何分歧。而之所以去除 1820 年没有获得通过的《保护主义关税议案》（protectionist tariff bill），是为了要列入更加著名的 1824 年《关税法案》。我还去除了 1854 和 1910 年批准与加拿大签订的互惠条约的法规，以及《1864 年废除 1854 年互惠条约的决议》，因为这些法规的影响只局限于范围很

狭窄的进口原材料。1877 年的《米尔斯决议》指出，关税应该以国家收入为惟一目标，这也可以作为我们的研究对象，但是这一决议在众议院只是一个象征性的姿态，146 名参议员没有一人投票。1878 年削减制
178 造业关税的《伍德议案》（Wood bill）要更加重要，但是它在众议院遭到挫败，所以我加入了 1875 年的《关税法案》作为参考。1886 年的《莫里森议案》（Morrison bill）没有坚持到众议院对其进行商讨就夭折了，因此我去除了它而加入了与其内容几乎一样却更加成功的《1884 议案》(1884 bill)。

为了避免过于重复，我只加入了 1945 年之后大量关于延长互惠贸易协定签署权威的投票中的两个，而去除了 1948 年、1949 年、1951 年、1953 年、1954 年和 1958 年的投票。1948 年、1949 年和 1951 年的《互惠贸易协定延长》的立场也有些含糊，它们引入了旨在确保贸易条约不会伤害国内行业的危险程度条款（peril-point Clause）和例外条款（Escape Clause），因此得到了许多保护主义者的支持（Pastor，1980，p. 96）。1987 年的《综合贸易议案格普哈特修正案》（Gephardt Amendment to omnibus trade bill）要求对那些与美国之间存在大额贸易逆差的国家采取行动，本来也可以列入其中，但是在政治意义上它和 1984 年的《贸易补偿改革议案》很接近。我去除了“1993 年关于延长总统权威来完成关贸总协

定乌拉圭回合谈判”的投票，而加入了“1994 年关于执行乌拉圭回合协定”的投票。

对这些议案特征的划分大部分都很直接。1832 年的《亚当斯妥协法案》被划分为保护主义，与陶西格（Taussig，1931）对其的诠释相一致。因为，虽然这一法案的确削减了国家收入型关税并且废除了最低值体系，但是它保留了 1828 年所有的保护主义关税，因此被反对者们视为不折不扣的妥协，而被支持者们视为对“美国体制”的肯定（p. 109 - 110）。[1] 另一方面，1833 年的《克莱妥协法案》（Clay Compromise）则大幅度削减了保护主义关税（虽然是渐进的），因此被视为是支持贸易自由化的。至于 1857 年的《关税法案》，我则对众议院和参议院的情况分别进行了处理。在众议院，《坎贝尔议案》（Campbell bill）（也被称为《制造商议案》）试图为了应付过剩的国家收入而取消原材料关税，因此，实际上是提高了有效保护率。而在参议院，占有多数议席的民主党人则以要求削减保护主义关税的《亨特议案》（Hunter bill）取而代之（最终的法案是一个含糊不清的妥协）。类似地，关于 1888 年的议案我也对参众两院进行了区分。在众议院，《米尔斯议案》建议大幅度削减关税，但是，参议院对其进行了彻底的修改，形成了一个保护主义议案，成为了 1890 年《麦金利关税》的蓝图。

对于每个贸易议案，我采用的都是议案最终通过时的表决。这里的假定是：早些时候针对议案修正案和程序问题进行的投票更容易受到战略考虑和投票交
179 易的影响。而关于是否让该法规获得通过的投票，则更加准确地测量了议员们在贸易上的公开立场。

投票数据是从下列来源检索到的：《国会年鉴》(*Annuals of Congress*)，《国会辩论记录》(*Gales and Seaton's Register of Debates in Congress*)，《国会世界》(*Congressional Globe*)，以及《国会记录》(*Congressional Record*)。各次会议所有投票的党派总体凝聚力指数的计算是基于罗森塔尔和普尔(Rosenthal and Poole)更新的国际社科联（ICPSP）数据库。

C.2 委员会与集团

对于所选的每个议案，我都考察了国会委员会收到的相关证词记录。我只研究了众议院委员会，因为在参议院的作证与其有很多共同之处（宪法规定国家收入型议案必须在众议院生成）。我只关注了有组织的团体进行游说活动的影响，而没有关注个人或单个企业的游说活动，因为第 1 章中提出的观点明确的只与联盟有关系。在大部分情况下，特别是在 20 世纪，对联盟的鉴别都是一目了然的，因为游说集团通常都是常设的工会和管理协会，他们有选举出来的官员做自己的代表。

对联盟的鉴别在其他一些情况下，特别是涉及到早先时候的记录时，则可能会有些困难。沙特施奈德（Schattschneider，1935）花费了很大精力来研究在1930年听证会上给国会施加压力的游说者在何种程度上代表了特定的联盟。显然，证人们有激励声称他们代表很多人或很多利益，而不管事实是否真的如此。沙特施奈德发现："很常见的是，某个行业的一部分人没有征求过行业中其他人的意见就代表了整个行业的人来发言。很有可能一个生产商仅仅因为他是这一行业中的一员就以整个行业的名义发言"（p. 267）。

更糟糕的是，沙特施奈德发现，游说活动到底代表了哪一个行业　　有时候是隐含的，而不是公开宣布出来的，看起来就像是有计划的欺骗行为的一部分。比如，"美国肥皂制造商协会"（American Soap Manufacturers' Association）（沙特施奈德注意到，它并没有被列入商务部的组织清单）就附加了一张肥皂制造商名单，隐含地声明他们代表这些人的利益，却不愿公开宣布这一事实（1935，p. 267）。有些游说者会列出一些仅仅是其成员的组织名单，暗示他们代表这些组织发言，但是，在面临压力的时候，他们却退缩了。理清这些情况的惟一方法就是非常细心地研究听证会。我在这里采用的方法没有计算那些不愿公开声

明是其所处行业其他厂商（至少3个企业）正式任命代表的游说者人数。通过考察他们在某一组织中的职位，或者参考工人和厂商为组织特定游说活动召开会议时所表决的决议，就可以知道他们到底代表了谁。

我把对众议院委员会所做的口头和书面证词都算了进去，作为游说的证据。一个有争议的问题是，因为给委员会寄信的成本要大大低于在委员会前组织个人陈述的成本，所以要对其进行折扣。但是，这并非总是如此，有时候授权和批准寄一封信所需要的商酌可能并不比派遣代表到国会所需要的少。而且，对于那些在华盛顿有常住代表的集团来说，这种对口头和书面证词的区分可能更不重要。有时候，委员会会因为不能容纳所有准备进行口头作证的证人而鼓励集团提交书面请愿书以节约时间，在这种情况下，上述区分也是毫无意义的。我去除了那些证人是由委员会所召集的情况，还去除了那些是在某参议员或众议员（也包括委员会的单个成员）的邀请下，集团才出面作证或写请愿书的情况。

各个集团游说时所采取的政策立场被划分为自由贸易、保护主义或模糊。分类的基础是，集团是否声明支持或反对正在被讨论的议案（以及该议案是支持保护主义，还是支持自由化）。如果该议案没有整体性的立场，则看集团是否要求把提高或降低保护作为该法规的一部分。要求削减其行业原材料或生产投入

→312

品的关税，而维持或增加其商品关税的集团被划分为保护主义，因为这两种要求结合在一起会提高对其所在行业的有效保护率。请求把从价税转为从量税的集团，通常是希望提高保护的程度（作为价格下降的结果），他们也被划分为保护主义。

关于在各个委员会前作证的集团及其政策立场的完整清单读者可以从作者处获得，或者是从本书的网页（http：//www.people.fas.harvard.edu/～hiscox/Trade_and_Political_Conflict.html）获得。以下几个部分描述了详细的资料来源和分类。

C.3 制造业委员会

在南北战争之前，制造业委员会负责众议院关税法规的商议工作。很少有这段时期委员会考虑的证词（口头或书面）的记录。但是，提交到众议院的关税问题请愿书会自动转到该委员会以进行商讨，并且，制造业委员会负责根据被提议的法规进行报告。这些请愿书可以近似地视为行业集团在以后时期的听证会上所提交的书面证词。

在 1824 年的《关税法案》（第十八届国会第一次会议（18th Congress，1st Session））通过之前，有 40 份请愿书提交到众议院，众议院把它们公开出版了出 181
来。《美国国家文件》（金融，第 5 卷）（*American*

State Papers，Finance，volume Ⅴ）和《国会年鉴》（第十八届国会第一次会议）复制了其中的前 20 个。后 20 个被收入国家档案，列入了平卡斯（Pincus，1977）的著作。其余的直接摘自《国会年鉴》——记录了行业集团在众议院的陈述和提名。由于平卡斯并没有区分游说者的立场或其代表的行业，但是我根据《国会年鉴》的记录尽量进行了补充。游说者所代表的行业，大部分可以根据它的名称推断，还有少数情况是要根据请愿书来推断的，请愿书相对于名称来说更能缩小其作者所代表的行业的范围。

委员会于 1828 年举行的听证会有比较详尽的记录，29 个证人的证词都完整的记录了下来（还被收入《美国国家文件》，金融，第 5 卷）。但是，这些听证会有些与众不同之处，因为委员会被允许对证人进行选择，正是因为这个原因，它才会在后来被指责为是马丁·范布伦的阴谋（通过起草一个有争议的议案来分裂亚当斯派，参见第 4 章）。在这些证人当中，有 7 名是当时的众议院议员（都是杰克逊派），因为他们还从事某些商业活动（包括生产铁、羊毛、纤维和酒精），所以被视为其行业的专家。其他证人中大约有 15 个主要从事毛纺织业，3 个从事棉制品制造，另外 3 个来自于玻璃、纸、铁和酒精行业。除了铁生产者以外，其他所有的证人都异常地平静，并认为没有增加保护的需要，除非是为了抵消原材料关税上升所造成的影响。除了这些可疑的证词以外，委员会还正式负责对所有从众议院提交来的请愿书进行报告（第二十届国会第一次会议（20th Congress，1st Session））。我列出了《美国国家文件》中提供的所有请愿书。但是，这可能还不是委员会所考虑的请愿书的完整清单，因为当时众议院的会议记录（《国会辩论记录》）并不记载收到的和提交的请愿书。

委员会于1832年和1833年所做的报告——著名的亚当斯报告和克莱妥协报告——并没有包括证人清单或请愿书记录，并且两个报告都是为了响应总统的政策改革。另外，《国会辩论记录》也没有记录众议院那两年收到或提交到委员会的请愿书。

1842年的法规更加适宜研究。委员会的报告声明，除了总统的影响之外，它还收到了"大量的诉状、请愿书和决议"。委员会实际上倾向于选择和召集那些它认为合适的证人——就像臭名昭著的1828年委员会那样，并把这一想法以决议形式提交到众议院，但遭到了否决。因此，在耽搁了一段时间之后，182
他们"决定接受书面证词，并且倾听出现在他们面前的人"。提交证词的集团被列入了最终的报告（第461号报告，1842年3月31日（Report No. 461 March 31，1842））。除此之外，我还加入了那些提交到众议院并在委员会做出议案报告之前转交到委员会的请愿书（《国会世界》第二十七届国会第二次会议

(27th Congress, 2nd Session in the *Congressional Globe*))。

至于1846年的法规，很不幸的是没有出版报告，在《国会世界》的索引中也没有众议院收到的关税问题请愿书清单，似乎《国会世界》在这些年停止了对这些内容的记录。1857年和1861年，集团为了影响委员会而做出的努力也同样没有记录。制造业委员会中的最后一次纷争（至少委员会成为了贸易辩论的论坛）出现于1870年：1869年的时候，戴维·韦尔斯（David Wells）撰写了一份报告来抨击南北战争后初期的关税率，于是1870年的时候，激动的保护主义者们以“对国家收入特别委员报告的审视”做出了回应。格罗弗·克利夫兰（Grover Cleveland）撰写了委员会的少数派报告来支持韦尔斯。

C.4　众议院筹款委员会

南北战争之后，众议院筹款委员会接管了商讨关税法规的职责。当时的情况是，高额的战时关税产生了过量的国家收入，而共和党声称问题并不在于过度保护，而在于如何寻求内部关税和进口关税之间的平衡。从1884年开始，委员会举行贸易法规听证会时收到的所有证词（口头或书面）都有详细的记录（参见众议院筹款委员会相关年份发布的《听证会》(*Hearings*))。

注意到在 1884 年，几个地方性协会签署了钢铁协会所提出的一个声明，但是除了东西部铁矿石协会（Eastern and Western Iron Ore Association）和镀锡金属板协会（Tinned Plate Association）（他们派遣了自己的证人）以外，我把他们都视为是同一行业集团的成员。类似地，我也没有分别计算宾夕法尼亚州和俄亥俄州羊毛生产业者协会（Pennsylvania Woolgrowers Association；Ohio Woolgrowers Association）提供的数据，因为他们和全国协会（National Association）一起进行作证。1890 年，被我排除在清单之外的比较著名的就是约瑟夫·沃顿（Joseph Wharton）代表贝西默钢协会（Bessemer Steel Association）所作的证词（他没有涉及关税问题而只提到了专利权），以及所谓的“美国袖珍餐具制造商代表”（American Pocket Cutlery Manufacturers）（只有两个公司签署了该信件）。另外，由于羊毛生产者、磨房主、烟草种植者和罐装食品包装者的地方性组织是联合起来进行游说，所以我把他们算作了一个行业集团。有一些集团仅对内部关税进行游说；另外妇女全国产业联盟（Women's National Industrial League）（一个职业女性组织）进行了一场反对香烟的早期宣传活动。

C.5　贸易和各州生产数据

第 12 章中分析国会投票时所用到的关键经济数 183

据还包括那些能够判定出 10 个最重要的出口和进口竞争行业的贸易数据，以及这些行业在各州的生产水平数据。贸易数据来自于商务部（相关年份的 *Commerce and Navigation of the United States*）。在对主要贸易法规进行投票的各个年份，我采用了净进出口额来辨认哪些是受到贸易影响的最主要的行业。

这些行业的各州生产水平数据编纂自《美国普查》（*Census of the United States*，1820，1840，1850，1860），《制造业普查》（*Census of Manufactures*，1880，1890，1900，1909，1914，1921，1929，1933，1937，1947，1954，1963，1972，1977，1982，1987，1992），《农业普查》（*Census of Agriculture*，1890，1899，1910，1925，1929，1935，1939，1945，1950，1964，1969，1974，1978，1982，1987，1992），《矿业普查》（*Census of Mineral Industries*，1930，1939，1972，1982，1987），以及《美国统计摘要》（*Statistical Abstract of the United States*，1914，1924）。至于 1890—1937 年间的数据，我在很大程度上借鉴了吉利根（Gilligan，1997）的方法。具体来说就是根据 1934 年和 1939 年的数字内推出 1937 年的农产品价值。1890 年的《农业普查》只提供了关于动物和糖的数量数据，因此，我利用商务部提供的价格计算了其价值（Historical Statistics of the United States，

1976)。我按照同样的方法计算了 1914 年羊毛和小麦产品的价值，数量数据取自《美国统计摘要》。依照吉利根的做法，1914 年的糖产值是根据 1899 年和 1909 年的数据内推所得的。

进行这种分析时，一个长期存在的困难就是，商务部在编辑贸易数据时采用的行业分类和它在各种普查中编辑生产数据时所采用的行业分类是不一样的。后一个分类逐渐演变成标准行业分类。我尽量使得这些行业前后比较接近。有需要者可以从作者处获得各年主要进出口行业的完整清单，以及生产数据的行业分类。

最后，要计算这些行业在各州经济中的重要程度还需要测量各州的经济规模。但是，我们所研究的大部分时期的各州的总生产数据都是无法获得的。因此，我遵循了吉利根的方法（Gilligan，1997），他开创性地利用了现有的各州的个人收入数据。可以从商务部获得近些年的这些数据（《各州个人收入》(*State Personal Income*，1929—1983，1989)）。库兹涅茨、米勒和伊斯特林（Kuznets，Miller，and Easterlin，1960）提供了 1880 年，1900 年和 1920 年的数据。我通过内推得出了 1890 年，1909 年和 1913 年的数据，外推得出了 1840 年和 1820 年的数据。

[注释]

[1] 另外参见 Stanwood，1903，p. 383－386。

参考文献

Acs, Z. , and S. Isberg. 1991. Innovation, Firm Size, and Corporate Finance. *Economics Letters* 35:323-326.

Aitken, H. 1960. *Taylorism at Watertown Arsenal: Scientific Management in Action*, 1908-1915. Cambridge, Mass. : Harvard University Press.

Aldrich, John. 1995. *Why Parties? The Origins and Transforation of Political Parties in America*. Chicago: University of Chicago Press.

Aldrich, Nelson W. 1893. *Wholesale Prices, Wages, and Transportation*. Report by the Secretary of the Treasury. 52nd Cong. , 2nd sess. , S. R. 1394. Washington, D. C. : U. S. Government Printing Office.

Alesina, Alberto. 1989. Politics and Business Cycles in Industrial Economies. *Economic Policy* 8:55-87.

Alesina, Alberto, and Howard Rosenthal. 1995. *Partisan Politics, Divided Government, and the Economy*. Cambridge: Cambridge University Press.

Alexander, F. 1980. *Australia Since Federation*. 3rd ed. Melbourne: Thomas Nelson.

Alt, James, and Michael Gilligan. 1994. The Political Economy of Trading States. *Journal of Political Philosophy* 2: 165 - 192.

Alt, James, Fredrik Carlsen, Per Heum, and Kare Johansen. 1999. Asset Specificity and the Political Behavior of Firms: Lobbying for Subsidies in Norway. *International Organization* 53(1): 99 - 116.

American State Papers: *Finance*. Vol. 5.

Anderson, K. L. 1938. Protection and the Histori cal Situation: Australia. *Quarterly Journal of Economics*. 53(4): 86 - 104.

Anderson, R . Kym . 1980. The Political Market for Government Assistance to Australian Manufacturing Industries. *Economic Record* 56(June): 132 - 144.

Anderson, R. Kym, and Ross Garnaut. 1987. *Australian Protectionism*. Sydney: Allen and Unwin.

Arndt, H. W. 1965. Australia: Developed, Developing, or Midway? *Economic Record* 41(95): 318 - 340.

Atkins, Barbara. 1958. Antecedents of the NSW Protectionist Party. *Proceedings of the Royal Australian Historical Society*44:239 - 258.

Annals of the Congress of the United States, 1823 - 1824. Washington, D. C. :Gales and Seaton.

Australia. Parliament. House of Representatives. *Votes and Proceedings of the House of Representatives*. Canberra: Commonwealth Government Printing Office.

Bagge, Gösta. 1936. *Wages, Cost of Living, and National Income in Sweden* , 1860 - 1930. London: P. S. King.

Bailey, Michael, Judith Goldstein, and Barry Weingast. 1997. The Institutional Roots of American Trade Policy. *World Politics* 49(3):309 - 338.

Bain, J. 1956. *Barriers to New Competition*. Cambridge,Mass. :Harvard University Press.

Baldwin, Robert. 1985. *The Political Economy of U. S. Import Policy*. Cambridge, Mass. :MIT Press.

Baldwin, Robert and Christopher Magee. 2000. *Congressinal Trade Votes: From NAFTA Approval to Fast-Track Defeat*. Washington, D. C. :Institute for International Economics.

Bartel, Ann P. , and Frank Lichtenberg. 1987. The

Comparative Advantage of Educated Workers in Implementing New Technology. *Review of Economics and Statistics* 69(1):1-11.

Bateman, F. , and T. Weiss. 1981. *Deplorable Scarcity: The Failure of Industrialization in the Slave Economy*. Chapel Hill: University of North Carolian Press.

Bauer, Raymond, Ithiel de Sola Pool, and Lewis Dexter. 1963. *American Business and Public Policy*. New York: Atherton.

Beer, Samuel. 1965. *Modern British Politics*. London: Alfred A. Knopf.

Berman, E. , J. Bound, and Z. Griliches. 1994. *Changes in the Demand for Skilled Labor with US Manufacturing Industries*, NBER Working Paper 4255. Cambridge, Mass.: National Bureau of Economic Research.

Bhagwati, Jagdish. 1982. Directly Unproductive Profit-Seeking(DUP) Activities. *Journal of Political Economy* 90:988-1002.

Blank, Stephen. 1978. *Industry and Government in Britain: The Federation of British Industries in Politics*. Lexington, Mass.: Lexington Books.

Blewett, N. 1968. Free Fooders, Balfourites, Whole

Hoggers, Factionalism within the Unionist Party. *Historical Journal* 11(1):95－124.

Blewett, N. 1972. *The Peers, the Parties, and the People: The British General Election of* 1910. Toronto: University of Toronto Press.

Bloch, F. 1979. Labor Turnover in U. S. Manufacturing Industries. *Journal of Human Resources* 14(2):236－246.

Block, R. 1978. The Impact of Seniority Provisions on the Manufacturing Quit Rate. *Industrial and Labor Relations Review* 31:474－488.

Bowen, Harry, Edward Leamer, and Leo Sveikauskas. 1987. Multicountry, Multifactor Tests of the Factor Abundance Theory. *American Economic Review* 77(5):791－809.

Boyce, Robert. 1987. *British Capitalism at the Crossroads*, 1919－1932. Cambridge: Cambridge University Press.

Bradford, Sarah. 1984. *Disraeli*. New York: Stein and Day.

Brady, David, Joseph Cooper, and Patricia A. Hurley. 1979. The Decline of Party in the U. S. House of Representatives, 1887－1968. *Legislative Studies Quarterly* 4: 381－407.

Brawley, Mark. 1997. Factoral or Sectoral Conflict? Partially Mobil Factors and the Politics of Trade in Imperial Germany. *International Studies Quarterly* 41(4): 633 - 654.

Brogan, Denis W. 1967. *The Development of Modern France*. New York: Harper Brothers. Brown, Benjamin. 1943. *The Tariff Reform Movement in Great Britain* 1881 - 1885. New York: Columbia University Press.

Burgoon, Brian, and Michael J. Hiscox. 2000. Trade Openness and Political Compensation: Labor Demands for Adjustment Assistance. Paper Presented at the 96th Annual Meetings of the American Political Science Association, September, Washington, D. C.

Burnham, Walter Dean. 1965. The Changing Shape of the American Political Universe. *American Political Science Review* 59: 7 - 28.

——. 1970. *Critical Elections and the Mainsprings of American Politics*. New York: Norton.

Cain, Louis, and Donald Patterson. 1986. Biased Technical Change, Scale, and Factor Substitution. *Journal of Economic History*. 46(1): 153 - 164.

Cameron, Maxwell, and Brian Tomlin. 2000. *The*

Making of NAFTA: How the Deal was Done. Ithaca, N. Y. : Cornell University Press.

Canada. Parliament. Various years. *The Canadian Parliamentary Companion and Annual Register*. Ottawa: Citizen Printing and Publishing.

——. *The Canadian Parliamentary Guide*. Ottawa : Gale Canada.

Carey, John, and Matthew Shugart. 1992. *Presidents and Assemblies: Constitutional Design and Electoral Dynamics*. New York: Cambridge University Press.

Caron, Francois. 1979. *An Economic History of Modern France*, New York: Columbia University Press.

Carr, J. , and W. Taplin. 1962. *History of the British Steel Industry*. Cambridge, Mass. : Harvard University Press.

Carter, S. , and E. Savocca. 1990. Labor Mobility and Lengthy Jobs in Nineteenth-Century America. *Journal of Economic History* 50: 1 – 16.

Caves, Richard, and Michael Porter. 1979. Barriers to Exit. In *Essays on Industrial Organization in Honor of the Joe S. Bain*, edited by R. Masson and P. Qualls, pp. 39 – 69. Cambridge, Mass. :

Ballinger.

Caves, Richard, Jeffrey Frankel, and Ronald Jones. 1990. *World Trade and Payments*. 5th ed. Glenview, Ill. : Scott Foresman.

Clapham, John. 1927. *Economic History of Modern Britain*. Cambridge: Cambridge University Press.

Clough, Shepard. 1939. *France: A History of National Economics*. New York: Octagon Books.

Clubb, Jerome M. , and Sandra Traugot. 1977. Partisan Cleavage and Cohesion in the House of Representatives, 1861 - 1974. *Journal of Interdisciplinary History* 7(3): 375 - 402.

Coelho, R. , and J. Shepherd. 1976. Regional Differences in Real Wages: The United States, 1851 - 1880. *Explorations in Economic History*13: 551 - 591.

Cole, Wayne. 1983. *Roosevelt and the Isolationists*, 1932 - 1945. Lincoln: University of Nebraska Press.

Coleman, William D. 1988. *Business and Politics: A Study of Collective Action*. Montreal: McGill-Queen's University Press.

Commons, John R. 1909. Horace Greeley and the Working Class Origins of the Republican Party.

Political Science Quarterly 24(3): 468 – 488.

Congressional Globe. 1841 – 1861. Washington, D. C.

Congressional Record. 1875 – 1994. Washington, D. C.

Conybeare, John. 1991. Voting for Protection: An Electoral Model of Tariff Policy. *International Organization* 45(1): 57 – 81.

Copland, D. B. 1931. Neglected Phase of Tariff. *Quarterly Journal of Economics* 46(4): 289 – 308.

Coughlin, Cletus. 1985. Domestic Content Legislation: House Voting and the Economic Theory of Regulation. *Economic Inquiry* 23(3): 437 – 448.

Cox, Gary. 1987. *The Efficient Secret: The Cabinet and the Development of Political Parties in Victorian England*. Cambridge: Cambridge University Press.

——. 1997. *Making Votes Court: Strategic Coordination in the World's Electoral Sytems*. Cambridge: Cambridge University Press.

Cox, Gary W. , and Mathew D. McCubbins. 1993. *Legislative Leviathan: Party Government in the House*. Berkeley: University of California Press.

Crotty, William. 1980. *American Political Parties in Decline*. Boston: Little Brown.

Davidson, R., and J. MacKinnon. 1981. Several Tests for Model Specification in the Presence of Alternative Hypotheses. *Econometrica* 49(3): 781–793.

Davis, Lance. 1965. The Investment Market, 1879–1914: The Evolution of a National Market. *Journal of Economic History* 25: 355–399.

Davis, Lance, Jonathan Hughes, and Duncan McDougall. 1961. *American Economic History: The Development of a National Economy*. Homewood, Ill.: Irwin.

Deardorff, Alan. 1994. Overview of the Stolper-Samuelson Theorem. In *the Stolper-Samuelson Theorem: A Golden Jubilee*, edited by Alan Deardorff and Robert Stern. pp. 7–34. Ann Arbor: University of Michigan Press.

Destler, I. M. 1992. *American Trade Politics*. 2d ed. Washington D. C.: Institute for International Economics.

Destler, I. M., and John Odell. 1987. *Anti-Protection: Changing Forces in United States Trade Politics*. Washington, D. C.: Institute for International Economics.

Dickens, W., and L. Katz. 1987. Inter-Industry Wage Differences and Industry Characteristics. In *Unem-*

ployment and the Structure of Labor Markets, edited by K. Lang and J. Leonard. Oxford: Basil Blackwell.

Diebold, William. 1941. *New Directions in Our Trade Policy*. New York: Council on Foreign Relations.

Dobson, J. 1976. *Two Centuries of Tariffs*. Washington, D. C. : International Trade Commission.

Dod, Charles. Various years. *The Parliamentary Companion*. London: Whittaker & Co.

Dunham, Arthur. 1930. *The Anglo-French Treaty of Commerce of* 1860 *and the Progress of the Industrial Revolution in France*. Ann Arbor: University of Michigan Press.

Dupeux, Georges. 1959. *Le Front Populaire et les elections de* 1936. Paris: A. Colin.

Duverger, Maurice. 1954. *Political Parties: Their Organization and Activities in the Modern State*. New York: Wiley.

Easterbrook, W. T. , and Hugh Aitken. 1956. *Canadian Economic History*. Toronto, Ont. : Macmillan.

Edin, Per-Anders, and John Zetterberg. 1992. Interindustry Wage Differentials. *American Economic Review* 82(5): 1341－1349.

Eichengreen, B. 1989. The Political Economy of the Smoot-Hawley Tariff. *Research in Economic History* 12: 1-43.

Elwitt, Sanford. 1975. *The Making of the Third Republic: Class and Politics in Modern France* 1868-1884. Baton Rouge: Louisiana State University Press.

Epstein, E., and R. Gordon. 1939. Profits of Selected American Industrial Corporations, 1900-1914. *Review of Economic Statistics* 21(3): 122-128.

Ethier, W. J. 1974. Some of the Theorems of International Trade with Many Goods and Factors. *Journal of International Economics* 4: 199-206.

Ethier, W. J. 1982. The General Role of Factor Intensity in the Theorems of International Trade. *Economic Letters* 10: 337-342.

Ethier, William. 1988. *Modern International Economics*. 2d ed. New York: W. W. Norton.

Fallon, P. R., and P. R. G. Layard. 1975. Capital-Skill Complementarity. *Journal of Political Economy* 83(2): 279-302.

Fohlen, Claude. 1956. *L'industrie textile au temps de Second Empire*. Paris: Plon.

Foner, Eric. 1970. *Free Soil, Free Labor, Free Men: The Ideology of the Republican Party Before the Civil War*. New York: Oxford University Press.

Forster, Ben. 1986. *A Conjunction of Interests: Business, Politics, and Tariffs* 1825 - 1879. Toronto, Ont. : University of Toronto Press.

France. Assemblee nationale. *Annales de la chambre des deputes. Debats Parlementaires*. Paris: Imprimerie du journal officiel.

Frankel, Jeffrey. 1991. Measuring International Capital Mobility: A Review. *American Economic Review* 82: 197 - 202.

Freeman, Richard. 1976. Individual Mobility and Union Voice in the Labor Market. *American Economic Review* 66: 361 - 368.

——. 1980. The Exit-Voice Tradeoff in the Labor Market. *Quarterly Journal of Economics* (June): 643 - 673.

Frieden, Jeffry. 1991. *Debt, Development, and Democracy: Modern Political Economy and Latin America*, 1965 - 1985. Princeton, N. J. : Princeton University Press.

Friman, H. Richard. 1990. *Patchwork Protection-*

ism: Textile Trade Policy in the United States, Japan, and West Germany. Ithaca, N. Y. : Cornell University Press.

Gabel, Matthew. 1998. *Interests and Integration: Market Liberalization, Public Opinion, and European Union*. Ann Arbor: University of Michigan Press.

Galambos. Louis. 1979. The American Economy and the Reorganization of the Sources of Knowledge. In *The Organization of Knowledge in Modern America*, edited by A. Olson and J. Voss, pp. 269-282. Baltimore: Johns Hopkins University Press.

Gamble, A. M. , and S. A. Walkland . 1974. *The British Party System and Economic policy*, 1945-1983. Oxford: Clarendon Press.

Ganz, Gabriele. 1977. *Government and Industry: The Provision of Financial Assistance to Industry and Its Control*. Abingdon: Professional Books.

Geroski, P. , and A. Jacquemin. 1985. Industrial Change, Barriers to Mobility, and European Industrial Policy. *Economic Policy* 1 (November): 170-205.

Ghemawat, Panka, and Barry Nalebuff. 1990. The Devolution of Declining Industries. *Quarterly*

Journal of Economics 105：167－187.

Gibbons，R. ，and L. Katz. 1992. Does Unmeasured Ability Explain Inter-industry Wage Differentials? *Review of Economic Studies* 59：515－535.

Gille，Bertrand. 1964. *La siderurgie française au XIXe siecle*. Geneva：Droz.

Gilligan，Michael. 1997. *Empowering Exporters：Reciprocity and Collective Action in Twentieth Century American Trade Policy*. Ann Arbor：University of Michigan Press.

Glasser，Carrie. 1940. *Wage Differentials：The Case of the Unskilled*. New York：Columbia University Press.

Glezer，L. 1982. *Tariff Politics：Australian Policy-making* 1960－1980. Melbourne：Melbourne University Press.

Goldin，Claudia. 1990. *Understanding the Gender Gap：An Economic History of American Women*. New York：Oxford University Press.

Goldin，Claudia，and Lawrence katz. 1996. The Origins of Technology-Skill Complementarity. *Quarterly Journal of Economics* 113(June)：683－732.

Goldstein，Judith. 1986. Political Economy of Trade. *American Political Science Review* 80(1)：

161 - 184.

——. 1993. *Ideas, Interests, and American Trade Policy*. Ithaca, N. Y. : Cornell University Press.

Gollan, R. 1955. Trade Unions and Labour Parties. *Historical Studies* 7(17): 17 - 36.

Golob, Eugene. 1944. *The Méline Tariff: French Agriculture and Nationalist Economic Policy*. New York: Columbia University Press.

Gordon, D. , R. Edwards, and M. Reich. 1982. *Segmented Work, Divided Workers: The Historical Transformation of Labor in the United States*. Cambridge: Cambridge University Press.

Gourevitch, Peter. 1986. *Politics in Hard Times: Comparative Responses to International Economic Crises*. Tthaca, N. Y. : Cornell Univrsity Press.

Grant, Wyn. 1980. Business Intersts and the British Conservative Party. *Government and Opposition* 15(2): 143 - 161.

Green, D. 1984. Government and Industry in France. *Public Money*. September: 27 - 31.

Gregory, R. 1984. Industry Protection. Australian National University Centre for Economic Policy Research Paper #lll. Canberra.

Griliches, Zvi. 1969. Capital-Skill Complementarity.

Review of Economics and Satatistics 51(4): 465 - 468.

Grossman, Gene, and James Levinsohn. 1989. Import Competition and the Stock Market Return to Capital. *American Economic Review* 79: 1065 - 1087.

Guillen, Pierre. 1978. La politique douaniere da la France. *Relations internationales* 16(Winter): 315 - 331.

Gujurati, Damodar. 1995. *Essentials of Econometrics*. 2d ed. Boston: McGraw-Hill.

Haggard, Stephan. 1988. The Institutional Foundations of Hegemony. In *The State and American Foreign Economic Policy*, edited by G. John Ikenberry, David Lake, and Michael Mastanduno, pp. 91 - 119. Ithaca, N. Y.: Cornell University Press.

Hall, Peter. 1986. *Governing the Economy: The Politics of State Intervention in Britain and France*. Oxford: Oxford University Press.

Hammermesh, Daniel. 1993. *Labor Demand*. Princeton, N. J.: Princeton University Press.

Hay, Donald, and Derek Morris. 1984. *Unquoted Companies: Their Contribution to the United*

Kingdom Economy. London: Macmillan.

Hayward, J. E. S. 1974. Steel. In *Big Business and the State*, edited by Raymond Vernon, pp. 255 – 271. Cambridge, Mass. : Harvard University Press.

Hechter, K. 1940. *Insurgency. : Personalities and the Politics of the Taft Era*. New York: Columbia University Press.

Heckscher, Eli. 1954. *An Economic History of Sweden*. Cambridge, Mass. : Harvard University Press.

Heclo, Hugh, and Henrik Madsen. 1987. *Policy and Politics in Sweden*. Philadelpha: Temple University Press.

Helleiner, Gerald. 1977. Transnational Enterprises in the New Political Economy of U. S. Trade Policy. *Oxford Economic Papers*. 29(1): 102 – 116.

Hibbs, Douglas. 1977. Political Parties and Macroeconomic Policies. *American Political Science Review*. 71(4): 1467 – 1487.

Hibbs, Douglas, and Hakan Locking. 1996. Wage Dispersion and Productive Efficiency: Evidence for Sweden. Paper presented at the 92nd Annual Meetings of the American Political Science Associ-

ation, San Francisco.

Hill, J. , and J. Mendez. 1983. Factor Mobility and the General Equilibrium Model of Production. *Journal of International Economics*. 15: 19 – 25.

Hiscox, Michael J. 1989. Policy-Making Models and the 25 Percent Tariff Cut. Unpublished honors thesis. University of Sydney. Sydney.

——. 1997. The Trade War at Home: Factor Mobility, International Trade, and political Coalitions in Democracies. Ph. D. diss. , Harvard University.

——. 1998. International Factor Mobility and Trade Politics. Paper presented at the 94th Annual Meeting of the American Political Science Association, Boston.

——. 1999. The Magic Bullet? The RTAA, Institutional Reform , and Trade Liberalization. *International Organization* 53(4): 669 – 698.

——. 2002. Factor Specificity, Inter-Industry Mobility, and Technological Change: Evidence from Manufacturing Wages and Profits in the U. S. between 1820 and 1990. *Journal of Economic History* 62(2): 1 – 35.

Holian, David, Timothy Krebs, and Michael Walsh. 1997. Constituency Opinion, Ross Perot, and

Roll-Call Behavior in the U. S. House: The Case of NAFTA. *Legislative Studies Quarterly* 22: 169 – 192.

Holmlund, Bertil. 1984. *Labor Mobility: Studies of Labor Turnover and Migration in the Swedish Labor Market*. Stockholm: Industrial Institute for Economic and Social Research.

Hughes, Kent. 1979. *Trade, Taxes, and Transnationals: Inetrnational Economic Decision Making in Congress*. New York: Praeger.

Hull, Cordell. 1948. *Memoirs of Cordell Hull*. New York: Macmillan.

International Labour Offce. Various years. *Yearbook of Labour Statistics*. Geneva: International Labour Office.

Irwin, Douglas. 1995. *Industry or Class Cleavages over Trade Policy? Evidence from the British General Election of* 1923. NBER Working Paper 5170. Cambridge, Mass.: National Bureau of Economic Research.

Jacoby, S., and S. Sharma. 1992. Employment Duration and Industrial Labor Mobility in the United States 1880 – 1980. *Journal of Econmic History* 52(1): 161 – 179.

James, J. 1976. The Development of a National Money Market. *Journal of Economic History* 36 (December): 878 - 897.

James, John, and Jonathan Skinner. 1985. The Resolution of the Labor Scarcity Paradox. *Journal of Economic History* 45: 513 - 540.

James, Scott, and David Lake. 1989. The Second Face of Hegemony. *International Organization* 43 (1): 1 - 29.

Johnson, D., and Porter, K. 1973. *National Party Platforms*. Urbana: University of Illinois Press.

Johnston, T. L. 1963. *Economic Expansion and Structural Change: A Trade Union Manifesto*. Edited and translated. Report Submitted to the 16th Congress of Landsorganisationen I Sverige. London: George Allen and Unwin Ltd.

Jolly, J. 1977. *Dictionnaire des Parlementaires francais*. Paris: Presses universite de France.

Jones, H. G. 1976. *Planning and Productivity in Sweden*. London: Croom Helm.

Jones, Ronald. 1971. A Three-Factor Model in Theory, Trade, and History. In *Trade, Balance of Payments, and Growth*, edited by J. Bhagwati, Ronald Jones, Robert A. Mundell, and Jaroslav

Vanek, pp. 3 - 21. Amsterdam: North-Holland.

Jones, Ronald, and J. Scheinkman. 1977. The Relevance of the Two-Sector Production Model in Trade Theory. *Journal of Political Economy* 85: 909 - 935.

Jupp, J. 1982. *Party Politics, Australia*: 1966 - 1981. Sydney: Allen and Unwin.

Kahane, Leo. 1996. Congressional Voting Patterns on NAFTA: An Empirical Analysis. *American Journal of Economics and Sociology* 55: 395 - 409.

Katz, Lawrence, and Lawrence Summers. 1989. Industry Rents: Evidence and Implications. *Brookings Papers on Economic Activity: Microeconomics*. Washington, D. C. : Brooking Institution.

Katz, Richard. 1986. Intraparty Preference Voting. In *Electoral Laws and Their Political Consequences*, edited by B. Grofman and A. Lijphart, pp. 85 - 103. New York: Agathon.

Katzenstein, Peter J. 1985. *Small States in World Markets: Industrial Policy in Europe*. Ithaca, N. Y. : Cornell University Press.

Key, V. O. 1964. *Politics, Parties, and Pressure Groups*. 5th ed. New York: Crowell.

Kim, Sukkoo. 1992. Trends in U. S. Regional Manufacturing Structure, 1860 – 1987. Ph. D. diss., University of California, Los Angeles.

King, Anthony. 1977. *Britain Says Yes: The* 1975 *Referendum on the Common Market*. Washington, D. C.: American Institute for Public Policy Research.

King, Gary, Michael Tomz, and Jason Wittenberg. 2000. *Clarify: Software for Inter-preting* and *Presenting Statistical Results*, ver. 1. 2. 1. Cambridge, Mass.: Harvard University. June 1. http://gking. harvard. edu/.

Kirby, M. 1977. *The British Coalmining Industry* 1870 – 1946. Hamden: Archon Books.

Korpi, W. 1978. *Woring Class in Welfare Capitalism*. London: Routledge and Kegan Paul.

Kottman, R. 1968. *Reciprocity and the North Atlantic Triangle*. Ithaca, N. Y.: Cornell University Press.

Krause, Lawrence. 1984. Australia's Comparative Advantage in International Trade. *In The Australian Economy: A View from the North*, edited by Richard Caves and Lawrence Krause, pp. 275 – 312. Washington, D. C.: Brookings.

Krueger, Alan, and Lawrence Summers. 1987. Reflections on the Inter-industry Wage Structure. In *Unemployment and the Structure of Labor Markets*, edited by K. Land and J. Leonard, pp. 17–47. Oxford: Basil Blackwell.

——. 1988. Efficiency Wages and the Inter-Industry Wage Structure. *Econometrica* 56(2): 259–293.

Krugman, Paul, and Maurice Obstfeld. 1988. *International Economics: Theory and Policy*. Boston: Little Brown.

Kuznets, Simon, Ann Ratner Miller, and Richard A. Easterlin. 1960. *Population Redistribution and Economic Growth: United States, 1870–1950*, vol. 2: *Analyses of Economic Change. Philadelphia*: American Philosophical Society.

La Nauze, J. 1948. *Political Economy in Australia*. Carlton: Melbourne University Press.

Lake, David. 1988. *Power, Protection, and Free Trade*. Ithaca, N. Y.: Cornell University Press.

Landes, David. 1969. *The Unbound Prometheus: Technological Change and Industrial Development in Western Europe from 1750 to the Present*. Cambridge: Cambridge University Press.

Lange, Peter, and Geoffrey Garrett. 1985. The Poli-

tics of Growth. *Journal of Politics* 47(3): 792-827.

LaPalombara, Joseph, and Myron Weiner. 1966. *Political Parties and Political Development*. Princeton, N. J. : Princeton University Press.

Lavergne, Real. 1983. *The Political Economy of U. S. Tariffs*. New York: Academic Press.

Lawrence, Robert, and Barry Bosworth. 1987. Adjusting to Slower Economic Growth: The External Sector. In *The Swedish Economy*, edited by Barry P. Bosworth and Alice M. Rivlin, pp. 55-88. Washington, D. C. : Brookings Institution.

Leamer, Edward. 1984. *Sources of International Comparative Advantage: Theory and Evidence*. Cambridge, Mass. : MIT Press.

Lebergott, Stanley. 1964. *Manpower in Economic Growth: The American Record Since* 1800. New York: McGraw-Hill.

Lindbeck, Assar. 1974. *Swedish Economic Policy*. Berkeley: University of California Press.

Lipset, Seymour Martin, and Stein Rokkan. 1967. *Party Systems and Voter Alignments: Cross-National Perspectives*. New York: Free Press.

Lohmann, Susanne, and Sharyn O'Halloran. 1994.

Divided Government and U. S. Trade Policy. *International Organization* 48(4): 595 – 632.

Long, Clarence. 1960. *Wages and Earnings in the United States*, 1860 – 1890. Princeton, N. J. : Princeton University Press.

Longmate, Norman. 1984. *The Breadstealers: The Fight Against the Corn Laws*, 1838 – 1846. New York: St. Martin's Press.

Lorwin, Val R. 1954. *The Frech Labor Movement*. Cambridge, Mass: Harvard University Press.

Loveday, P. , and A. Martin. 1966. *Parliament, Factions, and Parties: The First Thirty Years of Responsible Government in New South Wales*, 1856 – 1889. London: Cambridge University Press.

Loveday, P. , A. Martin, and R. Parker. 1977. *Emergence of the Australian Party System*. Sydney: Hall and Iremonger.

Lowe, Marvin. 1942. *The British Tariff Movement*. Washington, D. C. : American Council on Public Affairs.

Lubenow, W. C. 1988. *Parliamentary Politics and the Home Rule Crisis: The British House of Commons in* 1886. Oxford: Clarendon Press.

Lundberg, Erik. 1985. The Rise and Fall of the

Swedish Model. *Journal of Economic Literature* 23(1): 1-36.

Mabbett, Deborah. 1995. *Trade, Employment, and Welfare: A Comparative Study of Trade and Labour Market Policies in Sweden and New Zealand*, 1880-1890. New York: Oxford University Press.

Magee, Stephen. 1980. Three Simple Tests of the Stolper-Samuelson Theorem. In *Issues in International Economics*, edited by Peter Oppenheimer, pp. 138-153. London: Oriel.

Magnus, Philip. 1964. *Gladstone: A Biography*. London: Murray.

Marcus, M. 1967. Firms' Exit Rates and Their Determinants. *Journal of Industrial Economics* 16 (1): 10-21.

Margo, R. and G. Villaflor. 1987. The Growth of Wages in Antebellum America: New Evidence. *Journal of Economic History* 47(4): 873-895.

Marks, Stephen. 1993. Economic Interests and Voting on the Omnibus Trade Bill of 1987. *Public Choice* 75: 21-42.

Marrison, A. J. 1983. Businessmen, Industries, and Tariff Reform. *Business History* 25(2): 48-78.

Martin, A. 1959. *Members of the Legislative Assembly of South Wales*, 1856 - 1901. Canberra: Australian National University Press.

Mayer, Wolfgang. 1984. Endogenous Tariff Formation. *American Economic Review* 74(5): 970 - 985.

McArthur, J. , and S. Marks. 1988. Constituent Interest vs. Legislator Ideology. *Economic Inquiry* 26: 461 - 470.

McCord, Norman. 1958. *The Anti-Corn Law League*, 1838 - 1846. London: Allen Unwin.

McCalmont, Frederick. 1895. *The Parliamentary Poll Book of All Elections* 1832 *to* 1895. London: S. E. Stanford.

McDiarmid, Orville. 1946. *Commercial Policy in the Canadian Economy*. Cambridge, Mass. : Harvard University Press.

McDonald, Judith. Anthony Patrick O'Brien, and Colleen Callahan. 1997. Trade Wars: Canada's Reaction to the Smoot-Hawley Tariff. *Journal of Economic History* 57(4): 802 - 826.

McGillivray, Fiona and Wendy Schiller. 1996. Political Geography of Lobbying. Paper presented at the 92d Annual Meeting of the American Political

Science Association, September, San Francisco.

McKenzie, Robert. 1963. *British Political Parties*. 2d ed. London: Heinemann.

McLean, Iain. 1995. Interests and Ideology in the UK Parliament of 1841 - 1847: An Analysis of Rollcall Voting. Paper presented at the 91st Annual Meetings of the American Political Science Association, Chicago.

McLean, Simon. 1895. *The Tariff History of Canada*. Toronto: Warwick Bros. Rutter.

Midford, Paul. 1993. International Trade and Domestic Politics. *International Organization* 47(4): 535 - 564.

Millar, T. B. 1978. *Australia in Peace and War: External Relations* 1788 - 1977. Canberra: Australian National University Press.

Milner, Helen V. 1988. *Resisting Protectionism: Global Industries and the Politics of International Trade*. Princeton, N. J. : Princeton University Press.

Milner. Henry. 1989. *Sweden: Social Democracy in Practice*. Oxford University Press.

Mincer, Jacob. 1984. Human Capital and Economic Growth. *Economics of Education Review* 3: 195 -

205.

Mitchell, Brian. 1980. *European Historical Statistics*, 1750 - 1975. 2nd revised edition. New York: Columbia University Press.

——. 1984. *International Historical Statistics: The Americas and Australasia*. Detroit: Gale Research.

——. 1988. *British Historical Statistics*. New York: Cambridge University Press.

Mitchell, Olivia S. 1982. Fringe Benefits and Labor Mobility. *Journal of Human Resources* 17(2): 286 - 298.

Montgomery, Arthur. 1939. *The Rise of Modern Industry in Sweden*. London: P. S. King.

Morley, J. 1881. *The Life of Richard Cobden*. Vol. 1. Boston: Roberts.

Mulhall. Michael G. 1899. *The Dictionary of Statistics*. 4th ed. London: Routledge Sons.

Mussa, Michael. 1974. Tariffs and the Distribution of Income. *Journal of Political Economy* 82(6): 1191 - 1203.

——. 1982. Imperfect Factor Mobility and the Distribution of Income. *Journal of International Economics* 12(1): 125 - 141.

Mytelka, Lynn Krieger. 1982. The French Textile In-

dustry. In *The Emerging International Economic Order*, edited by H. Jacobson and D. Sidjanski, pp. 129 - 166. Beverly Hills, Calif. : Sage.

Nairn, N. B. 1957. Rise of the Trades and Labour Council. *Historical Studies of Australia and New Zealand* 28.

Nairn, Tom. 1972. The Left Against Europe. *New Left Review* 75: 5 - 120.

Naudin, Jean. 1928. *Les accords commerciaux de la france depuis la guerre*. Paris: Recueil Sirey.

Neatby, Blair. 1963. *William Mackenzie King*: 1924 - 1932. Toronto: University of Toronto Press.

New South Wales Legislative Assembly. 1862. Select Committee on the State of Manufactures and Agriculture in the Colony. *Votes and Proceedings of the New South Wales Legislative Assembly*, 1862 Volume 5.

North, Douglass. 1965. The Role of Transportation in the Economic Development of North America. *Les grandes maritimes voies dans le monde XVe—XIXe siècles*. Colloque international d'histoire maritime Vienne. Paris: S. E. V. P. E. V.

North, Douglass, and Robert Paul Thomas. 1973. *The Rise of the Western World*. Cambridge: Cambridge University Press.

O' Brien, Patrick, ed. 1983. *Railways and the Economic Development of Western Europe*, 1830 - 1914. London: Macmillan.

Odell, K. 1989. The Integration of Regional and Interregional Capital Markets: Evidence from the Pacific Coast, 1883 - 1913. *Journal of Economic History* 49(June): 297 - 310.

Oi, Walter Y. 1962. Labor as a Quasi-Fixed Factor, *Journal of Political Economy* 70(6): 538 - 555.

Olson, Mancur. 1965. *The Logic of Collective Action*. Cambridge, Mass. : Harvard University Press.

——. 1982. *The Rise and Decline of Nations*. New Haven, Conn. : Yale University Press.

Ostrogorski, Moisei. 1902. *Democracy and the Organization of Political Parties*. Trans. F. Clarke. New York: Macmillan.

Palmer, Bryan D. 1983. *Working Class Experience: The Rise and Reconstitution of Canadian Labour*, 1800 - 1980. Toronto: Butterworth.

Parsons, Donald. 1972. Specific Human Capital: An Application to Quit Rates and Layoff Rates. *Journal of Political Economy* 80(6): 1120 - 1143.

Pastor, Robert. 1980. *Congress and the Politics of*

U. S. Foreign Economic Policy, 1929 - 1976. Berkeley: University of California Press.

Patterson, G. 1968. *The Tariff in the Australian Colonies*, 1856 - 1900. Melbourne: Cheshire.

Pencavel, J. 1970. *An Analysis of the Quit Rate in American Manufacturing*. Princeton, N. J. : Princeton University Press.

Pinchin, Hugh. 1978. *The Regional Impact of the Canadian Tariff*. Ottawa: Economic Council of Canada.

Pincus, Jonathan. 1977. *Pressure Groups and Politics in Antebellum Tariffs*. New York: Columbia University Press.

Polsby, Nelson. 1968. The Institutionalization of the United States House of Representatives. *American Political Science Review* 62: 144 - 169.

Pontusson, Jonas. 1991. Labor, Corporatism, and Industrial Policy: The Swedish Case in Compartive Perspective. *Comparative Politics* 23(2): 163 - 180.

Pontusson, Jonas, and Peter Swenson. 1993. Markets, Production, Institutions, and Politics: Why Swedish Employers Have Abandoned the Swedish Model. Paper Prepared for the 8th Conference of

Europeanists, Council of European Studies, Chicago, March.

Pratt, Edwin. 1912. *History of Inland Transport and Communication in England*. London: Paul, Trench, Trubner.

Premfors, R. 1983. Governmental Commissions. *American Behavioral Scientist* 26:623 - 642.

Presthus, R. 1973. *Elite Accommodation in Canadian Politics*. Cambridge: Cambridge University Press.

Protheroe, David R. 1980. *Imports and Politics: Trade Decision-Making in Canada* 1968 - 1979. Montreal: Institute for Research on Public Policy.

Ragan, James F., Jr. 1984. Investigation the Decline in Manufacturing Quit Rates. *Journal of Human Resources* 19: 53 - 71.

Ramey, Valerie, and Matthew Shapiro. 1998. *Displaced Capital: A Study of Aerospace Plant Closings*. NBER Working No. 6775. October, Cambridge, Mass.: National Bureau of Economic Research.

Ratcliffe, Barrie. 1978. The Tariff Reform Campaign in France, 1831 - 1836. *Journal of European Economic History* 7(1): 61 - 138.

Ratner, S. 1972. *The Tariff in American History*. New York: Van Nostrand.

Rattigan, A. 1986. *Industry Assitance: The Inside Story*. Melbourne: Melbourne University Press.

Rehn, Gösta. 1985. Swedish Active Labor Market Policy: Retrospect and Prospect. *Industrial Relations* 24(1): 62-89.

Reich, Leonard. 1985. *The Making of American Industrial Research*. Cambridge: Cambridge University Press.

Remini, R. 1958. Martin Van Buren and the Tariff of Abominations. *American Historical Review* 63 July.

Rempel, Richard. 1972. *Unionists Divided: Arthur Balfour, Joseph Chamberlain, and the Unionist Free Traders*. Hamden, Conn.: Archon Books.

Republique française, Ministere des finances et des affairs economiques, Institut national de la statistique et des etudes economiques. Various years. *Annuaire statistique de la France*. Paris: Presses universitaires de France.

Rivlin, Alice M. 1987. Overview. In *The Swedish Economy*, edited by Barry P. Bosworth and Alice M. Rivlin, pp. 1-21. Washington, D. C.:

Brookings Institution.

Rogowski, Ronald. 1989. *Commerce and Coalitions: How Trade Affects Domestic Political Alignments*. Princeton, N. J. : Princeton University Press.

——. 1998. Electoral Systems and Vote-Buying: Why PR Works Best When Voters are Loyal, Majoritarian Systems When Votes are Fickle. Unpublished manuscript, University of California, Los Angeles.

Rohde, David. 1989. Something's Happening Here. In *Home Style and Washington Work*, edited by Morris Fiorina and David Rohde, pp. 137 - 164. Ann Arbor: University of Michigan Press.

Rose, Richard. 1980. *Politics in England: An Interpretation for the* 1980s. 3d ed. Boston: Little Brown.

Rosenbloom, Joshua. 1989. Is Wage Dispersion a Good Index of Labor Market Integration? A Comment on Rothenberg. *Journal of Economic History* 49(1): 166 - 169.

——. 1990. One Market or Many? Labor Market Integration in the Late Nineteenth-Century United States. *Journal of Economic History* 50(1): 85 - 107.

——. 1994. *Was There a National Labor Market at*

the End of the Nineteenth Century? Intercity and Interregional Variation in Male Earnings in Manufacturing. NBER Working Paper Series on Historical Factors in Long Run Growth. No. 61. Cambridge, Mass.: National Bureau of Economic Research.

Rosenthal, Howard L., and Keith T. Poole. 1991. United States Congressional Roll Call Voting Records, 1989 - 1990. [Computer file]. 2nd release. Ann Arbor, Mich.: Inter-university Consortium for Political and Social Research.

——. 2000. United States Congressional Roll Call Voting Records, 1789 - 1990: Reformatted Data [Computer file]. 2nd release. Ann Arbor, Mich.: Inter-university Consortium for Political and Social Research [distributor].

Ross, Arthur M. 1958. Do We Have a New Industrial Feudalism? *American Economic Review* 48(5): 903 - 920.

Russell, D. 1969. *Frederic Bastiat: Ideas and Influence*. New York: Foundation for Economic Education.

Rustow, Dankwart. 1955. *The Politics of Compromise: A Study of Parties and Cabinet Government in Sweden*. Princeton, N. J. : Princeton University Press.

Rydon, J. 1975. *A Biographical Register of the Commonwealth Parliament*, 1901 - 1972. Canberra: Australian National University Press.

Safran, William. 1985. *The French Polity*. 2d ed. New York: Longman.

Sainsbury, Diane. 1980. *Swedish Social Democratic Ideology and Electoral Politics* 1944 - 1948. Stockholm: Almqvist Wiksell International.

Samuels on, Paul A. 1971. Ohlin Was Right. *Swedish Journal of Economics* 73(4): 365 - 384.

Sauvy, Alfred. 1984. *Histoire economique de la France entre les deux guerres*. Paris: Economica.

Sawyer, John E. 1954. The Social Basis of the American System of Manufacturing. *Journal of Economic History* 14(4): 361 - 379.

Schattschneider, E. E. 1935. *Politics, Pressures, and the Tariff*. Englewood Cliffs, N. J. : Prentice-Hall.

Scherer, F. M. 1980. *Industrial Market Structure and Economic Perfomance*. 2d ed. Chicago: Rand McNally.

Scheve, Kenneth, and Matthew Slaughter. 1998.

What Determines Individual Trade Policy Preferences? NBER Working Paper No. 6531. April. Cambridge, Mass. : National Bureau of Economic Research.

——. 2001. *Globalization and the Perceptions of American Workers*. Washington, D. C. : Institute for International Economics.

Schnietz, Karen. 1994. To Delegate or Not to Delegate: Congressional Institutional Choice in the Regulation of Foreign Trade. 1916 – 1934. Ph. D. diss. , University of California, Berkeley.

Schonhardt-Bailey, Cheryl. 1991. Specific Factors, Capital Markets, Portfolio Diversification, and Free Trade. *World Politics* 43(4): 545 – 569.

Semmel, Bernard. 1960. *Imperialism and Social Reform*. London: Allen and Unwin.

Serle, Geoffrey. 1971. *The Rush to Be Rich: A History of the Colony of Victoria*, 1883 – 1889. Melbourne: Melbourne University Press.

Shepherd, G. 1987. United Kingdom: A Resistance to Change. In *Managing Industrial Change in Western Europe*, edited by F. Duchene and G. Shepherd, pp. 145 – 177. London: Frances Pinter.

Shonfield, Andrew. 1965. *Modern Capitalism: The*

Changing Balance of Public and Private Power. New York: Oxford University Press.

Sjoblom, G. 1985. *The Roles of Political Parties in Denmark and in Sweden* 1970 - 1984. Copenhagen: Institute of Political Studies.

Slichter, S. 1950. Notes on the Structure of Wages. *Review of Economics and Statistics* 32: 80 - 91.

Smith, Michael Stephen. 1980. *Tariff Reform in France*, 1860 - 1900. Ithaca, N. Y.: Conell University Press.

Sokoloff, Kenneth L. 1984. Was the Transition from the Artisanal Shop to the Nonmechanized Factory Associated with Gains in Efficiency? *Explorations in Economic History* 21(4): 351 - 382.

——. 1986. Productivity Growth in Manufacturing during Early Industrialization. In *Long-Term Factors in American Economic Growth*, edited by Stanley L. Engerman and Robert E. Gallman. pp. 679 - 736. Chicago: University of Chicago Press.

Sokoloff, K., and G. Villaflor. 1992. The Market for Manufacturing Workers during Early Industrialization: The American Northeast, 1820 to 1860. In *Strategic Factors in Nineteenth Century American Economic History*, edited by C. Goldin and

H. Rockoff, pp. 29 – 65. Chicago: University of Chicago Press.

Stanwood, Edward. 1903. *American Tariff Controversies in the Nineteenth Century*. 2 vol. Boston: Houghton Mifflin.

Statistics Canada. Various years. *Corporation Financial Statistics*. Ottawa: Census and Statistics Office.

Steagall, Jeffrey, and Ken Jennings. 1996. Unions, PAC Contributions, and the NAFTA Vote. *Journal of Labor Research* 17: 515 – 521.

Sternquist, Nils, and Bo Bjurulf. 1970. Party Cohesion and Party Cooperation in the Swedish Parliament in 1964 and 1966. *Scandinavian Political Studies* 5(12): 12 – 164.

Stewart, Charles H. , Ⅲ. 1991. Lessons from the Post-Civil War Era. In *The Politics of Divided Government*, edited by Gary W. Cox and Samuel, pp. 203 – 238. Boulder, Colo. : Westview Press.

Stolper, Wolfgang F. , and Paul A. Samuelson. 1941. Protection and Real Wages. *Review of Economic Studies* 9(1): 58 – 73.

Sundquist, James L. 1983. *Dynamics of the Party System: Alignment and Realignment of Political Parties in the United States*. Revised edition. Washington, D. C. : Brookings Institution. 30:379 - 408.

Sundstrom, W. , and J. Rosenbloom. 1993. Occupational Differences in the Dispersion of Wages and Working Hours: Labor Market Integration in the United States, 1890 - 1903. *Explorations in Econimic History* 30:379 - 408.

Tasca, Henry J. 1938. *The Reciprocal Trade Policy of the United States*. Philadelphia: University of Pennsylvania Press.

Tarbell, I. 1911. *The Tariff in Our Times*. New York: Macmillan.

Taussig, Frank W. 1931. *The Tariff History of the United States*. 8th ed. New York: G. P. Putnam's Sons.

Taylor, George. 1949. *The Transportation Revolution*, 1815 - 1860. New York: Rinehart.

Terrill, T. 1973. *The Tariff, Politics, and American Foreign Policy*, 1874 - 1901. Westport, Conn. : Greenwood Press.

Thorburn, Hugh G. ed. 1985. *Party Politics in Canada*. 5th ed. Scarborough, Ont. : Prentice-Hall.

Tosini, Suzanne, and Edward Tower. 1987. The

Textile Bill of 1985: The Determnants of Congressional Voting Patterns. *Public Choice* 54: 19 - 25.

Toynbee, Arnold. [1884] 1958. The Classical Defintion of the Industrial Revolution. In *The Industrial Revolution in Britain*, edited by Philip A. M. Taylor, pp. 1 - 6. Lexington, Mass. : Heath.

Tsokhas, K. 1984. *A Class Apart? Businessmen and Australian Politics* 1960 - 1980. Melbourne: Oxford University Press.

Tucker, Robert C. 1978. *The Marx-Engels Reader*. 2nd ed. New York: W. W. Norton.

Turner, John. 1984. *Businessmen and Politics: Studies of Business Activity in British Politics*, 1900 - 1945. London: Heinemann.

Turner, Julius, and Edward V. Schneier, Jr. 1970. *Party and Constituency*. Rev. ed Baltimore: Johns Hopkins University Press.

U. K. Department of Employment, Central Statistical Office. 1971. *British Labour Statistics: Historical Abstract*. London: H. M. Stationery Office.

U. K. Parliament. Various years. *Hansard Parliamentary Debates*.

Underhill, Frank. 1961. *In Search of Canadian*

Liberalism. Toronto: Macmillan.

U. S. Congress. Various years. *Annals of Congress*. Washington, D. C. : U. S. Government Printing Office.

U. S. Congress, Various years. *Congressional Globe*. Washington, D. C. : U. S. Government Printing Office.

U. S. Congress. Various years. *Congressional Record*. Washington, D. C.: U. S. Government Printing Office.

U. S. Congress. 1827 - 1833. *Register of Debates in Congress*. Washington, D. C. : Gales and Seaton.

United Nations. Various years. *Industrial Statistics Yearbook*. New York: Department of Economic and Social Affairs, Statistical Office of the United Nations.

Urquhart, Malcolm C. 1965. *Historical Statistics of Canada*. Cambridge: Cambridge University Press.

U. S. House, Committee on Ways and Means. 1884. *The Morrison Taiff Bill*. Washington, D. C. : Government Printing Office.

U. S. Department of Commerce, Bureau of the Census. 1976. *Historical Statistics of the United States: Colonial Times to* 1970. Washington, D.

C. : U. S. Govrnment Printing Office.

U. S. Department of Commerce, Bureau of the Census. 1989. *State Personal Income*: 1929 – 1987. Washington, D. C. : U. S. Government Printing Office.

U. S. Department of Commerce, Bureau of the Census. Various years. *Statistical Abatract of the United States*. Washington, D. C. : U. S. Government Printing Office.

U. S. Department of Labor, Bureau of Labor Statistics. Various years. *Employment and Earnings*. Washington, D. C. : Government Printing Office.

U. S. Securities and Exchange Commission. Various years. *Survey of American Listed Corporations*: *Corporation Profits*. Washington, D. C. : U. S. Government Printing Office.

Uslaner, Eric. 1998. Let the Chits Fall Where They May? *Legislative Studies Quarterly* 23: 347 – 371.

Verdier, Daniel. 1994. *Democracy and International Trade*: *Britain*, *France*, *and the United States*. 1860 – 1990. Princeton, N. J. : Princeton University Press.

——. 1995. The Politics of Public Aid to Private Industry. *Comparative Political Studies* 28(1): 3 – 40.

Verney, Douglas V. 1957. *Parliamentary Reform*

in Sweden, 1866 – 1921. Oxford: Clarendon Press.

Victorian Legislative Assembly. 1865. Select Committee upon Manufactures. *Votes and Proceedings of the Legislative Assembly*, 1865 Volume 2, Number D26.

Victorian Legislative Assembly. 1883. Report of the Royal Commission on the Tariff. *Votes and Proceedings of the Legislative Assembly*, 1883 Volume 4, Number 50.

Victorian Legislative Assembly. 1894. First Report of the Board of Enquiry. *Votes and Proceedings of the Legislative Assembly*, 1894 Volume 2, Number 37.

Ware, N. 1935. *Labor in Modern Industrial Society*. Boston: D. C. Heath.

Wattenberg, Martin P. 1984. *The Decline of American Political Parties*, 1952 – 1980. Cambridge, Mass.: Harvard University Press.

Warhurst, J. 1981. *State Governments and Australian Tariff Policy*. Canberra: Centre for Research on Fedral Financial Relations.

Weaver, R. Kent. 1987. Political Foundations of Swedish Economic Policy. In *The Swedish Economy*, edited by Barry P. Bosworth and Alice M.

Rivlin, pp. 289 - 317. Washington, D. C. : Brookings Institution.

Weeks, Joseph D. 1886. *Report on the Statistics of Wages in Manufacturing Industries with Supplementary Reports*. Washington, D. C. : U. S. Government Printing Office.

Whetham, E. 1974. The Agricultural Act. *Agricultural History Review* 22(1): 36 - 49.

Whitfield, L. 1950. The Age on Public Affairs from 1861 to 1881. MA thesis. University of Melbourne.

Whitlam, E. G. 1985. *The Whitlam Government, 1972 - 1975*. Melbourne: Penguin.

Wilensky, Harold. 1976. *The "New Corporatism," Centralization, and the Welfare State*. London: Sage.

Wilks, Stephen. 1981. Planning Agreements: The Making of a Paper Tiger. *Public Administration* 59(Winter): 399 - 419.

Williamson, Jeffrey. 1982. The Structure of Pay in Britain, 1710 - 1911. *Research in Economic History* 7: 1 - 54.

Williamson, Jeffrey, and Peter Lindert. 1980. *American Inequality: A Macroeconomic History*. New York: Academic Press.

Williamson, Oliver E. 1985. *The Economic Institutions of Capitalism: Firms, Markets, and Relational Contracting*. New York: Free Press.

Winn, Conrad. 1976. *Political Parties in Canada*. New York: McGraw-Hill Reyerson.

Wright, Gordon. 1964. *Rural Revolution in France*. Stanford, Calif.: Stanford University Press.

Young, Stephen. 1978. Industrial Policy in Britain, 1972 – 1977. In *Planning in Europe*, edited by J. Hayward and O. Narkiewicz, pp. 79 – 100. London: Croom Helm.

Young, Stephen, and A. V. Lowe. 1974. *Intervention in the Mixed Economy: The Evolution of British Industrial Policy*, 1964 – 1972. London: Croom Helm.

Zebel, Sydney. 1940. Fair Trade: An English Reaction to the Breakdown of the Cobden Treaty System. *Journal of Modern History* 12(2): 161 – 185.

索 引*

A

* 数字表示原书的页码,"数字＋n"表示注码在该页的注释。原书的所有注释已移至各章之末。——译者注

B

C

D

E

F

G

I

J

K

L

M

N

O

P

Q

R

T

V

W

Y

Z

图书在版编目（CIP）数据

国际贸易与政治冲突：贸易、联盟与要素流动程度/（美）希斯考克斯著；海闻校，于扬杰译．
北京：中国人民大学出版社，2005
（国际经济学译丛）
ISBN 7-300-06491-4

Ⅰ．国…
Ⅱ．①希…②海…③于…
Ⅲ．国际贸易—影响—国际政治—研究
Ⅳ．①F74②D5

中国版本图书馆 CIP 数据核字（2005）第 047998 号

国际经济学译丛
国际贸易与政治冲突
——贸易、联盟与要素流动程度
［美］迈克尔·J·希斯考克斯　著
海　闻　校
于扬杰　译

出版发行	中国人民大学出版社		
社　　址	北京中关村大街 31 号	**邮政编码**	100080
电　　话	010－62511242（总编室）		010－62511239（出版部）
	010－82501766（邮购部）		010－62514148（门市部）
	010－62515195（发行公司）		010－62515275（盗版举报）
网　　址	http://www.crup.com.cn		
	http://www.ttrnet.com（人大教研网）		
经　　销	新华书店		
印　　刷	北京密兴印刷厂		
开　　本	850×1168 毫米 1/32	**版　　次**	2005 年 5 月第 1 版
印　　张	14 插页 1	**印　　次**	2005 年 5 月第 1 次印刷
字　　数	243 000	**定　　价**	28.00 元
